*Deutsche Romane
der Barockzeit*

Deutsche Romane der Barockzeit

AUSZÜGE AUS
DEM ERZÄHLENDEN SCHRIFTTUM
DES SIEBZEHNTEN JAHRHUNDERTS

Herausgegeben von
K. G. KNIGHT

METHUEN & CO LTD
11 NEW FETTER LANE LONDON EC4

First published 1969 by Methuen & Co Ltd
© *K. G. Knight 1969*
Printed by VEB Offizin Andersen Nexö, Leipzig

SBN 416 190 200

PT1314
.K6

Distributed in the United States of America
by Barnes & Noble Inc.

Inhalt

Inhalt

Verzeichnis der Abbildungen

FÜR JOHN UND ELIZABETH

Vorbemerkung

Diese Anthologie richtet sich in erster Linie an die Studenten der Germanistik. Die Namen der Schriftsteller, deren Werken die vorliegenden Auszüge entnommen wurden, sind nicht unbekannt, denn sie werden in jeder mehr oder weniger umfassenden Geschichte der deutschen Literatur wenigstens erwähnt, gelegentlich mit lobenden Worten. Ihre Werke sind dagegen – mit wenigen Ausnahmen – seit etwa dreihundert Jahren vergessen oder vernachlässigt worden. Da Neudrucke und Sammlungen der Lyrik und des Dramas der Barockzeit dem heutigen Leser leicht zugänglich sind, scheint es jetzt an der Zeit, auch eine Auswahl der erzählenden Dichtung zu veröffentlichen.

Bei der Bearbeitung der Auszüge wurden folgende Richtlinien beachtet. Da jeder Text eine in sich abgeschlossene Geschichte wiedergeben sollte, war in den meisten Fällen eine radikale Kürzung unvermeidlich. Vor jedem Text steht deshalb eine knappe, kursiv gedruckte Inhaltsangabe der Vorgeschichte. Kurze Auslassungen im Text werden durch Punkte [...] angedeutet, längere Auslassungen durch einen Abstand zwischen den Absätzen oder durch eine kurze, auch kursiv gedruckte Zusammenfassung der Hauptereignisse, die nicht wiedergegeben werden konnten. Einen einzigen Absatz auf Seite 215 aus einem Werk von Johann Beer haben wir im Verhältnis zur Originalfassung in einen früheren Zusammenhang eingesetzt, wie es uns angebrachter schien. Abkürzungen wurden aufgelöst und offensichtliche Druckfehler in der Quelle stillschweigend verbessert. Die manchmal recht inkonsequente Orthographie des Urtextes dagegen wurde, wo dies möglich war, beibehalten. Die Virgel [/] wurde immer durch ein Komma ersetzt. Die Fremdwörter, die in den durchweg in Fraktur erschienenen Originalausgaben in Antiqua gedruckt sind, wurden in diesem Band kursiv wiedergegeben. Auf Seiten 237 bis 246 befinden sich einige Fußnoten, die dem *Arminius* entstammen und die den Sinn des Textes erklären. Fast alle anderen Fußnoten sollen dagegen sprachliche Schwierigkeiten beseitigen und Wörter erläutern, die nicht mehr gebräuchlich sind.

Der Einleitung liegt eine Vorlesung zugrunde, die ich 1964 in University College London hielt und für deren Übertragung ins Deutsche ich Herrn Dr. Jürgen Schröder zu Dank verpflichtet bin. Dem Cassel Trust danke ich hiermit für ein Reisestipendium, das mir die Vorarbeit in deutschen Bibliotheken ermöglicht hat. Mein Dank gilt außerdem dem im letzten Jahr verschiedenen Dr. Robert Pick, der die biographischen Teile und Anmerkungen geprüft hat und manche Verbesserungen vorschlug. Elf der auf Seiten 27–30 aufgeführten Quellen befinden sich im British Museum. Moscheroschs *Gesichte* sind im Institute of Germanic Studies London zugänglich, Beers *Symplicianischer Welt-kucker* in der Herzog August Bibliothek Wolfenbüttel und Zesens *Adriatische Rosemund* in der Niedersächsischen Staats- und Universitätsbibliothek Göttingen. Den Bibliothekaren dieser Institute möchte ich für ihre Hilfsbereitschaft und für ihre Erlaubnis, aus diesen Exemplaren zu kopieren und die Titelblätter und Bilder wiederzugeben, meinen verbindlichsten Dank aussprechen.

K. G. Knight

Canterbury 1968

Einleitung

I

„Die Romans mögen zuschanden gehen, durch was Wege sie wollen, wann sie nur zuschanden gehen." Es ist über zweieinhalb Jahrhunderte her, seitdem der Züricher Moralist Gottard Heidegger dieses Verdammungsurteil über den Roman verkündet hat. Es erscheint in der ‚Zuschrift' zu seinen *Mythoscopia Romantica*, einem der heftigsten und kompromißlosesten Angriffe auf die Romanliteratur, die jemals geschrieben wurden. Heidegger macht keinen Versuch, seinen Abscheu vor dem Gegenstand seines Buches zu verbergen. Er nennt ihn offen „ein zimlich heilloses *Thema*, nämlich Heidnische, der Ruhe des Gemüths, den Sitten, der Heiligkeit der Gedanken ... höchstschädliche, keinnützige Lügenbücher, welche bei keinen grossen Geistern, sondern allein bey der Jugend, den *Hommes de Monde* und den müssigen Frauenzimmer ihren Wehrt haben".[1] Auf etwa 200 Seiten der *Mythoscopia* kommt Heidegger wieder und wieder auf seinen dreifachen Hauptsatz zurück, nämlich daß die Romanschreiber Narren oder Schurken sind, daß ihre Werke von Unwahrheiten wimmeln und daß sie deshalb unvermeidlich ihre Leser verderben. Das düstere Schauspiel so vieler schlechter Bücher überblickend, gewahrt er nur einen einzigen Lichtschimmer – die Tatsache, daß sich die Gattung des Romans offensichtlich im Niedergang befindet und bald veraltet sein wird. Laut Heidegger beginnen die Franzosen der Romane bereits überdrüssig zu werden, und er zweifelt nicht, daß die Deutschen ihnen darin bald folgen werden. Schließlich, so führt er aus, sei die Romanleserei kein angeborenes Laster; sie sei eine ausländische Plage – eine jener eingeschlichenen Pesten, „so die Teutsche und nechst diser die Edle Schweitzer-*Nation* von gewissen fremden Bekandschafften hat." Nun sei diese Plage schon vorüber und bald

[1] G. Heidegger, *Mythoscopia Romantica oder Discours von den so benanten Romans*, Zürich 1698; ‚Zuschrifft' ohne Seitenzahl.

werde die ganze „heillose Materi" der Romane in „billiche Vergessenheit" verfallen. Sein eigener „Traktat", durch das kürzliche Erscheinen von Lohensteins *Arminius* veranlaßt, sollte diesen Prozeß beschleunigen.[1]

Wir brauchen weder Heideggers maßlosen Angriff auf die Romane noch das strenge Verdikt über ihre jungen Leser allzu ernst zu nehmen. Wenn Romanlesen eine Krankheit ist, dann hat Heidegger zweifellos heftig an ihr gelitten, da er offenbar jeden Roman las, dessen er habhaft werden konnte. Es wäre jedoch gleichermaßen falsch, die *Mythoscopia* als eine rein historische Kuriosität abzutun, in der lediglich die rhetorischen Ausbrüche ihres Verfassers von Interesse sind. Um Heideggers eigenen Begriff zu gebrauchen: sie sind ein ausgesprochener ‚Traktat' für seine Zeit. Wenn auch in extremem Grade, fassen sie doch jene sehr reale Feindseligkeit gegenüber der Romanliteratur zusammen, die seit mindestens fünfzig Jahren wiederholt Ausdruck gefunden hatte. Wie der größte Teil der weltlichen Literatur, war der Roman im siebzehnten Jahrhundert suspekt, da er des Menschen Sinn vom Heil ablenkte. Aber der Romanschreiber scheint eine schärfere Moralzensur herausgefordert zu haben als der Lyriker oder Dramatiker, denn während diese Werke schufen, die falsch im Sinne von ‚irreal' und ‚eingebildet' waren, beschrieb er Dinge, die falsch waren und doch *mit dem Anspruch, wahr zu sein*, auftraten. Selbst wenn er nicht für völlig verderbt gehalten wurde, wie der Autor des berüchtigten *Amadis*[2], so übertrat er doch fortwährend das Gebot, nicht falsch Zeugnis abzulegen. Die Romane galten zu jener Zeit deshalb weitgehend als verrufene Literatur oder bestenfalls als frivol und jeder ernsthaften Betrachtung unwert. In den Worten Herbert Singers: „Gelehrte nahmen sie nicht zur Kenntnis; Zeitschriften besprachen sie nicht; Prediger warnten vor ihnen."[3]

---

[1] ebd. ‚Zuschrift' und ‚Vorbericht' o. S.

[2] Portugiesischer Ritterroman des 14. Jahrhunderts. Die erste deutsche Ausgabe erschien ab 1569. Der *Amadis*, der phantastische und erotische Episoden enthält, an denen die Moralisten Anstoß nahmen, war bis Mitte des 17. Jahrhunderts in Deutschland sehr beliebt.

[3] H. Singer, *Der galante Roman*, Stuttgart 1961, S. 10.

Angesichts dieser feindseligen Kritik ist es nicht verwunderlich, daß fast jeder zeitgenössische Romanschreiber beflissen war, sich selbst und sein Werk zu rechtfertigen. Er suchte seine Kritiker durch demütige Widmungen und langatmige Vorreden im voraus zu entwaffnen. Die seltsamen Titelblätter der Barockromane sind vollgestopft mit Worten wie ‚nützlich‘, ‚erbaulich‘, ‚lehrhaft‘ ‚wahrhaftig‘. Es gab allerdings eine kleine Zahl Romane, deren guter Ruf begründet war, und die sich allgemeinen Beifalls erfreuten, besonders die deutschen Übersetzungen ausländischer Romane aus dem Anfang des Jahrhunderts. Zu ihnen zählten d'Urfés *Astrée* (1619), Barclays *Argenis* (1626), die Martin Opitz übersetzte, und Sir Philip Sidneys *Arcadia* (1629), die er später überarbeitete.[1] Obwohl er selbst wenig erzählende Prosa schrieb, trug Opitz mehr als jeder andere zu dem begrenzten Ansehen bei, das der Roman in Deutschland nun einmal genoß. Trotzdem waren auch die Romanschreiber nach ihm noch auf der Hut, wenn sie dem Publikum ihre Werke präsentierten. Selbst in den Vorworten der berühmtesten Autoren ist ein vorsichtig entschuldigender Ton hörbar. Philipp von Zesen z. B. hält es für notwendig, den Leser seiner *Adriatische Rosemund* zu überreden, es sei „weder einem Deutschen nahchteilig, noch einem Kristen zur sünde zu rächnen, wan er sich mit einer keuschen libes-beschreibung belustiget".[2] Sigmund von Birken gebraucht in seiner Einleitung zu Anton Ulrichs *Aramena* ein auf der historischen Wahrscheinlichkeit basiertes Argument, um das sogenannte ‚Geschicht-Gedicht‘, d.h. den Roman, zu rechtfertigen: obwohl nicht alle in dem Buch beschriebenen Episoden *tatsächlich* geschehen seien, erklärt er, hätten sie unter den entsprechenden historischen Umständen geschehen *können*[3]. Zigler fordert in *Die Asiatische Banise* seine Leser auf, das Werk mehr nach seinen Absichten als der Ausführung nach zu beurteilen: er

---

[1] *John Barcläyens Argenis...*, Breslau 1626; Philipp Sidney, *Arcadia*, Frankfurt 1638 (s. unten S. 43). Über Opitz s. M. Szyrocki, *Martin Opitz*, Berlin 1956.
[2] Ph. von Zesen, *Adriatische Rosemund*, Amsterdam 1645; ‚Dem vernünftigen Läser‘, o. S.
[3] Anton Ulrich, *Die Durchleuchtige Syrerin Aramena*, I. Teil, Nürnberg 1669; ‚Vor-Ansprache zum Edlen Leser‘, o. S.

hofft, daß „*honette* gemüther… dieses mein wohlmeynendes unterfangen mehr loben als schelten, und aus dem willen erkennen werden, was ich mir wünschte, in der that würcklich zu leisten.“[1] Bis zum Ende des siebzehnten Jahrhunderts blieb der Roman als Literaturgattung umstritten. Zwischen den Moralisten, die den Roman angriffen, und den Autoren, die sich *nolens volens* in die unbehagliche Rolle des Verteidigers gedrängt sahen, blieb wenig Raum für Kompromisse. Nur vereinzelte Schriftsteller versuchten sich an einer objektiven Würdigung des Romans, obwohl zum mindesten einer von ihnen seiner Gerechtigkeit wegen Erwähnung verdient – der holsteinische Pastor Johann Rist. Seine *Monatsgespräche* sind für seine Zeit typisch: Dialoge, in denen der Verfasser, ‚der Rüstige‘, mit seinen Freunden Ansichten austauscht über Gegenstände von so allgemeinem Interesse wie Träume, Sterne, Gartenbau, Erfindungen, Embleme, Kunst, Bücher usw. In einigen der *Gespräche* benutzt Rist diese indirekte Form, um den Lesern Proben seines eigenen literarischen Urteils vorzuführen und gewährt uns nebenbei manchen Einblick in den Geschmack des gebildeten Publikums des siebzehnten Jahrhunderts. Im sechsten *Gespräch* behandelt er bezeichnenderweise den Roman, zusammen mit Chroniken und Reisebeschreibungen, als ernsthafte Literatur. Er empfiehlt besonders die Übertragungen der besseren ausländischen Romane wie Sidneys *Arcadia* und Scudérys *Ibrahim Bassa* und findet sogar ein gutes Wort für „das schöne Lügenbuch“, den *Amadis*, nicht ohne uns zu berichten, daß er sich einmal einer vornehmen Dame wegen von seinem eigenen Exemplar trennte und eine unerwartete Gabe dafür eintauschte. Dennoch konnte Rist, trotz seiner großen Belesenheit und seines vorurteilsfreien Geschmacks, dem Roman nur seine bedingte Billigung erteilen. Im Grunde waren die Maßstäbe seines Urteils diejenigen seines Zeitalters: Moral und Nützlichkeit. Wenn er Sidneys *Arcadia* wegen der Reinheit von Sprache und Stil lobt, preist er sie doch noch höher wegen der „hochnützliche Lehren und Unterrichtungen“, die sie enthält. In Bucholtzs Werken sprechen ihn mehr die in die Er-

---

[1] H. A. von Zigler und Kliphausen, *Asiatische Banise*, Leipzig 1716; Vorrede o. S.

zählung eingebetteten „ernstliche Lehr- Warnungs- und Ermah-
nungs-Schrifften" an als die Erzählung selbst. Für die niedere
populäre Romanliteratur findet Rist kein gutes Wort, und der
letzte Abschnitt dieses Dialogs ist weniger eine Verteidigung des
Romans als eine Warnung vor ihm. Er endet: „Ich wil.... einen
jedweden, sonderlich junge, Kunst- und Geschichtbegierige
Leute aus treumeinenden Hertzen hiemit gewarnet haben, daß
sie für dergleichen Lumpen-Schrifften, und nirgends zu nützen-
den Romans fleißig sich hüten."[1]

II

Es scheint erstaunlich, daß die Kritiker und Moralisten des
siebzehnten Jahrhunderts sich dermaßen über die Gefahren der
Romanlektüre ereiferten, denn es wurden, nach heutigen Maß-
stäben zumindest, nur wenige Romane geschrieben. Die genaue
Zahl pro Jahr anzugeben, ist schwierig, besonders da einige der
verfügbaren Zeugnisse einander widersprechen. Nach Rist gab
es 1668 ein großes Angebot minderwertiger Romane. Dreißig
Jahre später klagt Heidegger schon über „ein ohnendlich Meer",
fügt aber den seltsamen Kommentar bei, daß selten ein Viertel-
jahr vorbeigehe, „da nicht einer oder mehr *Romans* auß, und in
die *Catalogos* kommt".[2]
Letztere, in diesem Zusammenhang so verwirrende Bemer-
kung, weist immerhin auf eine weitere Informationsquelle hin.
Die erwähnten Kataloge sind die *Meßkataloge*, die jedes Frühjahr
und jeden Herbst für die Leipziger und Frankfurter Buchmesse
veröffentlicht wurden. Als persönliches Wagnis unternehmungs-
lustiger Verleger im sechzehnten Jahrhundert begonnen, sollte
ihnen eine bis auf den heutigen Tag ununterbrochene Geschichte
beschieden sein. Schon im siebzehnten Jahrhundert waren sie zu
einer offiziellen Einrichtung geworden. Ihre heutigen Nachfahren
sind die wöchentlichen Ausgaben der *Deutschen (National)biblio-*

[1] J. Rist, *Die alleredelste Zeit-Verkürtzung der gantzen Welt*, Frankfurt 1668, S. 234–249.
[2] Heidegger, *Mythoscopia*, S. 13.

graphie, die – Ironie der Geschichte – seit 1945 wiederum in Leipzig und Frankfurt erscheinen.

Jede Statistik der Buchproduktion, die auf den frühen *Meß-katalogen* basiert, muß mit Vorbehalt aufgenommen werden. Man weiß z. B., daß manches Buch vorzeitig angekündigt, aber niemals vollendet wurde, während andrerseits Bücher ohne Ankündigung veröffentlicht wurden – vor allem heretische, pornographische und satirische Werke. Ein satirischer Roman, der ohne vorherige Werbung in kurzer Zeit populär wurde, war Christian Reuters *Schelmuffsky* (1696). Worüber wir außerdem wenig verläßliche Information besitzen, ist die Auflagenhöhe der im siebzehnten Jahrhundert verlegten Bücher. Nach allen Abstrichen sind wir anhand der *Meßkataloge* zwar nicht in der Lage abzuschätzen, welche Bücher gelesen wurden, doch können wir schließen, wie viele Titel der verschiedenen Gattungen den deutschen Verlegern zur jährlichen Ankündigung geeignet erschienen. Die rein zahlenmäßigen Angaben, die seit 1565 verfügbar sind, zeigen zumindest die wechselnden Grundzüge des literarischen Geschmacks und besonders die Stellung des Romans im Verhältnis zu anderen Literaturformen.

Es ist jetzt über ein Jahrhundert her, seit Schwetschke seine ausführliche quantitative Analyse der Frankfurter und Leipziger *Meßkataloge* veröffentlichte.[1] Schwetschke ordnete die Zahl der jährlichen Buchankündigungen in Tabellen und teilte sie auf nach Inhalt und Sprachzugehörigkeit. Das erstaunliche Ergebnis dieser Analyse, worauf man häufig hingewiesen hat, ist die Tatsache, daß die jährlichen Ankündigungen deutscher Bücher bis fast ans Jahrhundertende von den lateinischen Büchern übertroffen wurden. Eine zweite Tatsache ist nicht weniger deutlich: nur eine geringe Zahl der deutschen Bücher konnte unter den Titel ‚Poesie‘ eingeordnet werden. Und aus den *Meßkatalogen* selbst geht schließlich hervor, daß nur ein Bruchteil der als ‚Poesie‘ geführten Bücher als Romane betrachtet werden können. Daher erscheint Heideggers Feststellung, daß vierteljährlich „einer oder mehr" Romane erschienen, kaum verfehlt. Diese

[1] G. Schwetschke, *Codex nundinarius Germaniae literatae bisecularis. Meß-Jahrbücher des deutschen Buchhandels*, Halle 1850.

Schätzung wird zudem durch einen Artikel von Arnold Hirsch
bestätigt, der feststellte, daß zwischen 1615 und 1669 nicht mehr
als 87 Romane in Deutschland veröffentlicht wurden, von denen
58 Übersetzungen ausländischer Werke waren. Andrerseits erschienen zwischen 1670 und 1724 immerhin 466 Romane, davon
151 Übersetzungen.[1] Diese Angaben zeigen die äußerst geringe
Zahl deutscher Romane, die jährlich auf dem Büchermarkt erschienen. Nebenbei beleuchten sie auch die Umkehrung im Verhältnis von übersetzten Romanen zu einheimischen Werken
während des späten siebzehnten und frühen achtzehnten Jahrhunderts.

Während der Roman nur einen winzigen Teil der in diesem
Zeitabschnitt veröffentlichten Bücher ausmacht, besteht kein
Zweifel darüber, welches die wichtigste Gruppe war. Wenn wir
irgendeinen Meßkatalog des siebzehnten Jahrhunderts aufs
Geratewohl öffneten, würden wir höchstwahrscheinlich auf eine
ganze Reihe von Büchern theologischer oder religiöser Art
stoßen. Der kurze Frankfurter Herbstkatalog von 1696 kündigt
z. B. insgesamt 144 Werke an, von denen über 70 religiösen Inhalts sind, entweder katholisch oder protestantisch.[2] Die meisten
dieser religiösen Bücher sind in deutscher Sprache und schließen
Bibeln, Katechismen, Gesangbücher und viel Erbauungsliteratur
für privaten Gebrauch ein. Man vergißt allzu leicht, daß erbau-
liche Bücher in Deutschland wie in England bis weit ins acht-
zehnte Jahrhundert hinein den Hauptlesestoff des Publikums
darstellten. Viele ihrer Titel – z. B. *Die Himmlischen Tischreden*,
Der Herzens- und Gewissenswecker oder *Der Vermehrte und Verbes-
serte Himmelsweg* – zeugen von einer lebendigen Tradition indi-
vidueller Frömmigkeit, die über Philip Spener hinaus bis in die
Zeit von Johann Arndts *Vom Wahren Christentum* (1605) zurück-
reicht. Selbst ,Laien'-Schriftsteller vom Range Zesens und Hars-
dörffers liehen solcherart Erbauungsliteratur ihre Feder. Religiöse
Bücher waren so sehr gefragt, daß sich die deutschen Geistlichen

---

[1] A. Hirsch, ,Barockroman und Aufklärungsroman', *Etudes Germaniques*, 9e Année
1954, S. 97–111.

[2] *Catalogus universalis pro nundinis Francofurtensibus autumnalibus de anno MDCXCVI....*
Frankfurt am Main 1696.

schließlich gezwungen sahen, geeignete Werke aus dem Englischen und Holländischen zu übersetzen.[1]

Die Meßkataloge enthalten eine zweite wichtige Gruppe von Büchern, die weltlichen und hauptsächlich informativen Charakters sind. Gewöhnlich sind sie in den Katalogen des siebzehnten Jahrhunderts als *Geographische, Politische, Philosophische und Kunstbücher* aufgeführt, manchmal sind *Geschichtsbücher* hinzugefügt. Hierunter finden wir jene Handbücher und ‚Selbst-Lehrer‘, die sich während der Periode naturwissenschaftlicher Fortschritte nach dem Dreißigjährigen Krieg ungeheurer Beliebtheit erfreuten. Das Lesepublikum hungerte nach Information über Geographie, Astronomie, Politik, Etikette und viele andere Dinge. Dieser Nachfrage kamen die von Schulmeistern und anderen für den intelligenten Laien verfaßten populären Handbücher entgegen. Der häufige Gebrauch des Wortes ‚curios‘ oder ‚curiös‘ in der zweiten Hälfte des Jahrhunderts ist symptomatisch. Die Bücher wenden sich an den ‚curiösen Leser‘. Auch ihr Inhalt wird als ‚curiös‘ im Sinne von ‚seltsam‘ oder ‚wunderbar‘ bezeichnet, wie in den Titeln *Curiose Discurse von den Wundern der Natur* oder *Curieuser auff hundert Jahr gestellter Calender* von 1701. Das Wort schlich sich auch in Romantitel ein, wie in *Schelmuffskys wahrhaftige, curiöse und sehr gefährliche Reisebeschreibung*, und schmückte sogar die Titel gewisser religiöser Bücher, z. B. *Curieuse moralité oder Obligation gegen Gott, sich selbst und seinen Nächsten.*

Die große Zahl volkstümlicher Bücher, die mit der Absicht veröffentlicht wurden, den Leser zu erbauen oder zu unterrichten, erklärt weitgehend die relative Bedeutungslosigkeit der Romanliteratur. Aber Werke belehrenden Inhalts wetteiferten nicht nur mit den vorhandenen guten Romanen; sie beeinflußten sogar die Art und Weise, wie der Romanschreiber seine Aufgabe anpackte. Da er den weitverbreiteten Wissensdurst nicht ignorieren konnte, sah er sich häufig veranlaßt, in seine Erzählung lange Abschnitte aufzunehmen, die nicht das Geringste mit ihr zu tun hatten, z. B. topographische Überblicke, Geschichtschroniken, Kataloge von Kunstwerken oder gelehrte Abhand-

---

[1] K. Viëtor, *Probleme der deutschen Barockliteratur*, Leipzig 1928, S. 48f.

lungen über Erziehung und Politik. Der größte Übeltäter in dieser Beziehung ist Eberhard Werner Happel, der weniger ein Romanautor als Lieferant von Geschichtsberichten aus zweiter Hand war.[1] Sein *Teutscher Carl* .... *Geschicht-Roman auf das 1689. Jahr* enthält sowohl einen detaillierten Bericht der Belagerung von Londonderry in Irland als auch eine lange „Lista aller und jeder Christlichen Potentaten Schiffe" mit allen Einzelheiten der Tonnage, Kapitänsnamen und Mannschaftsstärke. Wenn irgendwo, dann können wir hier das von Eichendorff geprägte Wort anwenden: „tollgewordene Enzyklopädien". Nahezu ein halbes Jahrhundert früher hatte schon Zesen einige kaum weniger unpassende Abschnitte in seine *Adriatische Rosemund* aufgenommen. Ein moderner Leser dieses Romans könnte befürchten, daß der Held Markhold Gefahr läuft, die Gunst seiner Dame zu verscherzen, wenn er im 5. Buch, mit gelehrten Hinweisen auf Tacitus und Caesar, lang und breit über die „alten und izigen Deutschen" doziert.[2] Doch augenscheinlich teilt Rosemund seine gelehrten Interessen, denn im vorhergehenden Buch hat sie eine Abhandlung über „Uhrsprung und Beschreibung der Stat Venedig" geliefert. Solche Abschnitte zeigen deutlich die Hochachtung, die der Leser des siebzehnten Jahrhunderts für die beschreibenden und unterrichtenden Elemente im zeitgenössischen Roman empfand. Selbst Thomasius, der wie Rist in Dialogform schreibt, ist über Bucholtzs *Herkules* begeistert, weil er so viele Fakten und „fast die gantze Theologie und Philosophie" enthält.[3] Er preist Anton-Ulrichs *Aramena*, weil sie Material aus dem Alten Testament bringt, und seine *Octavia* als einen Abriß der Römischen Geschichte. Einer der Gesprächspartner in Thomasius' Dialog, ein gewisser Herr Benedict, der in Frankreich gewesen ist, stimmt von Herzen bei: „Mein Herr hat recht", sagt er, „denn ob ich gleich sonsten zu lesung derer Romans nicht *inclinire*, so hat mich doch die *Octavia* dergestalt *afficiret*,

[1] s. G. Lock, *Der höfisch-galante Roman des 17. Jahrhunderts bei E. W. Happel*, Berlin 1939.
[2] Zesen, *Rosemund*, S. 252 f. u. 203 f.
[3] Ch. Thomasius, *Freymüthige Lustige und Ernsthaffte Gedancken oder Monats-Gespräche*, Halle 1690, S. 45–47.

daß ich nicht unterlassen können, ümb die grosse kunst so
darinnen verborgen ist, desto besser zu *admeri*ren, obgemeldte
Römische *Historicos* wieder zu durchlesen und mit der *Octavia*
zu *conferi*ren." So scheint es, daß viele jener Einschiebsel, die
heutzutage kaum mehr denn als überflüssiges Beiwerk erscheinen, damals als wesentliche Bestandteile jedes echten Romans
betrachtet wurden. Sie wurden bewußt aufgenommen, aufgrund
der stillschweigenden Übereinkunft von Autor und Leser, daß
ein Roman nicht bloß eine Erzählung, sondern zugleich eine
Fundgrube des Wissens sein solle.

III

Wir haben bisher über den ‚Roman' gesprochen, als ob der
Sinn des Wortes ebenso unzweideutig wäre wie die Begriffe
‚Drama', ‚Epos' oder ‚Predigt'. Doch es ist Vorsicht geboten
beim Gebrauch eines Wortes, das sich sogar noch heute einer
genauen Definition entzieht, und vor dem die Schriftsteller des
siebzehnten Jahrhunderts selbst eine gewisse Scheu zeigten. Rist
spricht in einem der frühesten Hinweise auf den Roman von
„wahrscheinlichen Geschichten oder Fabelhafften Historien, die
man ins gemein *Romans* nennet und von den Aussländischen
Völckern jhren Ursprung haben". Er deutet damit an, daß sowohl das Wort ‚Roman' wie auch seine Bedeutung als neu und
fremdartig empfunden wurden. Während der nächsten dreißig
Jahre ist selbst die Schreibweise des Wortes unsicher. Birken
verweist auf die „neue Geschicht-Gedichte, welche ingemein
Romanzi oder *Romains* genennet werden". Ziegler verwirft die
„*Catoniani*sche meynung, ob wären die *Romainen* schlechterdings
unnütze schriften". Die typische Unsicherheit im Gebrauch des
Wortes spiegelt sich sogar noch 1699 im Vorwort zu Talanders
Ariadne, wo der Verfasser sich bitterlich über einen anonymen
Plagiator beklagt, der sein Werk nachgedruckt und eine Anzahl
neuer Abschnitte, zum Teil in schlechtem Französisch, hinzugefügt hat. Unwillig schreibt er: „Und damit ich ihm doch nur
etwas allhier davon lerne, so muß er wissen, dass das Wort,

welches er sonst hin und wieder brauchet: *Romain:* einen Römer
bedeutet, und nicht einen *Roman.* Nun aber schreibe ich keine
Römer, sonder *Romanen*".[1]
Auch über andere Aspekte des Romans gingen die Meinungen
auseinander. Noch gegen Ende des Jahrhunderts konnte man
mit vollem Ernst Fragen erörtern wie die Vorteile von Vers oder
Prosa in der Erzählung, das Verhältnis des Romans zum Epos
oder die erwünschte soziale Stellung der Romanfiguren. Glück-
licherweise jedoch zeigten nur wenige zeitgenössische Theoreti-
ker soviel Interesse an der Romanliteratur, daß sie Gesetze über
ihren Bau festlegten.[2] Über die Grundzüge des Romans zumindest gab es keine Zweifel. Der Roman wurde als eine legi-
time, wenn auch nicht sehr hochstehende Erzählform anerkannt;
er war hauptsächlich in Prosa abgefaßt und schloß magische oder
übernatürliche Elemente möglichst aus. Gewöhnlich verband er
historische Tatsachen mit Erdichtetem, und sein Zweck war be-
lehrender oder erbaulicher Art. Die zusammengesetzte Bezeichnung ,Liebes- und Heldengedicht', die so oft synonym für
,Roman' gebraucht wurde, weist auf die beiden Brennpunkte des
Interesses hin. Einerseits konnte der Roman eine lange Helden-
geschichte erzählen, wie den Kampf eines guten Herrschers
gegen seine Feinde. Andrerseits galt auch die Liebe als gleich
wichtiges Element, trotz der Behauptung von Gordon de Per-
cel, der französischen Romanautorität, daß „l'Allemagne en
général est trop sérieuse pour goûter les gentillesses de l'amour".
Wie die französischen, so beschrieben viele deutsche Romane die
Leiden und Freuden vom Schicksal verfolgter Liebender in einer
„anmuthigen und lobwürdigen Liebes-Geschichte", wie Rotth
sie nannte.[3]

[1] ,Talander' (A. Bohse), *Ariadne,* Leipzig 1699 (Vorrede).
[2] B. Marckwardt, *Geschichte der deutschen Poetik,* I, Berlin/Leipzig 1937, S.144–147
u. ö.
[3] F. Bobertag, *Geschichte des Romans und der ihm verwandten Dichtungsgattungen in
Deutschland,* I.Bd., Breslau 1876, S.13; A.C.Rotth, *Kunstmäßige und deutliche Anleitung zu allerhand Materien,* Leipzig 1688, S.351f. Siehe auch H.Hinterhäuser,
Nachwort zu P.D.Huet, *Traité de l'origine des romans* (Sammlung Metzler 54),
Stuttgart 1966; R.Alewyn, ,Der Roman des Barock' in *Formkräfte der deutschen
Dichtung vom Barock bis zur Gegenwart,* Göttingen 1963.

Was der Leser des siebzehnten Jahrhunderts unter dem Wort ,Roman' verstand, wird deutlicher, wenn wir einen Blick auf die Titel jener Werke werfen, die häufig als vorbildliche Romane ihrer Zeit angeführt wurden. Die drei Romane, denen Rist seine Bewunderung zollt, sind Sidneys *Arcadia*, Montemayors *Diana* und Bucholtzs *Herkules und Valiska*. Sigmund von Birken erwähnt 1679 die *Arcadia* und *Diana*, fügt aber die gerade erschienene *Aramena* von Anton Ulrich hinzu. Rotth rühmt 1688 die Romane Anton Ulrichs und diejenigen von Bucholtz. Thomasius schließlich erörtert ausführlich die Vorzüge der genannten Werke, sowie des *Arminius* von Lohenstein.[1] Das Wort ,Roman' wurde also von diesen Kritikern entweder für ausländische Schäferromane gebraucht oder für jene späteren deutschen Werke, die oft ,heroisch-galante Romane' oder ,höfische Romane' genannt wurden, wie sie hier weiterhin bezeichnet werden sollen. Was dem modernen Leser an der Kritik des siebzehnten Jahrhunderts am meisten auffällt, ist die Tatsache, daß der bedeutendste Roman der Zeit, der *Simplicissimus*, keiner Erwähnung würdig befunden wird. Grimmelshausens Meisterwerk wurde nicht als Literatur anerkannt. Gleich den Volksbüchern geriet es bis zur Romantik in Vergessenheit. Es ist ein seltsames Paradox, daß jene Bücher, die vor fast drei Jahrhunderten als ,Romane' galten, heute kaum gelesen werden, während die pikaresken Romane, die in den letzten Jahren so sehr die Aufmerksamkeit der Gelehrten erregt haben, damals nicht einmal dieses Namens für wert erachtet wurden.

IV

Im sechsten Kapitel des *Don Quixote* verurteilt der Priester, der den Ritter von seiner Verrücktheit heilen will, eine Reihe von Büchern aus seiner Bibliothek zum Feuertod. Es handelt sich dabei hauptsächlich um Ritterromane ziemlich überspannter Art. Zwei Werke allerdings übergibt der Priester nicht den Flammen. Das eine sind die vier Bücher des *Amadis*. Das andere ist die *Diana*

---

[1] Thomasius, a.a.O.

von Jorge de Montemayor. Dieses wird verschont, obwohl Don Quixotes Nichte befürchtet, ihr Onkel könne selbst nach der Heilung von seinem Wahne Bücher wie die *Diana* in die Hand bekommen und sich in den Kopf setzen, „ein Hirt oder Schäfer zu werden, und in den Wäldern und auf den Wiesen umzugehen, zu singen und zu pfeifen, und, das noch ärger seyn würde, gar ein Poet zu werden".[1]

Montemayors *Diana* ist einer der vielen Schäferromane, die während des sechzehnten und frühen siebzehnten Jahrhunderts bei den gebildeten Lesern Westeuropas beliebt waren. Ein anderes Buch dieser Art, teilweise der *Diana* nachgebildet und ebenso berühmt, war die *Astrée* von Honoré d'Urfé. Beide Romane waren ins Deutsche übersetzt und Martin Opitz bekannt. Der Schäferroman ist im Kern eine romantische Erzählung, die sich in einer idyllisch-ländlichen Umgebung abspielt und deren Hauptpersonen Landleute sind oder sein wollen. Der Reiz des Schäferromans liegt darin, daß er uns eine Wunschwelt vorführt, worin die Sorgen des täglichen Lebens vergessen sind, wo Schäfer und Schäferinnen ihr Leben mit dem Hüten der Herden verbringen, mit Lustbarkeiten und den Freuden und Leiden der Liebe – aber Liebe als verfeinerte, letztlich von der Vernunft beherrschte Empfindung verstanden, nicht als zerstörende oder tragische Leidenschaft. Die Schönheit der arkadischen Landschaft, die sie bewohnen, ist makellos: ihre Wiesen sind leuchtend grün, ihre Bäche kristallklar, ihre Grotten voller Zauber. Eben diese idealisierte Landschaft versucht Opitz in seiner kurzen *Schäfferey von der Nimfen Hercinie* zu beschwören. Auch Zesens *Adriatische Rosemund*, die hauptsächlich im zeitgenössischen Holland spielt, enthält eine typische Schäferepisode, in der die Heldin sich als Schäferin verkleidet und Liebesgedichte in die Rinde der Bäume einschneidet. Bis spät ins siebzehnte Jahrhundert wurden in Deutschland kurze Schäferromane geschrieben, entweder als Gelegenheitswerke, die gesellschaftliche Ereignisse wie z. B. eine Verlobung oder Hochzeit verherrlichen, oder, wie die *Diana* des Montemayor, um zarten Gefühlen Ausdruck

---

[1] *Don Kichote de la Mantscha*, Frankfurt 1669, S. 89.

zu verleihen, die sich nicht unmittelbarer zu erkennen geben durften.[1]

Die längeren und anspruchsvolleren Schäferromane, namentlich Sidneys *Arcadia*, überschreiten die konventionellen Grenzen dieser Romanform. Hier mag die Geruhsamkeit des Schäferlebens plötzlich durch Krieg und Kampf gestört werden. Piraten und Räuber greifen manchmal ins Leben der unschuldigen Hirten ein. Zuweilen tauchen die irrenden Ritter wieder auf, die Don Quixotes Sinn verwirrt hatten, so als wäre ihre Verbannung durch Cervantes nur vorübergehend gewesen. Sogar Politik und Intrige dringen wieder in die Handlung ein.

Der kompliziertere Erzählungstypus, der aus den Schäferromanen, den Ritterromanen und anderen Quellen entstand, kann als direkter Vorläufer der deutschen höfischen Romane von Bucholtz, Anton Ulrich und Ziegler angesehen werden. Bekanntlich folgen diese Romane einem auffallend ähnlichen Erzählschema. Bucholtz erzählt, wie Herkules, ein deutscher Prinz, seine geliebte Valiska verliert, die von Räubern zum Partherkönig Artabanus entführt wird. Zieglers *Asiatische Banise* beschreibt die Leiden einer orientalischen Prinzessin in den Händen des schurkischen Chaumigrem, bis sie von dem kühnen Prinzen Balacin errettet wird. Man könnte noch viele Variationen desselben Themas in der *Aramena* und anderen höfischen Romanen finden. In jedem Fall gehen der edle Held und seine Heldin durch die gräßlichsten Gefahren und aufregendsten Abenteuer, bevor ihre Feinde endgültig besiegt und sie selbst auf den letzten Seiten wiedervereint und verheiratet werden. Das Happy End ist charakteristisch für alle höfischen Romane. Aber es ist schließlich nur das gute Recht von Held und Heldin, denn sie sind in jeder Weise vorbildliche Gestalten. Sie sind mit körperlicher Schönheit ausgestattet; ihre Sprache wie ihr Gebaren sind über jeden Tadel erhaben; in dem Auf und Nieder ihrer Erlebnisse stellen sie alle jene Eigenschaften zur Schau, die man im siebzehnten Jahrhundert mit ihrem hohen gesellschaftlichen Rang verband – Mut, Treue und moralische

---

[1] Zesen, *Rosemund*, S.120. Über den Schäferroman s. H. Meyer, *Der deutsche Schäferroman des 17. Jahrhunderts*, Diss. Freiburg i. Br., 1928.

Standhaftigkeit inmitten der Wechselfälle einer unbeständigen Welt.

Vieles in diesen höfischen Romanen mag heutzutage ‚opernhaft' erscheinen: die scharfe Trennung zwischen guten und bösen Charakteren, das häufige Vorkommen von Verschwörung, Gefangennahme und Flucht, und vor allem die wichtige Rolle der Verkleidungen und der Verwechslung von Personen. Man darf wohl mit Recht eine – wenn auch entfernte und oberflächliche – Beziehung zwischen einem Roman wie *Die Asiatische Banise* und der *Zauberflöte* vermuten, trotz der hundert Jahre, die sie trennen. Die *Banise* wurde in der Tat fünfmal zwischen 1721 und 1766 wiederaufgelegt und zweimal für die Bühne bearbeitet, einmal als Tragödie und einmal als Oper.[1] Manche andere höfische Romane wurden im achtzehnten Jahrhundert noch immer gelesen. Anton Ulrichs *Octavia* wurde 1712 wiederaufgelegt und hat, wie Goethe uns mitteilt, das Fräulein von Klettenberg außerordentlich beeindruckt. Sowohl seine *Aramena* als auch Bucholtzs *Herkules* wurden sogar noch in den 1780er Jahren in überarbeiteten Ausgaben veröffentlicht.[2]

Die höfischen Romane verloren ihre Beliebtheit durch ihre übermäßige Länge; Lohensteins *Arminius* z. B. ist ungefähr viermal so lang wie Thomas Manns *Zauberberg* und – es muß nicht erst gesagt werden – weit weniger unterhaltend. Die Romane von Bucholtz und Anton Ulrich haben ungefähr das gleiche Ausmaß. Jeder noch so idealistische Verleger würde große Bedenken hegen, bevor er den vollständigen Text irgendeiner dieser gigantischen Dichtungen wieder herausgäbe. Nur Zieglers *Banise*, die kürzeste, ist seit dem achtzehnten Jahrhundert wiedergedruckt worden. Die Länge dieser Werke beruht teilweise auf dem bereits erwähnten nichterzählerischen Material, zu dessen Aufnahme in ihre Geschichten die Romanautoren sich verpflichtet fühlten. Aber sie hängt gleichermaßen mit der sehr verwickelten Struktur dieser Geschichten zusammen. Der Leser des siebzehnten Jahrhunderts hatte eine Vorliebe für eine kompli-

[1] L. Cholevius, *Die bedeutendsten deutschen Romane des siebzehnten Jahrhunderts*, Leipzig 1866, S. 152 f.
[2] Cholevius, S. 117 f und 176 f.

zierte, mit aufregenden Episoden vollgepfropfte Intrige. Deshalb ist der durchschnittliche höfische Roman, obwohl sehr einfach in den großen Zügen, im Detail höchst verzwickt. Darüberhinaus kann die verzwickte Handlung noch zahlreiche Nebenhandlungen oder ‚Vorgeschichten‘ bergen, die in den Hauptfaden der Erzählung oder um ihn herum gewoben sind. In seiner *Aramena* beschreibt Anton Ulrich die Abenteuer von nahezu dreißig Liebespaaren in einer Geschichte, die ebenso ausgeklügelt ist wie das Labyrinth eines Barockgartens. Und schon nach wenigen Seiten von *Herkules* oder *Arminius* wissen wir den Wert der langen Personenliste zu schätzen, mit der uns der Verfasser zur besseren Orientierung versehen hat.

„Ich bin nur bey den ersten Blättern geblieben“ klagt Christian Weise in einer Fußnote zu seiner Würdigung des *Arminius*.[1] Sicherlich war er nicht der einzige, der diese Erfahrung machte. Die höfischen Romane waren offensichtlich für einen Leserkreis bestimmt, der weit mehr Muße als der heutige Literaturstudent hatte und der wahrscheinlich selbst im siebzehnten Jahrhundert sehr klein war. Die faktische Unmöglichkeit jedoch, den vollständigen Text dieser Werke zu würdigen, legt uns die Überlegung nahe, inwieweit sie nach Umarbeitung oder Kürzung verlangen. Man hat vielleicht zu bedenken, daß die Barockautoren selbst gar nicht erwarteten, daß ihre Werke ‚in einem Zuge‘ gelesen würden. Deshalb gaben sie oft eine genaue Inhaltsangabe oder ein Sachregister mit. Auf diese Weise war der Leser in der Lage, sich leicht im Text zurechtzufinden und diejenigen Abschnitte nachzuschlagen, die ihn interessierten. Der Roman wurde in der Tat häufig als eine Art ‚Schatzkammer‘ von Diskussionen, Anekdoten, Gedichten und beispielhaftem Prosastil angesehen. Deshalb sind wir vielleicht berechtigt, bestimmte Seiten dieser Romane auszuwählen und sie außerhalb ihres Zusammenhangs zu erneuter Lektüre „mit Nutzen und Ergötzen“ anzubieten.

Das Vergnügen, das uns die höfischen Romane noch immer gewähren können, wird weniger von ihrer Handlung abhängen als davon, wie wir ihre Stilvielfalt aufnehmen. Die Prosa des siebzehnten Jahrhunderts stellt zuweilen beträchtliche Ansprü-

[1] Ch. Weise, *Curiöse Gedancken von Deutschen Briefen*, Leipzig 1698, S.510–515.

che an die Ausdauer des modernen Lesers. Viele werden die *Asiatische Banise* nach den ersten paar Seiten überdrüssig beiseite-gelegt haben – nach Prinz Balacins langer Tirade, in der er Blitz, Donner, Hagel usw. von den Göttern auf seine Feinde herabruft. Wie andere Barockhelden gerät auch Balacin durch seine hochtrabende Deklamation in die Nähe des Lächerlichen. Doch die Zeit, wo man die gesamte barocke Prosa als ‚Schwulst' abtun konnte, ist längst vorbei. Wie Cholevius vor einem Jahr-hundert gezeigt hat, sollte man sich vor Verallgemeinerungen über den Erzählstil dieser Zeit hüten, da jeder Romanautor seinen eigenen entwickelte. Die von Cholevius abgedruckten Auszüge beweisen, daß nur wenige Jahrzehnte nach Opitzens Verteidi-gung der deutschen Sprache in seinem *Aristarchus* (1617) die deutschen Romanciers eine erstaunliche Sprachmeisterschaft und Stilbeherrschung erreicht hatten. Für gewisse Abschnitte bei Bucholtz und Ziegler mag der Ausdruck ‚schwülstig' zu-treffen, für viele andere jedoch nicht. Ein Abgrund trennt die tönenden rhetorischen Perioden Lohensteins von der feinfüh-ligen poetischen Prosa Zesens. Am wenigsten trifft das Wort ‚Schwulst' für Anton Ulrich zu, der, zumindest in seinen Roma-nen, bewußt nach der Präzision und Eleganz der klassischen französischen Prosa zu streben scheint.

Mehr als zwei Jahrhunderte hindurch wurde die Barockprosa mißachtet, der Rationalismus der Aufklärung sowie der roman-tische und realistische Geschmack des neunzehnten Jahrhunderts waren ihr feind. Der heutige Leser ist jedoch vorurteilsloser in seiner Würdigung und weit besser in der Lage, die Originalität und Erfindungskraft der Autoren des siebzehnten Jahrhunderts zu schätzen. Wenn wir sowohl die höfischen als auch die volks-tümlichen Romanschreiber, die weiter unten besprochen werden, berücksichtigen, so wird deutlich, daß sie keine geringe Leistung vollbrachten. Es kann nicht behauptet werden, daß sie die deut-sche Sprache als Medium der Erzählung zur Reife gebracht haben – diese Aufgabe hatte auf einen Gellert und Wieland zu warten. Aber sie erforschten ebenso unermüdlich die Möglich-keiten der Sprache, wie sie ihre Ausdruckskraft pflegten und er-weiterten. Ihre Prosa scheint in mancher Hinsicht schwieriger und anspruchsvoller als diejenige von Luther und Hans Sachs. Doch übt sie auf den modernen Leser einen eigentümlichen Reiz aus, vielleicht gerade wegen der disparaten Elemente, aus denen sie besteht, wegen ihres seltsam archaischen Charakters und ihrer Nähe zur Moderne. Rhetorische Perioden und bloßer Bericht, Euphemismen und niedrigste Umgangssprache, extravagante Bildlichkeit und Gemeinplätzigkeit oder Ironie – alle diese Extreme finden sich in den dickleibigen vernachlässigten Bänden der barocken Romanliteratur. Hier zeigt sich der gleiche rastlose Erfindergeist, der in der Architektur und Naturwissenschaft des siebzehnten Jahrhunderts am Werke war und der so verschiedene und seltsame Früchte zeitigte.

V

Der volkstümliche Roman des siebzehnten Jahrhunderts steht in beinahe jeder Hinsicht in auffälligem Gegensatz zum höfischen Roman. Er ist sehr viel kürzer und seine Handlung relativ einfach. Die Personenzahl ist begrenzt und mit wenigen Ausnahmen konzentriert sich das erzählerische Interesse auf das Leben einer unheroischen doch schlauen Hauptfigur. Der Erzählstil schließlich ist einfach und ungeschminkt, ohne Anspruch auf literarische Eleganz.

Die Ursprünge des deutschen volkstümlichen Romans gehen auf die ‚novela picaresca' zurück, d. h. den Roman vom niederen Leben, der sich in Spanien während der zweiten Hälfte des sechzehnten Jahrhunderts entwickelte. Die Verpflanzung dieser Form nach Deutschland besorgte der Bayer Aegidius Albertinus, der 1615 eine Übersetzung eines der berühmtesten pikaresken Romane, *Guzman de Alfarache*, unter dem Titel *Der Landstörtzer* veröffentlichte. Guzman ist ein Spitzbube, der sich gebessert hat, und der die Geschichte seines schimpflichen Lebens kunstlos in der ersten Person erzählt. Er beschreibt seine niedere Geburt, seine Kindheit, seine Aufnahme in das Gewerbe berufsmäßiger Diebe und seine Erlebnisse und Abenteuer vor seiner endlichen Reue im hohen Alter. Ab und zu im Verlauf der Geschichte wer-

den wir daran erinnert, daß dieser Bericht über Guzmans übles
Treiben dem Leser als Warnung dienen soll, schlechte Gesellschaft zu meiden und den Versuchungen der Welt zu wider-
stehen. Albertinus, ein Jesuitenschüler mit mehr moralischen
als literarischen Interessen, erweitert diese moralischen Ab-
schweifungen und fügt selbst neue hinzu, ohne jedoch die lebhaften Erzählteile des Originals zu beeinträchtigen.[1]

Humor und Realismus sind die beiden Eigenschaften des pikaresken Romans, die noch heute Anklang finden. Der ‚picaro‘
gehört zur Unterwelt der menschlichen Gesellschaft und führt
ein Parasitendasein. Trotz des Auf und Ab in seinem sträflichen
Beruf besitzt er eine natürliche Selbstsicherheit und einen uner-
schütterlichen Optimismus. Als Ausgestoßener und Außenseiter
vermag er die Torheiten und Heucheleien der äußerlich respek-
tablen Stände ironisch zu entlarven. Unübertrefflich und mit
grimmigem Realismus beschreibt er die Ränke von Gastwirten,
verarmten Adligen und korrupten Richtern. Der Erzähler, der
selbst ein bekehrter Sünder ist, deckt bereitwillig all die Kniffe
seines früheren Gewerbes und seiner Galgenbrüder, der Taschen-
diebe, Schwindler und ihresgleichen auf. Die lange und viel-
fältige Geschichte der Verbrecherlaufbahn als literarisches Thema
läßt sich bis heute verfolgen, durch Werke wie *Moll Flanders*,
Oliver Twist und, jüngeren Datums, Thomas Manns *Felix Krull*.

Guzman de Alfarache war nicht der erste pikareske Roman,
allerdings auch nicht der letzte, der ins Deutsche übertragen
wurde. Der ebenso berühmte *Lazarillo de Tormes* wurde 1614
übersetzt und die weibliche *Picara Justina* erschien 1620. Wie allgemein üblich, erweiterten und überarbeiteten die deutschen
Übersetzer die Originaltexte nach Gutdünken. Nicolaus Ulenhart
z. B. gab Cervantes' *Rinconete y Cortadillo* den deutschen Titel
Von Isaac Winckelfelder und Jobst von der Schneid (1617) und verlegte
den Schauplatz von Spanien nach Böhmen. Wie dem pastoralen
und höfischen, erging es auch dem pikaresken Roman – den
freien Übertragungen folgten einheimische Nachahmungen.
Überall in Westeuropa, wo Schriftsteller die Möglichkeit sahen,

---

[1] Arnold Hirsch, *Bürgertum und Barock im deutschen Roman*, Frankfurt 1934.

den ‚picaro' den lokalen Gegebenheiten ihres eigenen Landes anzupassen, fand der gleiche Vorgang statt. In Deutschland veranlaßte der Dreißigjährige Krieg die entscheidenden Veränderungen, denen der importierte pikareske Roman unterzogen wurde. Moscherosch und Grimmelshausen teilen das Verdienst, daraus den deutschen ‚Schelmenroman' geschaffen zu haben.

Im Herbst 1642 kündigte der Frankfurter Meßkatalog die Veröffentlichung zweier Übersetzungen durch den elsässischen Dichter Hans Michael Moscherosch an. Die eine war *Don Quixote*, die andere Quevedos pikaresker Roman *Vida del Buscón* (*Das Leben eines Schelmen*). Es steht nicht fest, ob diese Werke jemals vollendet wurden. Moscherosch jedoch übertrug immerhin die sieben satirischen *Visiones* von Quevedo ins Deutsche und schrieb dann sieben eigene *Gesichte*, die sich besonders mit den zeitgenössischen deutschen Verhältnissen auseinandersetzen. Die sechste dieser Visionen – *Soldatenleben* – besteht aus einem pikaresken Roman, der in dem vom Kriege verwüsteten Elsaß der 1640er Jahre spielt.[1]

Der Held dieser etwas zusammenhangslosen Erzählung, Philander, ist sehr verschieden von den spanischen Schelmen Lazarillo, Guzman oder Pablo. Er ist weder ein Opportunist noch ein Parasit, sondern ein friedlicher, ernsthafter, von seinem Gewissen geplagter junger Lutheraner, der gegen seinen Willen in die Machenschaften einer Bande räuberischer Soldaten verstrickt ist. Es handelt sich dabei um unheimliche, düstere Charaktere und die Geschichte ihrer Untaten – Raub und Mord, Folter und Notzucht – wird mit erbarmungslosem Realismus erzählt. Außer den rohen Späßen der Plünderer fehlt jeglicher Humor. Dennoch richtet sich das *Soldatenleben* in seinem Erzählstil, seiner episodischen Struktur und seinem Handlungsschauplatz deutlich nach der festgegründeten pikaresken Tradition. Wie Guzman und andere Picaros bereut Philander am Ende seinen üblen Lebenswandel und gelobt Besserung.

Trotz seiner Kompositionsschwächen kann das *Soldatenleben* als der früheste deutsche volkstümliche Roman gelten, der

---

[1] Neudruck in *Gesichte Philanders von Sittewald* von Hanß Michael Moscherosch, herausgegeben von F. Bobertag, Deutsche National-Litteratur Bd. 32, S. 253–403.

Deutschlands Ängste, Hoffnungen und Leiden während des Dreißigjährigen Krieges widerspiegelt. Das Werk war Grimmelshausen bekannt, der ungefähr zwanzig Jahre später seinem eigenen Meisterwerk ein ähnliches Thema zugrundelegte. *Simplicissimus* steht so hoch über den übrigen deutschen Romanen des siebzehnten Jahrhunderts, daß man ein ganzes Buch schreiben müßte, um seinem literarischen Rang gerecht zu werden. Simplicius gerät wie Philander unter plündernde Soldaten des Dreißigjährigen Krieges; auch er erlebt in einer Reihe von Abenteuern das Auf und Ab von Fortnuas Rad, bis er am Ende erkennt, daß er nur ein Sünder in einer eitlen unbeständigen Welt ist und beschließt, sich auf den Tod vorzubereiten. Sogar die sympathischen Bauernportraits des *Simplicissimus* und seine grausamen Folterszenen sind bei Moscherosch vorgebildet. Aber Grimmelshausen ist ein unvergleichlich besserer Erzähler. Seine Ironie ist nicht zu trennen von der vollkommenen Meisterschaft, mit der er Form und Inhalt der Erzählung beherrscht. Es gibt nichts Zufälliges im Plan seines Werkes, der sich unmittelbar aus Grimmelshausens Auffassung vom Endziel seines Helden ergab. Wir werden nicht im Zweifel darüber gelassen, daß dieses Endziel die Erlösung auf dem Wege der Reue ist. Das Gleichgewicht zwischen dem Pikaresken und Visionären ist derart gut ausbalanciert, daß Simplicius' Abschied von der Welt im fünften Buch ein großartiger und überzeugender Schluß ist.[1]

Der unmittelbare Erfolg des *Simplicissimus*, als er 1669 erschien, hatte viele Nachdrucke und schwächliche Nachahmungen zur Folge. Grimmelshausen selbst schrieb eine Anzahl von Fortsetzungen zu seinem Bestseller, von denen die interessanteste das sechste Buch, die *Continuatio* ist, die Simplicius' letzte Jahre als Schiffbrüchiger auf einer Insel beschreibt. Dieses Buch hat auffallende Ähnlichkeiten mit *Robinson Crusoe*, der ein halbes Jahrhundert später erschien, obwohl der nun alte und asketische Simplicius nicht im geringsten Crusoes Verlangen teilt, aus seiner Wildnis zurück in die Zivilisation zu flüchten.[2] Nach der *Continuatio* schrieb Grimmelshausen noch zwei denkwürdige pikareske

---

[1] J. H. Scholte, *Der Simplicissimus und sein Dichter*, Tübingen 1950, S. 1–14.
[2] Scholte, S. 49–79.

Biographien – *Der Seltsame Springinsfeld* und *Die Landstörtzerin Courasche*, das Original von Brechts weit berühmterer *Mutter Courage*.

Nach Grimmelshausen waren die einzigen volkstümlichen Schriftsteller von Bedeutung der Leipziger Schulmeister Christian Weise und der Österreicher Johann Beer.[1] Weises Romane, obwohl heutzutage nur selten gelesen, verdienen einige Aufmerksamkeit, weil sie der volkstümlichen Romanliteratur in den 1670er und 1680er Jahren eine neue Richtung gaben. Ihr Zweck ist eingestandenermaßen didaktisch. Weise schuf den von ihm so benannten ‚politischen Roman‘, der zeigen sollte, wie das berufliche und gesellschaftliche Fortkommen von guten Manieren abhängt und einem Benehmen, das ‚politisch‘ im Sinne von ‚weltklug‘ oder ‚diplomatisch‘ ist. Seine Romane enthalten zahlreiche satirische, der Wirklichkeit abgeguckte Skizzen von gesellschaftlichen Strebern, die all die Fehler begehen, die ein Mann von Geschmack und Taktgefühl vermeiden würde. Das rein erzählerische Interesse ist gering. *Die Drey Ärgsten Erznarren*, und seine Fortsetzung *Die Drey Klügsten Leute* bringen lange Betrachtungen über menschliche Torheiten, die ein junger Adliger mit zwei Reisegefährten beobachtet. Die Eigenschaft, die Weise mit seinen Vorläufern, den pikaresken Romanschreibern, teilt, ist ein scharf beobachtendes Auge, das unter die Oberfläche von Menschen und Dingen dringt. Meisterhaft versteht er es, mit wenigen Sätzen so unsterbliche Typen wie den Dandy, den Geizhals, den Flegel oder den Pedanten heraufzubeschwören. Zu diesem Zweck setzt er häufig seine bemerkenswerte Begabung als Parodist ein, der fast jeden gesprochenen oder geschriebenen Stil wiedergeben konnte. Für jeden, der sich für die Geschichte der Sprache interessiert, gehören Weises Dialoge und die vielen Briefe, die er als zu befolgende oder zu meidende Exempel für die verschiedensten Gelegenheiten aufstellte, zu den lohnendsten Teilen seines Werks.

Diese Vorliebe für Nachahmung und Parodie ist charakteristisch für mehrere volkstümliche Schriftsteller am Ende des sieb-

---

[1] H. Palm, *Christian Weise*, 1850; R. Alewyn, *Johann Beer*, Leipzig 1932.

zehnten Jahrhunderts. Zu ihnen gehören Christian Reuter mit seiner bekannten Satire über Reisegeschichten, *Schelmuffsky*, und Johann Beer, der mehr als zwanzig Romane unter einer Anzahl seltsamer Pseudonyme schrieb. Beers eigene Lektüre war vielseitig, denn er fand gleichermaßen Gefallen am Pikaresken und Pastoralen, an Volkserzählungen und höfischen Romanen. Seine ständige Bewunderung aber gewann Grimmelshausen. Immer wieder begegnen wir Abschnitten in Beers Romanen, die an Kapitel im *Simplicissimus* erinnern oder sie direkt imitieren. Viele dieser Passagen enthalten ein unmißverständlich parodistisches Element, für das die ersten Seiten im *Pokazi* ein gutes Beispiel abgeben. Der Umstand, daß Beer häufig ironisiert, hindert uns, seine Geschichten allzu ernst zu nehmen. Doch die Parodie ist nicht notwendigerweise eine sterile Ausdrucksform und kann sehr wohl, wie bei Fielding und Tieck, zu wahrhaft schöpferischem Schaffen führen. Genau dies, wenngleich auf einer niederern literarischen Ebene, trifft für Johann Beer zu. Die Parodie setzt die Erzählung in Bewegung und, einmal in Gang gebracht, läßt der Verfasser seinem Erzähleifer, seiner Phantasie und seinem sprudelnden Humor die Zügel schießen. Selbst in seinen anspruchsvollsten Werken wie *Teutsche Winter-Nächte* und *Kurzweilige Sommer-Täge* gibt es Schwächen im Aufbau. Aber sie werden durch Vorzüge aufgewogen, die man im siebzehnten Jahrhundert selten verbunden findet: einen lebhaften Sinn für das Komische im Leben und eine spontane Freude am Fabulieren.[1] Als Richard Alewyn 1932 Beers Romane identifizierte, behauptete er mit vollem Recht, daß ihr Verfasser „ein begnadeter Erzähler" sei. Nach Beers vorzeitigem Tod im Jahre 1700 hatte das deutsche Lesepublikum viele Jahre auf einen ebenbürtigen Erzähler zu warten.

VI

Unter den Romanautoren, die in den letzten Jahren des siebzehnten Jahrhunderts gelesen wurden, sind Johann Beer und

---

[1] s. Alewyns ‚Nachwort' zu seiner Ausgabe von J. Beer, *Die teutschen Winter-Nächte & Die kurzweiligen Sommer-Täge*, Frankfurt 1963, S. 851–861.

Johann Casper von Lohenstein die beherrschenden Gestalten. Sie hatten sehr wenig gemein. Beer schrieb eine Menge volkstümlicher Romane, der Eingebung des Augenblicks folgend und unbekümmert um literarischen Ruhm oder das Urteil der Nachwelt. Seine Schreibweise ist so unstet und launenhaft, daß es schwer halten würde, bei ihm einen persönlichen Stil festzustellen. Lohenstein dagegen verbrachte Jahre über einem einzigen Werk, indem er jene zahllosen gelehrten Anspielungen in seinem *Arminius* einfügte, die die Bewunderung seiner Zeitgenossen erregten. Obwohl sein Denkmal von Deutschlands alter Größe noch immer nicht abgeschlossen war, als er 1683 starb, war er zum anerkannten Meister eines bestimmten Stils geworden, „hoch doch nicht unverständlich" – „der breslauische Styl", wie Weise ihn nannte –, der dreißig Jahre lang geschätzt wurde, bis Gottsched und Breitinger ihn diskreditierten.

Trotz des Unterschiedes in ihrem Temperament und in ihren Absichten bezeichnen Beer und Lohenstein, jeder in seiner Art, das Ende einer klar abgegrenzten Epoche in der Geschichte der deutschen Romanliteratur. Beers fast manische Ironie entsprang wie diejenige Heines seiner Verachtung der konventionellen Formen und Ausdrucksweisen. Und obwohl seine späteren Werke Originalität und schöpferische Kraft verraten, eröffneten sie keine neuen Wege für andere Romanautoren. Nach Beers Tod verkümmerte der volkstümliche Roman durch zwei Generationen hindurch, bis er durch Übertragungen der Werke Defoes und Fieldings wieder auflebte.

Mit Lohensteins *Arminius* erreichte auch der höfische Roman die letzte Stufe seiner Entwicklung. Wahrscheinlich hat kein anderer Schriftsteller jemals den Versuch gemacht, in einem Werk soviel historische Dichtung und Wahrheit zu verbinden. *Arminius* gibt nicht nur ein farbenprächtiges Bild von Deutschland zur Zeit Caesars und Augustus'; er befaßt sich auch mit dem Aufstieg der Habsburger und der jüngsten Geschichte des Heiligen Römischen Reiches. Darüberhinaus soll er eine Enzyklopädie sein, mit seinen Hunderten von Hinweisen auf Druiden, Sterne, Träume, Erziehung u. ä. Auch hier scheint es, daß eine Weiterentwicklung des Romans in dieser Richtung nicht möglich war. Nach 1690 ersetzte den barocken höfischen Roman der kürzere und oberflächlichere ‚galante Roman‘, den Herbert Singer kürzlich beschrieben hat.[1] Man könnte deshalb sagen, daß Gottard Heidegger, der 1698 soviel Verachtung für Lohenstein, Beer und die meisten ihrer Vorgänger bezeugte, zumindest mit Recht das Ende des deutschen Romans voraussagte, wie er damals bekannt war. Die Zahl der veröffentlichten Romane wuchs nach 1700 von Jahr zu Jahr, aber ihre Qualität nahm rapide ab. Als Gellert und Wieland Mitte des achtzehnten Jahrhunderts das Ansehen des deutschen Romans endlich wiederherstellten, verdankten sie den zeitgenössischen englischen und französischen Vorbildern mehr als den Werken der barocken Romanliteratur.

Das soll nicht heißen, daß die deutschen Barockromane von aller späteren Literatur vollständig abgeschnitten sind. Es gibt z. B. offensichtliche Verbindungen zwischen *Arminius* und jenem langlebigen Hermannskult, der in Kleists *Hermannsschlacht* seinen denkwürdigsten Ausdruck gefunden hat. Der praktische Rationalismus Christian Weises ist innerlich nicht weit entfernt von dem gesunden Menschenverstand der *Moralischen Wochenschriften*, Gellerts und jenes anderen großen Brief-Autors, Rabener. Selbst die unwahrscheinlicheren Liebes- und Abenteuergeschichten der höfischen Romane fanden weiterhin Anklang in der Oper und volkstümlichen Unterhaltungsliteratur. Und es ist vielleicht nicht erstaunlich, daß der junge Anton Reiser sich fast zur gleichen Zeit an der Lektüre zweier Bücher berauschte: *Tausendundeine Nacht* und *Asiatische Banise*.

Ein abschließendes Urteil über die deutschen Barockromane kann jedoch nicht auf Begriffen wie ‚Einflüsse‘ und ‚Quellen‘ fußen. Sie haben unmittelbarere Ansprüche auf unsere Aufmerksamkeit. Ihre stilistische Vielfalt und gewisse Merkmale ihrer Komposition wurden bereits erwähnt. Ebenso wichtig ist ihre Bedeutung für die deutsche Sprachgeschichte dieser Epoche, für die Bemühungen der *Sprachgesellschaften*, Schottels oder Zesens,

[1] H. Singer, a. a. O.; s. auch H. Singer, *Der deutsche Roman zwischen Barock und Rokoko*, Köln 1963, S. 87–152. Über Lohenstein s. M. Wehrli, *Das barocke Geschichtsbild in Lobensteins Arminius*, Zürich 1938.

die deutsche Sprache zu ‚reinigen'. Aber die Hauptbedeutung dieser Romane liegt vielleicht in ihrem brennenden Interesse am Menschen und seiner Beziehung zur Welt. Ihre Autoren sind keine ‚Realisten', jedenfalls nicht im Sinne von Dickens oder Balzac. Nichtsdestoweniger fühlten sie sich zutiefst von den Grundtatsachen menschlicher Erfahrung betroffen. Eben deshalb gaben sie die Zauber- und Wunschwelten der Ritter- und Schäferromane auf. Arcadia und die Heldentaten des Amadis wurden nicht vergessen, aber die Erinnerung an sie wurde im Laufe des Jahrhunderts immer schwächer, während die Romanautoren der Glaubwürdigkeit und Authentizität ihrer Werke immer mehr Aufmerksamkeit widmeten. Aber die Welt der tatsächlichen Erfahrung beschreiben zu wollen, bedeutete für den Schriftsteller dieser Epoche die Konfrontation mit den Unzulänglichkeiten dieser Welt und der problematischen Stellung des Menschen in dieser Welt. Denn die Romanautoren nicht weniger als die anderen Dichter sahen die Dinge noch immer in religiösen Zusammenhängen und waren sich des doppelten Aspektes alles irdischen Lebens tief bewußt: der Gegensätze zwischen äußerer Erscheinung und innerem Wesen, zwischen der Schönheit der Welt und ihrer Vergänglichkeit, zwischen menschlicher Schwachheit und der Macht des Schicksals. Ein verstörtes, zwiespältiges Bewußtsein dieser Art liegt den besten Werken von Grimmelshausen, Zesen und Anton Ulrich zugrunde. Erst gegen Ende des Jahrhunderts tauchten Romanschriftsteller auf, die diese fragwürdigen Seiten des Lebens ignorierten und den Menschen als gesellschaftliches Wesen auffaßten. In den Werken Weises und seiner Nachfolger bildet sich allmählich die Überzeugung heraus, daß diese Welt die beste aller möglichen Welten sei und daß es die Pflicht des Menschen ist, so glücklich wie möglich in ihr zu leben. So spiegelt die Entwicklung des deutschen Romans im siebzehnten Jahrhundert eine der großen Veränderungen im neuzeitlichen europäischen Denken wider: den Übergang von einer religiösen und häufig pessimistischen Auffassung des Menschen und seiner Welt zu dem auf der Vernunft gegründeten Optimismus der Aufklärung.

Quellen

1. Der Landtstörtzer: Gusman von Alfarche oder Picaro genannt / dessen wunderbarliches / abenthewrlichs vnd possir-
lichs Leben / was gestallt er schier alle ort der Welt durch-
loffen / allerhand Ständt / Dienst vnd Aembter versucht / vil
guts vnd böses begangen vnd auszgestanden / jetzt reich /
bald arm / vnd widerumb reich vnd gar elendig worden /
doch letztlichen sich bekehrt hat / hierin beschriben wirdt.
Durch ÆGIDIVM ALBERTINVM, Fürstl: Durchl: in
Bayrn Secretarium, theils auß dem Spanischen verteutscht /
theils gemehrt vnd gebessert. Getruckt zu München / durch
Nicolaum Henricum. ANNO M. DC. XV.
[S. 96–108, 117–122]

2. ARCADIA Der Gräffin von Pembrock: Vom Herrn Graffen
vnd Rittern Herrn Philippsen von Sidney In Englischer
Sprach geschrieben / auß derselbigen Frantzösisch / vnd auß
beyden erstlich Teutsch gegeben Durch VALENTINUM
THEOCRITUM von Hirschberg: Jetzo allenthalben vffs
new vbersehen vnd gebessert: Die Gedichte aber vnd Rey-
men gantz anderst gemacht vnd vbersetzt Von dem Edlen
vnd Vesten M. O. V. B. Auch mit schönen Kupfferstücken
gezieret vnd verlegt von MATTHÆO MERIAN. Getruckt
zu Franckfurt am Mayn / in Wolffgang Hoffmans Buch-
truckerey / im Jahr nach Christi Geburt M. DC.XXXVIII
[S. 23–26, 48–50]

3. Martin Opitzen Schäfferey Von der Nimfen Hercinie. Gedruckt zum Brieg / In Verlegung David Müllers Buchhand-
lers in Breßlaw. 1630.   [S. 23–32, 44–45]

4. Wunderliche und warhafftige Gesichte Philanders von Sittewald / Das ist Straff-Schrifften Hanß-Michael Moscherosch
von Wilstädt. In welchen Aller Weltwesen / Aller Mänschen

Händel / mit jhren Natürlichen Farben der Eitelkeit / Gewalts / Heucheley / Thorheit bekleidet / offentlich auff die Schau geführet / als in einem Spiegel dargestellet und gesehen werden. Erster Theil. Von Ihme zum letztern mahl auffgelegt / vermehret / gebessert / mit Bildnussen gezieret / und Männiglichen unvergreifflich zulesen in Truck gegeben. Straßburg / Bey Johan-Philipp-Mülben und Josias Städeln. M DC L …Ander Theil Straßburg / Bey Johan-Philipp-Mülben und Josias Städeln. M DC L   [S.574–609, 661, 715–791]

5. Ritterholds von Blauen Adriatische Rosemund. Last hägt Lust. Amsteltam, Bei Ludwich Elzevihrn. 1645. gemacht durch den Wachchenden.   [S.68–73, 85–104]

6. Der Grosse Schau-Platz Lust- und Lehrreicher Geschichte. Durch ein Mitglied der Hochlöblichen Fruchtbringenden Gesellschafft. Franckfurt 1653.   [S.155–157]

7. Der Christlichen Teutschen Groß-Fürsten HERKULES Und Der Böhmischen Königlichen Fräulein VALISKA Wunder-Geschichte. In acht Bücher und zween Teile / abgefasset Und Allen Gott-und-Tugendliebenden Seelen zur Christ- und ehrlichen Ergezligkeit ans Licht gestellet. Unter Römischer Käyserlicher Majest. sonderbahrem Schuz / Freyheit und Begnadigung. Braunschweig / Verlegt von Christoff-Friederich Zilliger und Caspar Gruber / Buchhändlern allda. ANNO M DC LXVI.   [S.1–102]

8. CONTINUATIO des abentheurlichen SIMPLICISSIMI Oder Der Schluß desselben Durch GERMAN SCHLEIFHEIM von Sulsfort. Mompelgart / Bey Johann Fillion / 1669.   [Kap.XIX–XXIII]

9. Die Durchleuchtige Syrerin Aramena. Der Vierte Theil: Der Vermählten Freundschaft gewidmet. Nürnberg / In Verlegung Johann Hofmann / Kunsthändl. Gedruckt daselbst / durch Christof Gerhard. ANNO 1672.   [S.764–794]

10. Die Drey Klügsten Leute in der gantzen Welt Aus vielen
    Schein-klugen Begebenheiten hervorgesucht / Und allen
    guten Freunden zu fleißiger Nachfolge vorgestellet durch
    Catharinum Civilem Leipzig / verlegts Johann Fritzsche /
    MDCLXXV   [S. 55–65, 97–100, 128]

11. Des Abentheurlichen JAN REBHU Artlicher Pokazi / Be-
    stehend in einer kurtzen und lustigen Relation seinen Lebens-
    Wandel betreffend / in welcher eine Satyra, gleich einer Braut
    auf dem Tantz herum geführet wird. Darbey unterschied-
    liche / so wohl freye / als belarffte Gesichter anzutreffen /
    deren Gestalt man denen Interessenten zu entwerffen über-
    lässet. Gedruckt im 1679. Jahre.   [Bl. B3–D6]

12. Der Symplicianische Welt-Kucker / Oder Abentheuerliche
    JAN REBHU, bestehend in einer Historischen Erzelung /
    Welche den Lauff seines geführten Lebens der gantzen Welt
    vor Augen stellet verfasset in ein Satyrisches Gedichte / In
    welchem unter verdecktem Nahmen warhafftige Begeben-
    heiten gewisser Stands-Personen entworffen / und mit Con-
    fuser Ordnung an den Tag gegeben worden. Gedruckt zu N.
    Bey deß Jan Rebhù seinen guten Freunde. Halle 1677,
    Simon Johann Hübner.   [S. 65–77]

13. Herrn Henrich Anshelm von Zigler und Kliphausen Asiati-
    sche Banise, Oder blutiges doch muthiges Pegu, In Histo-
    rischer und mit dem mantel einer Helden- und Liebes-
    geschicht bedeckten warheit beruhende. Diesem füget sich
    bey eine aus dem Italiänischen übersetzte Theatralische
    Handlung, benennet: Der tapffere Heraclius. LEIPZIG bey
    Thomas Fritschen, 1716.   [S. 397–405]

14. Daniel Caspers von Lohenstein Großmüthiger Feldherr
    Arminius oder Herrmann, Als Ein tapfferer Beschirmer der
    deutschen Freyheit / Nebst seiner Durchlauchtigen Thuß-
    nelda In einer sinnreichen Staats- Liebes- und Helden-
    Geschichte Dem Vaterlande zu Liebe Dem deutschen Adel

aber zu Ehren und rühmlichen Nachfolge In Zwey Theilen
vorgestellet / Und mit annehmlichen Kupffern gezieret.
Leipzig / verlegt von Johann Friedrich Bleditschen Buch-
händlern / und gedruckt durch Christoph Fleischern / Im
Jahr 1689. Unter Ihrer Röm. Käyserl. Majestät sonderbaren
Begnadigung.   [S. 970–975, 982–983]

Es möchte aber mancher Momus hierbey einwenden, daß ich dieses aus andern Büchern zusammengeschrieben, und mich mit fremden Lobe zu befedern gesuchet, wenig aber von eignen Erfindungen beytragen können, und auch viel schlechte Sachen mit eingebracht. Antwort: Der wird für reich gehalten, welcher viel Geltes hat, ob er es gleich nicht gemüntzet, oder alles eines Schlages eingenommen. Darumb lieset man viel Bücher, daß man sich selber bedienen, und mit allerhand Künsten und Wissenschaften bereichern wil... Die gesammten neuen Autores, deren Beyhülffe wir hier gebrauchet, sollen nicht für 100 und mehr Reichsthaler können erkauffet werden.

G. Ph. Harsdörffer, Vorrede zu *Mathematische und Philosophische Erquickstunden*, (II. Theil), Nürnberg 1651.

AEGIDIUS ALBERTINUS

1560–1620

Über Herkunft des Albertinus und seine frühen Jahre sind wir nur mangelhaft unterrichtet. Er wurde wahrscheinlich im Jahre 1560 in Deventer, Holland, geboren und von den Jesuiten erzogen. Nach dem Jahre 1593 diente er am Hofe Herzog Maximilians von Bayern als Kanzlist, Sekretär und Hofbibliothekar. Sein strenggläubiger Katholizismus und seine Belesenheit spiegeln sich in über fünfzig Werken, von denen die meisten allerdings nicht Originalwerke sondern Kompilationen oder freie Bearbeitungen aus dem Spanischen sind. Zu den wichtigsten gehören *Des Irrenden Ritters Raiß* (1594) – eine Übersetzung des allegorischen *Chevalier Errant* von Jean de Carthény – und zwei Werke, die 50 Jahre später Grimmelshausen beeinflussen sollten: Guevaras *Contemptus vitae aulicae* (1598) und Mateo Alemans *Guzman de Alfarche* (1615).

Der Landstörtzer

Gusman von Alfarche oder Picaro genannt

(1615)

*In den ersten Kapiteln erzählt Gusman von seiner Geburt in Sevilla,
seiner zweifelhaften Herkunft und den harten Jahren seiner Kindheit.
Trotz der Warnungen eines würdigen Priesters verläßt Gusman sein
Elternhaus und zieht in die weite Welt hinaus. Durch einen betrüge-
rischen Wirt, der den Wein seiner Gäste verwässert, lernt er die Schlechtig-
keit der Welt kennen. Er begibt sich nach Madrid, wo er* Picaro, *oder
Gauner und Dieb, wird. Durch Betrug gelangt er in den Besitz einer
beträchtlichen Summe Geldes, die er aber in Toledo bald verschwendet.
Er wandert nach Italien und bettelt in Rom und Genua. In Genua
findet er im Hause eines alten Mannes Unterkunft. Weil er aber in der
Nacht von Teufeln geplagt wird, muß er am nächsten Tag nach Rom
fliehen.*

*Gusman fahet[1] an zu betteln,
gesellet sich zu andern Bettlern, lehrnet jhre* Statuta,
Gesetz vnd Ordnungen.

Alsbaldt ich auß Genua kommen war, eylte ich dermassen,
daß kein Currier oder Postlauffer mich erwischen hette könden,
vnd wofern deß Loths Weib auch also gethan hette, so würde
sie in keine Saltzseul verwandelt sein worden: Niemaln schawte
ich zu ruck, sonder lieff sechs gantze meil wegs in einem Athem,
ohne einiges verschnauffen, das verursachte der Zorn vnd die
grosse mir erwisene schmach: das aller ärgiste aber war, daß ich
allerdings[2] zerrissen, kranck, schwach vnnd ohne Gelt war: O
Armut vnd noth, wie sehr schwächest vnd zernichtestu die
Gemüter vnd Leiber der Menschen, dann ob schon du die *ingenia
subtilisirest*[3], so zerstörestu doch die *potentias* vnd ringest die
seinen[4] dermassen daß sie sampt der gedult sich verlieren. Zweyer-
ley art der Armut ist verhanden, die eine ist vnuerschambt, vnnd
kompt selbst vnberuffen: die andere aber kompt beruffen vnd

---

[1] fängt   [2] völlig   [3] den Verstand schärfst   [4] verminderst die Urteilskraft

gebetten. Vor der ersten, welche sich selbst ladet vnd beruffet, behüte vns Gott, vnd dieselbe ist die jenige, von dern ich tractire, dann sie ist ein gezwungener Gast in dem Hause, vnnd bringt sehr vil böse *effecten*[1] mit sich, nemblich Vntrew, Dieberey vnnd Verachtung: Die andere *voluntaria* oder freywillige Armut, die wir selbst beruffen, vnd erwehlen, ist ein herrliche vnnd fürtreffliche Fraw, freygebig, reich, mächtig, redselig, freundlich, lieblich vnd angenemm: Sie ist ein vnüberwindlicher Thurn, ein wahrer Reichthumb, vnd ein wares Gut, welches die Gemüter der Menschen erhebet, die Leiber stärcket, die Ehr erleuchtet vnnd befürdert, die Hertzen erfrewet, die werck erhöhet vnd deß Menschen guten Namen vnsterblich macht: Ihre Füß seind von Diamanten, jhr Leib von Saphier, jhr Angesicht von Carfunckel, sie glantzet, erfrewet, *viuificiret*[2], vnd macht lebendig: Aber die andere jhre Nachbäwrin[3] ist allerdings schändtlich, vnflätig vnnd verächtlich, vnnd in eben dieselbe verliebte ich mich mit aller macht, vnd begab mich allerdings zum betteln auffm Landt, in den Stätten vnnd in Häusern. Darzu gab mir das edle Italien grosse vrsach vnd anläß, dann daselbst wirdt ein so grosse Lieb deß Nächsten verspürt, vnd dermassen gern vnnd vil gibt man den Armen, daß es schier ein vberfluß ist, vnnd nur vil Bettler dardurch gemacht vnd geziegelt[4] werden. Von Genua auß biß gen Rom verzehrte ich keinen einigen Häller, vnnd hatte aller Orthen zu essen genug. Ich war gleichwol damals erst ein *nouitz*, vnnd gab offtermals den Hunden etwas, welches ich verkauffen vnnd vil Gelts drauß lösen hette können. Als ich gen Rom kam, hette ich mich gern von newem gekleydet, aber doch vnderließ ichs, damit es mir nicht widerumb erginge wie zu Toledo, dann ob schon vnser einer ein guts Kleydt an hat, so hat er doch drumb nicht zu fressen, vnnd niemandt gibt einem wolgekleidten Bettler gern ein Allmusen, derwegen entschlosse ich mich, daß ich mein ersambletes vnd ersparteis Gelt fein fleissig beysammen behalten wolte: setzte mich nider, vnd machte noch ein andern knopf vor meiner Müntz[5], vnd sprach zu jhr: Da bleib, dann ich weiß nit, wann ich deiner bedörffen möchte.

---

[1] Wirkungen   [2] belebt   [3] Nachbarin   [4] hervorgebracht   [5] machte noch einen Knoten vor den Geldbeutel

In meinen zerrissenen Kleidern vnd Haderlumpen fing ich an, das Allmusen zu begeren, besuchte die Häuser der Cardinälen, Gesandten, Fürsten, Bischoffe vnd anderer Potentaten: Ein anderer junger Bub führte mich, vnd gab mir alle gute anleitung vnnd *lectiones* vnnd vnderwise mich in den *principijs*, wie vnd was, vnd auff was für vnderschidliche form vnd weise ich von einem jeglichen das Almusen begeren, wie ich mit den Reichen ein mitleiden erzeigen[1], vnd die andächtigen verobligiren solte: Dermassen proficierte ich in diser *profession*, daß ich vberflüssig zu essen vnd Gelts gnug vberkam[2], dann ich kente den Bapst vnd so wol die jenigen welche Kutten trugen als welche keine trugen: Alle Gassen durchstraiffte ich, vnd alle Winckel vnd Häuser durchnaschte ich, aber doch viertheilte ich die Statt[3] vnnd theilte die Kirchen nach den Festtägen auß. Das meiste Almusen war brot, das verkauffte ich denen Leuthen, welche die Hennen, Kapaunen vnnd andere dergleichen ziglen[4], vnd löste vil Gelts drauß: deßgleichen brachte ich hin vnnd wider vil alte Kleider zu wegen, dann weil ich nackendt vnd bloß war, so gab man mir allzeit etwas, das verkauffte ich aber alles wider, vnnd samblete ein feines Schatzgelt.

Folgends begab ich mich in die gesellschaft etlicher alten Betler, damit ich durch sie desto *perfectior* vnd vollkommner in diser *facultet* werden möchte. Einer vnder jnen nam mich in seine *disciplin* vnd zucht, vnnd vnderwise mich in den aller fürnembsten geheimnussen *grandezen* vnnd hochheiten deß bettlens, so gar gab er mir ein geschribene Bettelordnung[5], damit ich mich vor allem schaden vnd ärgernussen desto besser möchte hüten: In summa, ich ward in kurtzer zeit ein abgeführter[6] Betler, vnd hette mich trefflich wol darbey befunden, woferrn nicht die zeit vnnd das vnglück mich daruon getriben vnd entsetzt hetten, dann als mich einsmals der fürwitz stach, daß ich wissen möchte, ob man zu Gaeta eben so barmhertzig vnnd mitleidig wäre, wie zu Rom, so verfügt ich mich dorthin, setzte mich mit meinem sehr grindigen[7] vnd schadhafften Kopff (vnangesehen derselb sonsten frisch vnnd gesunde war) vor die Kirchthürn, vnnd samblete

---

[1] erzeugen [2] bekam [3] teilte ich die Stadt in Viertel ein [4] züchten [5] Zunftbrief der Bettler [6] durchtriebener [7] schorfigen

das Allmusen, mit sehr lauter kläglicher vnnd beweglicher Stimm. Der Statthalter daselbst sahe mich eygentlich[1] an, vnnd gab mir gleichfals ein reiches Allmusen: Aber der Geitz vberging[2] mich, vnnd brach den Sack, dann an einem andern Festtag brauchte ich ein andere vnd newe *inuention, præparirte* meinen gesunden vnnd frischen Schenckel dermassen, daß es ein grewel war anzusehen: darmit setzte ich mich vor die Kirchen, fing an vber laut zu schreyen, vnd meinen verwundten elendigen (aber doch gesunden) Schenckel zu erheben vnnd zu zeigen: zu meinem Vnglück kam der vorbemelte Statthalter damals in dieselbe Kirch, vnd als er mich erkennte, hieß er mich auffstehen vnd sprach: gehe mit mir heimb, ich wil dir ein Hemmet[3] geben. Ich glaubte es, kam in sein Losament[4], vnnd er schawte mich eygentlich vnder mein Angesicht, vnd sprach: Wie ists müglich, daß ein solches rothes frisches vnd faistes Angesicht einen so gar bösen Schenckel habe? Es reimen vnd schicken sich dise zwey ding gar nicht zusammen. Ich antwortet: Herr, ich weiß es je nit, vnser Herr hat mirs also zugeschickt: Aber der Statthalter schickte vmb einen Balbierer, der beschawte mich eygentlich, erkennte letztlichen den Betrug vnd sprach: Herr, diser Bub hat eben so wenig einen schadhafften Schenckel, als ich ein schadhafftes Aug hab: Folgendts fing er an, meine Windel[5] vnd Pflaster auffzulösen, vnnd zeigte mennigklichen[6] meinen frischen vnd gesunden Schenckel: Dessen verwunderte sich der Statthalter, vnd befalch dem Hencker, daß er mir in seiner gegenwertigkeit ein Wammes vnder das Hemmet gab[7], vnnd mich mit Ruthen auß der Statt hawen ließ, *nam luit in corpus quisquis non possidet æra.*[8] Diser gestallt ward mein fürwitz gebüst, vnd ich nam meinen weg widerumb auff Rom zu, allda man nicht so gar häckl[9] vnd gestreng ist, vnnd nicht so fleissig auffmercket, wie zu *Gaeta,* sonder man läst einen jeglichen sein Nahrung suchen, wie er am besten kan vnnd mag.

---

[1] genau [2] überwältigte [3] Hemd [4] Wohnung [5] Binden [6] jedermann [7] d. h. ‚mir Prügel gab' [8] ‚der nichts zu bezahlen hat, muß mit der Haut büßen' (Sprichw.) [9] genau

Was gestallt Gusman zu Rom durch einen Cardinal
auß mitleyden,
in seinem eygnen Hauß vnd Beth curirt *worden.*

Die junge Leuth haben in zarten vnd wichtigen Sachen ein
kurtzes gesicht, nicht zwar auß mangl deß verstands, sonder
auß Mangel der fürsichtigkeit, welche nur durch die *experientz*
zu wegen gebracht: die *experientz* aber durch die zeit erlangt
wirdt: dann wie ein grüne vnzeitige frucht keinen vollkommnen
Geschmack hat, sonder bitter vnd sawr ist, also vnd ebner
gestallt sehen wir, daß, weil die junge Leuth noch vnzeitig vnnd
vngeschmackig seynd, jnen die *speculationes* vnd die wahre er-
kändtnuß der dingen mengelt vnd abgehet, derwegen ists je kein
wunder daß sie jrren, jnmassen auch ich gethan, vnfürsichtigk-
lich handlete, vnd das allerböseste für das beste erwehlte. Dann
einsmals stund ich meiner gewonheit nach, deß Morgens frü
auff, verband meinen gesundten Schenckel, setzte mich vor dem
Hause eines Cardinals nider, vnnd als derselb außgehen wolte,
erhebte ich mein klägliche Stimm vnd sprach: O edler Christ,
O Freund Christi Jesu, erbarme dich vber disen betrübten,
elendigen, verwundten vnd armseligen Menschen, O hoch-
würdigster Vatter, habt doch ein mitleiden mit diser armen
Creatur vnd jungen Knaben etc. Der Cardinal merckte auff mein
schreyen, erbarmete sich vber mich, vnnd vermeinte, daß ich
kein Mensch, sonder Gott selbst were, derwegen ließ er mich
alsbald durch seine Diener in sein Hauß tragen, meine alte zer-
rissene Kleyder außziehen, vnnd mich in sein eygnes Beth legen.
Folgendts schickte er nach den allerbesten Stattbalbierern vnd
Wundtartzten, vnd befalch jhnen, daß sie mich fleissig *curiren*
vnd heilen solten, dann ich hatte meinen Schenckel dermassen
armseligklich *præparirt* vnd zugericht, als wäre er vnheylbar
vnnd mit dem Krebs befangen, aber doch hette ich jhne jnnerhalb drey Tagen gar wol widerumb heylen können. Die zwen
Balbirer vermeinten anfangs, daß es ein sehr böser Schenckel
wäre, legten jhre Mäntel von sich, begerten ein Glutpfanne,
Kühschmaltz, Eyer vnd andere sachen, fingen an den Schenckel

auffzulösen, vnnd gaben so vil zu verstehen, als müste man jhne gar abschneiden. Da fing mir erst an angst vnd bang zu werden, der spott, welcher mir zu *Gaeta* erwisen war worden, gedunckte mich ein Kinderspil gegen diser gefahr zu sein, dann ich besorgte mich einer vil grössern Straff, derwegen wuste ich meiner sachen keinen rath, dann weder in der gantzen Letaney, noch im *Flore Sanctorum* fand ich keinen einigen[1] Helffer noch Beschützer der Schelmen.

Je länger die Artzten meinen Schenckel beschawten, je mehr fingen sie an zu zweiffeln, einander anzuschawen vnd zu lächlen, letzlichen aber eröffnete mir der Geitz der Artzten ein Thür, auß disem *laborinth* zu kommen, vnd als derwegen sie von mir hinweg gingen, vnd sich stelleten, als wolten sie hingehen, vnd dem Cardinal die beschaffenheit meines schenckels vnnd Kranckheit *referiren*[2], sprang ich geschwindt auß dem Beth, vnnd hörte, was sie heraussen im Saal mit einander heimlich vnd vertrewlich redeten: dann der ein sprach zum andern: diser Knab ist ein arger Schelm, seine Wunden seind falsch, was wöllen wir aber thun? Verlassen wir jhne, so gehet vns vnser Lohn vnd nutz auß den Händen, ich vermeine, wir solten vns gegen dem Cardinal nichts mercken lassen, sonder den Knaben allgemach mit langsamer hand *curiren*, vnd vil Tag vnnd Zeit mit jhm verzehren, damit vnser Artztlohn desto grösser vnd mehrer werde. Der ander Artzt aber wolte nicht darein verwilligen, sonder war der meinung, daß man dem Cardinal den Betrug entdecken solte: Als ich das hörte, ging ich nackendt zu jhnen hinauß, fiel vor jhnen nider vnnd sprach: Ach jhr meine liebe Herren, mein Leben vnnd mein verderben stehet in ewren Händen vnnd Zungen. Ihr selbst wisset die grosse noth der Armen, vnnd die härtigkeit der Reichen, dannenhero vnd zu jhrer beweg: vnd erwaichung[3] jhrer Hertzen, ist je ein notturfft, daß wir vnser Fleisch verwunden, vnnd also das heilige Allmusen herauß pressen. Vmb Gottes willen bitte ich, jhr wöllet euch vber mich erbarmen, vnd mich nicht offenbar machen, sonder hierunder auch ewren eignen nutz vnd gewinn betrachten: Inmittelst vnnd in wehrender vnser vnderredung ging der Cardinal herein, vnnd

[1] einzigen   [2] melden   [3] Rührung

der ein Balbierer sprach zu jhm, Gnediger Herr, groß ist die Kranckheit vnnd der Schaden dises jungen Menschen, dann der Krebs hat sich allbereit an vnderschidlichen orten seines Leibs angesetzt, vnnd muß durch ein lange Cuhr vertriben werden. Der ander Balbirer sprach: Gnediger Herr, woferrn diser Knab nicht in ewer gnedige vnd barmhertzige Händ gerathen wäre, so hette er müssen verfaulen, sterben vnnd verderben, aber wir verhoffen jhne jnnerhalb 6. Monat zu heilen. Der fromb Cardinal antwortet: nicht nemmet nur 6. sonder 10. Monat darzu, damit er wol curiert werde: Wer war fröher, als eben ich? Dann fürwar, die gefahr, darinn ich mit den Balbierern steckte, war je groß. Man tractirte mich mit essen vnnd trincken, wie einen Fürsten, vnnd der Cardinal selbst suchte mich täglich heimb, *conuersirte* mit mir, vnd hörte mich gar gern reden. Als nun ich letztlichen gesundt worden, namen die Balbirer vrlaub, vnd wurden wegen jhrer gehabten bemühung reichlich ergetzt vnd befridigt. Ich aber ward gekleidt vnd in die zahl der Edelknaben gesetzt, muste auch sampt jhnen dem Herrn Cardinal dienen, vnd in seiner Kammer auffwarten.

Was gestallt Gusman dem Cardinal
für einen Edelknaben gedienet.

...Wie der vngewurtzelte Baum keine früchte trägt, vnd bald verdürret, also konte auch ich in meinem newen Edelknaben dienst keine wurtzeln setzen noch früchte tragen. Nit war ich gesinnt wie andere Leuth, dann[1] man sagt, daß vmb wie vil mehr die Ehr wächst, sie vmb so vil desto mehr begert werde, aber bey mir befandt sich das widerspil, dann ich verachtete die Ehr eines Edelknabendiensts, vnnd hatte einen verdruß dran. Wie es ein vngereimbter Handel wäre, wann einer die Fisch auß dem Wasser nemme, vnnd Pfawen drein zieglen wolte, oder wann einer einen Ochsen fliegen, vnnd einen Adler pflügen lassen wolte, oder wann einer ein Roß mit Sandt fütern, vnnd den Habich mit Stroh speisen wolte, eben ein solche vngereimbtkeit war es auch

[1] denn

mit mir, in deme man auß einem Picaro, Bernhäuter[1], Bettler, vnnd Lodterbuben, einen Edelknaben machen wolte: Dann nunmehr ward ich der Egyptischen Fleischhäfen gewohnt, mein *centrum*, dahin ich zielte, war die Tafern[2], der punct meines Circuls oder Rings, waren die Laster, die waren das endt vnnd ziel, darnach ich ringete, trachtete vnd mich erfrewte vnnd erlustigte.

Nit ohne ists[3], daß ich mich anfangs fein anließ, vnd mich sampt andern meines Herrn Edelknaben zimblich in den Possen wuste zuschicken, dann ich beflisse mich fürnemblich vnd jnsonderheit deß eylfften Gebotts, Du solt nit fuchsschwäntzlen[4]: Vnnd durch dises mittel gewann vnnd erlangte ich meines Herrn deß Cardinals gnad vnnd gunst dermassen, daß er mich jmmerdar bey sich haben muste, vnnd gleichsamb ohne mich nit sein kondte. Darneben aber stach ich jhm heimlich alles auff[5], was ich so wol in der Statt Rom, als auch in seinem Hause sahe vnd hörte. Das wuste ich auch bißweilen dermassen zu *exaggeriren* vnd zuuermehren, daß es ein lust war, aber weil meine sachen auf Lugen vnd betrug fundirt waren, so hatte es keinen bestandt mit mir, dann erstlich kondte ich mein angebornes stehlen nicht lassen, nichts war sicher vor mir: Meines Herrn Gelt vnd Kleinoder waren mir nicht zu gut, vnnd der andern Edelknaben meiner Mitgesellen Kleyder vnnd Gewandt verschmahete ich nicht, sonder schiebte es alles ein, verkauffte es, vnnd löste Gelt drauß: Sie waren von Natur faul, hinlässig[6] vnnd vnauffmercklich, aber ich machte sie munter, vnd verursachte, daß sie jhr Gewandt, Kräß[7], Hembder, Strümpff, Hüt, Schuch vnnd dergleichen etwas fleissiger aufhebten vnd einsperten, dann wann sie es nur ein wenig vergassen vnd ligen liessen, so sahens jhre Augen nimmer. Einsmals brachte ich meines Herrn vergulten schlüssel zum *Confect* Kasten zu wegen, denselben truckte ich ins Wachs ab, ging darmit zum Schlosser, ließ einen darnach machen, sperte den Kasten bißweilen auff, vnnd labte mich mit dem besten darin verhandenen *confect*, das trib ich so lang, biß man einmals ein sonderbares stuck oder Gestadel mit Zucker-

---

[1] d. h. ,Bärenhauter', Vagabund   [2] Wirtshaus   [3] Es war nicht ohne Grund   [4] schmeicheln   [5] hinterbrachte ich ihm alles   [6] nachlässig   [7] Halskrausen

Rosat mengelte[1] vnd merckte, daß ein falscher Schlüssel verhanden sein müste: Dannenhero *inquirirte* man sehr starck bey allen Dienern vnd sonderlich bey vns Edelknaben, nichts aber befandt sich damals, sonder als mein Herr auff ein zeit etliche Herrn zu Gast hatte, vnd etwas lenger zu Tisch saß, vnd *conuersirte*, stund er vnuersehens auff, ging in sein Schlafkammer vnnd wolte sein Wasser abschlagen, da erwischte er mich beym Confect Kasten stehen, vnd weydlich schlecken: Er fragte mich, was ich da machte? Aber *ego obmutui*, ich verstummete, da ließ er den *Domine Nicolao* seinen *Secretarium* holen, vnd befalch jhm, daß er mir zwölff streich mit der Ruthen geben solte: Das thate er fleissig, vnd gab mir nit nur 12. sonder 24. Streich, dann er war mir feindt.

Aber ich zahlte jhne rein auß, dann als er vermeinte, daß ich solche streich allbereit vergessen hatte, begab sichs einsmals, daß jhne die Mucken vbel stachen, dann das Hauß vnd gantz Rom war voller Mucken: da sprach ich zu jhm: Herr *Domine Nicolao*, wöllet jhr, so wil ich euch sagen, was man in Hispanien wider die Mucken brauchet, vnnd wie mans vertreibt? Er sagte Ja. Da holte ich ein sonderbares Kraut, netzte es in Essig, setzte es zun Haupten seines Beths, vnd vberredete jhne, daß alle Mucken zu dessen geruch fliegen, vnd alsbald niderfallen vnnd sterben würden. Er glaubte es, vnd als er ins Beth kam, vberfiel jhne ein vnendtliches geschwader dergleichen Mucken, bissen jm schier die Augen auß, vnd frassen jhm ein stuck von der Nasen hinweg, muste derwegen das Losament raumen vnnd sich anderstwohin *saluiren*. Deß morgens frü wolte er mich kurtzumb todt haben, vnd verklagte mich beym Herrn Cardinal, aber ich verantwortete mich vnd sprach: Gnediger Herr, E. Gn. wissen, daß sie disem *Domino Nicolao* befohlen haben, mir zwölff streich zu geben, wegen deß geschleckten Confects, aber er hat vier vnnd zwantzig drauß gemacht, derwegen hab ich nicht vnderlassen können, jhne dieser gestallt außzuzahlen. Der Cardinal lachte, vnnd ließ es für ein possen passieren.

---

[1] vermißte

MARTIN OPITZ

1597–1639

In Schlesien geboren und erzogen, zeigte Opitz schon früh seine Begabung als Dichter und Gelehrter. Im Jahre 1617 veröffentlichte er seinen *Aristarchus*, eine kurze lateinisch geschriebene Apologie für die deutsche Sprache. Seine Studienjahre (1618–20) verbrachte er in Frankfurt an der Oder und in Heidelberg. Nachher führte er ein tätiges, aber durch die Wirren des Dreißigjährigen Krieges manchmal gefährdetes Leben. Er diente mehreren Fürsten, die ihn mit diplomatischen und anderen amtlichen Aufgaben betrauten. Sein Hauptinteresse jedoch galt der Wiederbelebung der deutschen Literatur, wobei er auf den Beistand Zincgrefs und andrer gleichgesinnter Gelehrter in Heidelberg, Straßburg und Tübingen zählen konnte. Opitzens Ansehen beruht in erster Linie auf seinem *Buch von der deutschen Poeterey* (1624), worin er die Grundsätze einer deutschen Poetik zusammenfaßt, und auf der ersten Sammlung seiner Gedichte, die im selben Jahre erschien. Später wurde er von Kaiser Ferdinand II. zum *poeta laureatus* gekrönt. Manche seiner Zeitgenossen betrachteten ihn als den deutschen Vergil. Bis zu seinem frühen Tod durch die Pest in Danzig war er literarisch tätig.

Opitzens Erfolg als Dichter hat seine beträchtliche Leistung im Bereich der erzählenden Prosa in den Schatten gestellt. Seine Übersetzung von Barclays politischem Schlüsselroman *Argenis* (1626) beeinflußte deutsche Romanschreiber bis zu Anton Ulrich und Lohenstein. Durch seine Neubearbeitung einer älteren Übersetzung von Sidneys *Arcadia* (1638) sicherte er dem Schäferroman einen festen Platz in der deutschen Literatur des 17. Jahrhunderts. Seine eigene Schäferdichtung, die *Schäfferey von der Nimfen Hercinie* (1630) ist eine verhältnismäßig kurze doch phantasievolle Heraufbeschwörung eines Märchenreiches in der schlesischen Landschaft.

Arcadia

(1638)

*Nachdem Mussidorus, Prinz von Thessalien, und Pyrocles, Prinz von
Macedon, eine Reihe von heldenhaften Taten vollbracht haben, leiden sie
Schiffbruch an der Küste von Arcadia. Sie werden von zwei Schäfern,
Strephon und Clajus, gefunden.*

Vber drey Tage hernach, früh Morgens, als der Himmel
wegen herbeynahung der lieben Sonnen, gleichsam mit Lilien
vnd Rosen auffs lieblichste bestrewet war, vnd die holdseligen
Nachtigallen mit einander in die Wedt sungen, die Süssigkeit
jhrer Liebesregung an das Liecht zugeben, erwachten sie vnder
einem Baum, der jhnen diese verwichene Nacht an statt einer
Zelten gedient hatte, namen jhren Weg wider für die Handt[1],
der nunmehr mit tausendterley lieblichen vnd schönen Fürstel-
lungen dem bekümmerten Mussidoro seine Augen wider er-
quickte, welche schier müde waren lenger anzusehen die elende
Verherung deß Laconischen Landes. Denn hier sahe man ein
schönes Gebirg, dessen oberste Gipffel mit vnzahlbarer Menge
hoher Bäum besetzt vnd geziert waren; Dorten war man gewahr
der lustigen Thäler, welche ob sie gleich von nidriger Art, er-
statteten sie doch allen Abgang[2] mit holdseligen, frischen vnd
silberklaren Wasserquellen, die jhre Cristalline Feuchtigkeit hin
vnnd wider schön schlangenweiß, durch die weite, vnd von
allerhand Farb Blümlein zierlich gemalte Wiesen vnd grüne
Awen außtheilten. Darbey waren lustige Gehöltz vnd Wäldlein,
in welchen das süsse Gesang vnd annembliche Melodey tausendterley kleiner Vögelein, so darinnen vmbflogen, den kühlen
Schatten noch viel holdseliger vnd lieblicher machten. Mit einem
Wort, sahe man in dieser Gegend ein vnzahlbare Menge schöner
gesunder Viehweyde, beneben sehr viel Herden Schafe, so das
grüne Graß in guter Ruhe vnd Sicherheit abätzten[3], dabey die
kleinen zarten Lämblein herumb lieffen, vnnd jhren Müttern
nach bläckten. Hier saß ein Schäfer sonder[4] einige Sorg, vnd

[1] setzten ihren Weg wieder fort [2] Mangel [3] abweideten · [4] ohne

spielte auff seiner Sackpfeiffen; Dorten spann eine Schäferin, vnd sang zugleich dermassen lieblich, daß es nit anders schiene, als ob sie jhre eigene Stimm in wärender Handarbeit erquickete, vnnd hinwiderumb jhre Händ der Stimme wohlklingenden Melodey den Tact hielten. Was denn belangt die Häuser in dieser Landsarth, deren sie viel ansichtig wurden, waren solche zwar hin vnnd wider zerstrewet, doch nicht so weit, daß im fall der Noth eines dem andern nicht hette können zu Hülff kommen. Kurtz, war da zu sehen das lebhaffte Conterfaith[1], so wol einer einsamen Wohnung, als einer bewohnten Einöde.

Mussidor begundte seine Augen (welche er vor schmertzlichem Hertzenleyde so lange Zeit beschlossen gehalten) widerumb zu öffnen, vnd sagte: Lieber, ich bitt euch, sagt mir doch, was diß für ein seltzames Land ist, von so gar vngleichem Grundt vnnd Boden, deren der eine an Vberfluß keinen Mangel, der andere aber an lauterm Mangel vnd Armuthey einen Vberfluß hat?

Darauff antwortet Claius: Mein Herr, das jenige Landt, wohin euch das Meer außgeworffen, vnd wir solches biß daher durchwandert haben, wird Laconia genandt, sehr arm vnd dürfftig, nicht allein wegen seiner Vnfruchtbarkeit (obs zwar auch an Wachsthumb der besten keines ist) sondern vielmehr wegen der innerlichen vnd Bürgerlichen Kriege, zwischen dem Adel vnd der Bawerschafft, welche sie die Heloten nennen. Dann diese bey zwey Jahren her das Regiment vnd gemeine Wesen dermassen zerrüttet, daß das gantze Landt darüber seine Gestalt verendern müssen, vnd fast nicht mehr weiß, was Gastfrey sein für eine Tugend ist. Dann die Stätte, so wol auff der einen als der andern Seiten, öffnen den Außländischen vnd Frembden jhre Thor nit gern, wie hingegen widerumb frembde Leuthe eben so vngern vnd anderer Gestalt nicht als mit Forchten hinein kommen, sich allzeit besorgend, sie möchten für das Gegentheil angesehen vnd gefangen werden. Diß Land aber, darinnen jhr jetzunder seyd, ist Arcadia, welches durch gute Gunst deß Himmels nun eine geraume Zeit hero den edlen Frieden, neben dem Sohn deß Friedens, welcher ist ein gute wol ersprießliche Hauß-

[1] Abbild

Aus *Arcadia*
(Exemplar des British Museums London)

haltung, ernehret hat. Deß Kalanders Sitz vnd Wohnung, dahin wir euch zubegleyten verhoffen, ist nicht mehr weit von hier. Die andern Häusser, welche jhr hier also zerstrewet liegen sehet, gehören solchen Leutlein zu, die mit vns gleiches Standts vnd einerley Wesens seyn, sich nemblich ernehren von täglicher Nutzung jhrer Herd vnd Schäffereyen, daher sie auch nach Vnderscheyde deß Standts, in Arcadien Hirten oder Schäffer genennet werden. Ist in Warheit ein recht glückseliges Volck, dem desto minder mangelt, weil es nicht viel begehrt.

Die Schäfer führen Mussidorus zu Kalander, der Strephons lobende Worte über das Land Arcadia bestätigt.

Ohn falsch zu melden, so seyn dieses Lands Einwohner ins gesampt, vom grösten an biß zum geringsten, deß Gemüths edler Außpolirung[1] ergeben, daß es ein Wunder zu sehen ist, wie embsich auch die kleinen Kinder, so bald sie Alters halben nur ein wenig Verstandt haben, stracks anfangen Verß vnd Reimen zu schmieden. Auch ists ein gemeines ding wol vnter den geringsten Lieder zu machen vnnd Reimenweise zu reden, es sey gleich, daß jhnen die Lieb den Verstandt also schärpffe; Oder der langwirige edle Frieden jhre Gemühter erstlich zu guten Künsten geöffnet, welche folgends durch gute Exempel, vnd Eyfferige Nachthuung je mehr vnd mehr außgeziehret vnd vollkommen gemacht worden sindt. So gar lästs auch der albere Dametas nicht erwinden[2], bißweilen solche Lieder vnnd Gesänge zu machen, deren sich villeicht noch ein besseres Gehirn, als er hatt, nicht schämen dörffte. Haben demnach die Schäffer den Preiß vber andern, weil sie weiter nichts zu versorgen, denn blößlich jhre Herden: vnnd im vbrigen nach Hertzen-Lust vnnd wolgefallen, in guter stiller Ruhe leben. Nun wist jhr selbst, daß gute Ruhe eine Mutter vnd Ernehrerin der Musen vnd löblicher Studien ist. Vber das sind vnsere Schäffer nicht, wie die in andern Landen, nur Midlinge oder vmb den Lohn gedingt; sondern sie sind eygene Herrn der jenigen Schäfflein, welcher entweder sie selbst, oder jhre Kinder an jhrer statt hüten. Vnnd soltet jhr in Warheit daran eine hertzliche Lust schöpffen, wenn jhr sehet

---

[1] Verfeinerung   [2] Auch der albere Dametas unterläßt es nicht

zween oder drey jrgends vnder eines grünen Baums Schatten,
oder am Vfer eines rauschendes Bächleins zusammen kommen,
auff jhren Sackpfeiffen zu spielen, vnnd eine liebliche Feld-Music
anzurichten: da sie bißweilen eine fröliche, bißweilen eine klägliche[1], andermals eine Martialische vnd kriegerische Materie vnd
Melodey anstimmen. Ja sie lassen zu zeiten vnter verdeckten
vnd angenommenen Namen offentlich erklingen das jenige, welches sie sich anderwerts, frey herauß zu sagen, nimmermehr
vnderstehen dörfften. Diß alles aber geschicht mit solcher süssen
holdseligen Liebligkeit, daß jhr sonder allen zweiffel drüber in
Verzuckung kämet. Gewöhnlich erwehlen sie einen auß jhrem
Mittel zum Richter, der dem jenigen, welcher sich am besten
gehalten, den Preiß zuspricht: Dieser gehet denn nicht weniger
vergnüget darvon, als ein mächtiger Printz von eroberter
Schlacht vnd Siege. Deß gedachten Richters Ampt aber ist
dieses, daß er alles das jenige, was dann zumal vorgebracht wird,
muß auffschreiben: doch mit dem habenden Vorbehalt, der
andern fürgebrachte Erfindungen, so etwan nicht gnugsam auß-
gedacht, oder erwogen worden, nachmahlen außzupoliren, vnnd
nach gutdüncken zu verbessern.

Von allen diesen nun, hat der König (wie jhr leicht selber
erachten köndt) die Wahl gehabt außzulesen nach seiner Be-
liebung vnd Willkühr die jenigen, so entweder an lieblicher
Stimm, oder scharpffem Verstande, die andern vbertroffen, vnd
für jhnen sonderlich vollkommen gewesen; Vnter welchen Auß-
schuß sich zween oder drey Frembdlinge befinden, die von sonderbarer Melancholy genötiget jhr Vatterland verlassen, vnd
sich hieher zu vns in Arcadien, daselbst jhr leben zu vollstrecken
begeben haben. Die liebliche Gesellschafft vnd annehmliche
Kurtzweil dieser Leute vervrsacht, daß sich der König vnter-
weilen bey jhnen finden läst, vnd mit freyem zusprechen vnd
freundtlichem Gespräch die Gemühter vnd Hertzen dieser Schäfer ermuntert, damit sie von Tage zu Tage in jhren rühmlichen
Beschaffenheiten zunemmen, vnd nachmalen die hohe Ehr seiner
Gnade vnd Huldt desto besser verdienen möchten.

[1] traurige

Schäfferey von der Nimfen Hercinie

(1630)

*Der Dichter, in Schäfertracht gekleidet, entzieht sich dem Stadtleben
und sucht Trost und Einsamkeit in der schlesischen Landschaft. Er
dichtet, während er durch das Land geht. Durch einen Zufall trifft er
drei Freunde – Buchner, Venator und Nüssler – die auch ländlich gekleidet sind. Nachdem sie sich über die Liebe, Reisen und andere Themen
unterhalten haben, wandern die vier Freunde weiter.*

Aber, sagte Nüßler, was halten wir vnsere gäste mitt anderen
reden auff, weil jhnen vieleicht lieber were, in diesen plätzen vndt
gefilden sich vmb zue schawen? Sie ließen es jhnen belieben,
satzten sich zuvor etwas vnter den schatten der hohen bäwme,
vndt erzehlten von diesem vndt jenem, was es theils in eines
jeglichen seinem vaterlande, theils mitt jhrem eigenen zuestande
für beschaffenheit hette. Als sie nachmals vermeinten weiter zue
gehen, vndt die gelegenheit[1] selbiger orte zue besichtigen, kamen
sie ohn gefehr an eine schöne bach, die mitt jhrem silbergläntzen-
den waßer die augen, vndt mitt dem lieblichen geräusche ohren
vnd sinnen ergetzete. Ein edeles flüßlein, fieng Venator an, vndt
weil die berge dermassen nahe sindt, so muß es nicht weit
hiervon entspringen. Laßt vns, sagte Buchner, ein wenig daran
hinauff spazieren. Wir waren fast an den wurtzeln des schnee-
gebirges, als wir einer Nimfe, die an einer frischen grotte oder
höle auff den lincken arm gelehnet lag, gewahr worden, welche
mitt einem subtilen durch scheinenden schleyer bekleidet war,
die haare, so mitt einem grünen krantze gezieret, auff eine
frembde art auffgebunden hatte, vnd vnter der rechten handt
ein geschirr von dem weißesten marmor hielte, darauß das quell
des bächleins geronnen kam. Wiewol wir nun über dem plötz-
lichen anschawen nicht allein erschracken, sondern auch im
zweiffel stunden, ob wir stehen solten oder lauffen, fieng doch
die schöneste creatur, oder viel mehr göttinn, mitt anmutiger
stimme also an zue singen:

[1] Lage

Jhr hirten, die jhr kompt zue schawen
Die quelle, diese berg' vndt awen,
Jhr hirten, lauffet nicht vor mir,
Ich bin des ortes Nimfe hier.
Der Zacken den jhr mich seht gießen,
Der minste von den kleinen flüßen,
Führt oben silber klare flut,
Sein reiner sandt tregt goldt vndt guet.
Warumb sich freundt vndt feinde neiden,
Darbey könnt jhr die schaffe weiden.
Wer goldt zue waschen erst gelehrt,
Hatt ja die menschen hoch versehrt!
Die götter lieben solche sinnen,
Die güldinn' einfalt lieben können;
So kompt, jhr hirten, schawet an,
Was ich, vndt kein mensch zeigen kan.

Wir stunden verwundert vnd bestürtzt, weren auch auß
schrecken zuerück gelauffen, wann sie mich nicht mit höfflicher
demut bey der handt genommen, vndt die andern zue folgen
vermahnet hette. Als wir in die höle hinein kamen, sahen wir
nichts für vns als ein lauteres waßer, das sich gegen jhr wie ein
berg aufflehnete, vnd wir also trucken hindurch giengen. Von
dannen befunden wir vns in einer fast kühlen grotte, auß welcher
nicht allein dieses waßer sämptlich gefloßen kam, sondern auch
andere ströme durch verborgene gänge vndt adern der felsen
hinauß drungen. Diß ist, sagte sie, die springkammer der flüße,
darvon so viel felder befeuchtet, so viel flecken vndt städte ver-
sorget werden. Diese kleinere bach (darauff sie dann mit jhren
schneeweißen fingern zeigete) ist auch ein theil des Zackens[1] an
dem jhr hieher gegangen seidt, vndt wirdt nicht ferren von dem
gebirge mitt dem andern vermenget. Hier zur seiten sehet jhr
den vrsprung des fischreichen klaren Bobers[2], der jhm in einem
schattichten walde sein thor gesucht hatt, darauß er sich durch
berg vndt thal zwinget vndt windet, vndt, nach dem er bey
Hirschberg den Zacken in sich geschluckt, auch etzliche städte,

[1] Fluß in Niederschlesien   [2] Nebenfluß der Oder

darunter, sagte sie zue mir, dein nicht allein dir sondern auch vns
Nimfen liebes, aber erschöpfftes Vaterlandt ist, begrüßet hatt,
endtlich an dem ende des landes Schlesien seinen strom vndt
namen der Oder, dem haupte vndt regentinn der Schlesischen
flüsse, zuegleich einantwortet. Wie dann die goldtführende wilde
Katzbach, derer brunnen nechst darbey herauß quillet, nicht
weit von Parchwitz dergleichen thut. Stracks oberhalb dieser
krieget der durchbrechende Queiß, da zur seiten die hoch-
fallend Aupe, vndt, wo jhr den glatten kieß sehet, die Iser jhren
vrsprung; welcher wir zwar wenig waßer, dennoch aber so viel
andere reiche gaben verliehen, daß sie den mangel deß gewäßers
darmit wol ersetzen kan. Ich hette auß begiehr fast angefangen
zue fragen: sie aber, die es mir am gesichte ansahe; dieser große
Strom, sprach sie, der gerichts[1] für euch mitt solchem strudeln
vndt prausen herauff steiget, ist die Elbe, so von jhrer geburts-
stat[2] den hohen Alben die wir über vns haben den namen bekommen hatt.

Wie wir vns nun über den seltzamen dingen der Natur verwunderten, vndt den vnerschöpfften lauff der gewäßer bestürtzt
in augenschein genommen, auch von wegen des großen gethönes
vndt rauschens der auffspringenden fluten fast das gehör verlohren hatten, gieng sie durch ein weißes thor, welches vns von
marmorstein zue sein bedünckte, für vns her, vndt; Beschawet
nun, sagte sie, das ort, welches für mannes augen zwar sonst
verschlossen ist. In diesem Erdengemache pflege ich sampt
meinen schwestern der Thalien, Arethusen, Cydippen, Opis
vndt den andern die zeit zue vertreiben. Diese anmutige höle
war nach art der alten tempel zirckelrundt, vndt in zimlicher
höhe. Ringes vmbher stunden gefrorene cristallen säulen, welche
von der grünen bewachsenen erden biß an die decke reichten,
vndt mitt jhrem durchsichtigen glantze das gantze zimmer er-
leuchteten. Mitten innen saßen die Nimfen, alle blüende vndt
jung von antlitz, auff grünen teppichen in einem kreiße vmbher,
sponnen, stickten vndt neheten an der subtilesten leinwadt, hatten allerhandt liebliche gespreche, vndt erwehnete gleich damals

---

[1] gerade   [2] Geburtsstätte

eine, wie die stoltze weberinn Arachne der Minerven kampff angebotten; weil aber jhre arbeit der himmlischen nicht zuegesagt, sich selbst erhenckt habe, vndt nachmals in eine spinne verwandelt worden sey: daß sie nunmehr als ein beyspiel der vermeßenheit für den augen aller welt wircken vndt weben muße. Wer seine hoffart an den vnsterblichen außlaßen wil, fieng eine bräunlichte an, so Lycorias sein solte, (vnsere begleiterinn aber hieße Hercinie) dem bekömpt es ja allzeit übel; vndt erzehlte wie der närrische Midas mitt seiner bockpfeiffen den Apollo außgefodert, vndt endtlich nicht allein nicht den danck, sondern auch gar eselsohren davon bekommen habe: welches er zwar, gemeinem gebrauche der menschen nach, verbergen wollen, solches auch seinem diener zue offenbahren verboten habe. Dieser aber, dem gäntzlich zue schweigen vnmöglich gewesen, were zue einem schilffichten orte gegangen, hette seine heimligkeit den rhoren vertrawet, die, wann der windt daran geschlagen, nachmals alle zue schreyen angefangen: *Midas hatt eselsohren.* Sie lachten, vndt; Es mögen wol rhore sein, fieng eine andere an, darmit gelehrte leute schreiben, vndt die jenigen für der gantzen welt zue schanden machen, welche mitt jhrem vnbesonnenen vrtheile von hurtigen vndt gelehrten gemütern wol zue erkennen geben, daß sie Midas gleichen sindt.

Nicht weit von jhnen lagen etzliche lauten, geigen vndt andere musicalische instrumente; auch köcher vndt pfeile, die sie, wann sie nebenst den Waldtgötinnen vndt Bergnimfen sich mitt dem gejägdte[1] ergetzen, zue gebrauchen pflegen. An der wandt waren vnterschiedene historien mitt kleinen muscheln vndt kleinen steinlein, vndt zwar so künstlich, eingelegt, daß wir hinzu giengen, vndt es mehr für eines Apellens werck als für sonst etwas ansahen. Vnter andern stundt die geschichte, wie der Jupiter, welchen sein Vater Saturn freßen wollen, dem aber die Muter Rhea einen stein in die windeln gewickelt, vndt zue verschlucken gegeben habe, von jhren der Nimfen schwestern sey erhalten, vndt durch einen adler bedienet worden. Baldt darneben, wie andere auß jhnen den Bacchus bey Nisa in Asien erzogen, welche Jupiter nachmals zur danckbarkeit hinauff ge-

[1] mit der Jagd

nommen, vndt zue den Hyaden, dem schönen gestirne, das vns
gemeinigleich regen ankündiget, gemacht habe. An einem andern orte, wie die Nimfen Erato, Pemfredo vndt Dino dem
Perseus flügel vndt tasche (welche jhm gleichwol von den mah-
lern der himmlischen bilder abgestrickt[1] wirdt,) geliehen, durch
derer hülffe er der Medusen das haupt abgeschlagen, vndt endtlich die Andromeden, der stoltzen Caßiopeen tochter, von dem
grawsamen meerwunder erlöset. Ferner wie die Syrinx, als sie
für dem Pan geflohen, in die pfeiffe so Mercurius nachmals gebraucht; wie andere Flußnimfen von dem erzürnten Achelous
in die Echinadischen inseln verwandelt worden; vndt was allhier
zue erzehlen nicht gelegenheit ist.

Kompt weiter, sagte Hercinie, vndt beschawet die wohnung
Thetis der vnsterblichen muter der Nimfen, wann sie durch die
verborgenen gänge des erdtreichs mitt jhren seeroßen hieher
zue fahren, vndt vns zue besuchen pfleget. Wir giengen in be-
gleitung aller anderen Najaden, denen die gelben haare vmb den
zarten halß vndt brüste, vndt die dünnegewebten mäntel vmb
jhre bloße leiber flogen, durch eine ärtzinne[2] pforte, vndt kamen
in einen köstlichen saal von großer länge vndt breite. Der boden
war an sich selbst crystallinn, vndt mitt allerhandt schlangen,
fischen vndt meer wundern von anderer art berhümbten steinen
dermaßen eingefüget, daß wir im ersten anschawen fast nicht
trawen vndt aufftreten wolten; deßen dann die Nimfen mitt einem
süßen anblicke sämptlich lachten. An der gewölbeten decke,
die mitt blawen lazursteinen über vnd über belegt war, vnd
durch welche auß zweyen runden cristallinnen fenstern der anmutige tag den gantzen platz von oben her beleuchtete, schiene
nicht weniger von eben dieser köstlichen arbeit[3] das geflügel als
in den wolcken herumb schweben, vndt mangelte, vnsers be-
dünckens, nichts als die stimme. Auff beyden seiten stunden in
gleicher zahl vndt abtheilung seßel von agsteine, deren einer
vmb den andern roth oder gelbe war. Hinten, wie auch gegen
der föderthür zue, waren zwey vergüldete altare, auff deren
einem dem großen Ocean, auff dem andern der Thetis geopffert
wardt. Nicht weit von einem jeglichen sprungen auß zweien

[1] entlehnt   [2] erzene   [3] in eben derselben köstlichen Ausführung

weiten silbernen becken oder schalen, so ingleichen von silbernen Sirenen gehalten worden, sehr anmutige quelle, die eine blancke metalline kugel in die höhe trieben, vndt darmit spieleten; auch gleich wieder herab fielen, vndt von sich selbst verschluckt vndt stets wiederumb auffgestoßen worden. In der mitten war eine lange tafel von polirtem steine, an welche Thetis mitt jhnen speise vndt tranck zue nemen pfleget.

Ihr hirten, fieng Hercinie an, wir wißen was der himmel vndt die Musen euch verliehen, vndt mitt was für begiehr der wissenschafft jhr behafftet seidt. So laßet euch nun, indeßen das meine Schwestern den Vnsterblichen jhren dienst erzeigen, vnd jhr gebürliches opffer fürtragen, von mir zeigen, was die gemelde vnd schrifften an den wänden allhier in sich halten. Wißet, sagte sie ferner, daß alles was jhr biß anher gesehen vndt noch sehen werdet, inheimische außbeute, in diesen gründen geseiffet[1], in diesen wäßern gewaschen, hier gefunden vndt gearbeitet sey. Der weiße chalcedonier, der schwartze cristall, der violbraune amethist, der blawe saffir, der striemichte[2] jaspis, die tunckelrothen granaten, der fleischfarbene carniol, der rothgelbe gifftfeindt der hyacinth, der gelbichte beryll, der vielfärbichte achat, der gelbe topazier, welchen jhr in der handt jenes adlers (vndt zeigte einen adler an der decken darauff Ganymedes saß) als einen plitz fünckeln sehet, der helle demant, sindt alle hier zue hause. Diese perlen, dieses silber, diß goldt ist in flötzen[3] vndt quärtzen, flämmicht[4] vndt körnicht in hiesigen reichen gefilden vndt gegenden an zue treffen; des zinnes, kupffers, eisens, glases vndt allen deßen was die magdt[5] deß höchsten Gottes vndt die gütige muter der menschen die Natur sonst gebiehret, zue geschweigen. Hiermit fuhrte sie vns erstlich wiederumb der pforten zue, darüber folgende reime stunden:

> Ihr blinden sterblichen, was zieht jhr vndt verreist
> In beydes Indien? was wagt jhr seel vndt geist
> Für jhren knecht den leib? jhr holet krieg vndt streit,
> Bringt auß der newen welt auch eine weltvoll leidt,
> Ihr pflügt die wilde see, vergeßet ewer landt,

---

[1] = ‚geseifnet‘, d. h. ‚gewonnen‘ [2] gestreifte [3] Schichten [4] in Adern [5] Macht

Sucht goldt das eisern macht, vndt habt es bey der handt.
Den demant findet kaum der schwartze Moor so weiß,
Der jaspis ist vn⸗ schlecht, die perlen tregt der Queiß[1],
Hieher mensch, die Natur, die Erde ruffet dir:
Wohin? nach guete: bleib: warumb? du hast es hier.

Nechst diesen Versen, die in eine schwartze steinerne platten
gehawen waren, folgeten auff der einen seiten viel historien vndt
bilder von erschaffung der welt; von der güldenen, silbernen,
irrdenen vndt letzlich eisernen zeit; von dem himmelstürme-
rischen Giganten; der überschwemmung des erdtbodens; alles
in der ordnung wie es Hesiodus, Apollodorus, Hyginus vndt
andere, sonderlich der sinnreicheste vnter allen Poeten in seinen
verwandelungsbüchern, (darumb es allhier zue wiederholen
vnnötig ist) verzeichnet haben. Auff der andern seiten stundt
erstlich eine landttafel, darinnen vnterschiedene berge, schlößer,
flüße vndt felder zue sehen waren. Dieses, sagte sie, ist die gelegenheit hiesiger orte, deren größestes theil von langer zeit her
die edelen Schaffgotschen[2], weßen geschlechtes verlauff jhr in
folgenden gemelden vndt schrifften biß auff jetzigen werthen
helden vernemen sollet, beherrschen. Ihr vhraltes geblüte, jhre
tugendt, jhre löbliche thaten, vndt sonderlich die stille rhue,
welcher wir vnter jhnen als gleichsam schutzgöttern bißanhero
genoßen, hatt verdienet, jhnen bey vns allhier diß gedächtniß
auff zue richten. Damit ich aber euch, als denen so zue nach-
suchung der alten zeiten sonderliche lust tragen, etwas außführung thue, so wißet daß wie hiesiges hohe risengefilde, hiesiger
flintzberg vndt schneegebirge anfänglich von natürlichen erb-
ursprünglichen deutschen, den Marcomannen, Marsingern vndt
dergleichen bewohnt, also auch von jhnen zuweilen der Hartz
oder Hercinische waldt, darvon ich heiße, zuweilen das Sudeten
oder Sudöden gebirge sey genennt worden: biß die Sarma-
tischen Winden[3] (nicht die Wandalischen Völcker) jhre Vistul
oder Weixel überschritten, vndt sich dieser vndt anderer lande
bemächtigt haben. Daß aber dennoch allzeit etwas von Deut-

[1] Nebenfluß des Bobers in Niederschlesien [2] Mitglieder der adeligen Familie
Schaffgotsch. Die *Hercinie* ist dem Grafen Ulrich von Schaffgotsch gewidmet.
[3] Wenden

schen übrig verblieben sey, könnet jhr dannenher von euch
selbst schließen, daß der name Bömen, welcher allbereit vor
anderthalb tausent jharen vndt vielzeiten vor der Winden einfall
berhümbt gewesen, noch heutiges tages nicht verloschen ist; wie
dann auch ein theil dieser berge die Alpe oder Elbe vndt dergleichen, bey jhren altern wörtern bisz anjetzo verblieben sindt.
Hetten ewere Deutschen mit solchem fleiße denckwürdige große
thaten auffschreiben, als verrichten können, oder die blutigen
kriege für etzlichen hundert jharen mitt den leuten nicht auch
zuegleich das gedächtniß derselbten vndt alle geschickligkeit
außgerottet, so köndte der edelen Schoffe[1] (dann also worden
sie vormals genennet) werther name, vndt die tapfferkeit welche
sie zue beschützung des vaterlandes angewendet, euch mehr vor
augen gestellet werden: bey vns haben wir jhren rhum allein von
der zeit auffgemercket, seidt vnsere bäche vnter jhrem schirme
ruhig gefloßen, vndt sie besitzer der orte, die zum theile hier
entworffen stehen, gewesen sindt.

*Mit Bewunderung betrachten die Freunde mehrere der Familie Schaff-
gotsch gewidmete Gedenktafeln. Auf der letzten Tafel steht ein langes
Lobgedicht – eine „Weissagung der Parzen“, welche das künftige Glück
der Familie voraussagt.*

Wir hatten vns an der schönen tafel die augen, an der weissagung aber, welche wir nun mehrentheils erfüllet zue sein wuß-
ten, auch das hertze erquickt, vnd wünschten dem Helden solche ersprößliche wolfarth, wie jhm allhier zue ende angekündigt
würde. Die andern Nimfen hatten sich vnter dem lesen alle hinauß verlohren, Hercinie aber; Ihr hirten, sagte sie, so viel ist
menschlichen augen allhier zue besichtigen erlaubet, vndt jhr
werdet mitt meiner vndt meiner schwestern anjetzo erzeigten
gunst vergnüget sein. Also führte sie vns durch ein anderes thor
in eine newe höle, die zue weilen so enge war daß wir fast nach
der seiten[2] durch gehen mußten, zueweilen aber viel thäler vndt
berge in sich zue halten schiene. Nach dem wir eine guete weile
also gegangen waren, kamen wir an einen fast[3] heißen ort, voll

---

[1] d. h. ‚Schaffgotschen‘   [2] dicht an der Wand   [3] sehr

schweffelichten dampffes, zue deßen beyden seiten ein knallen vndt prausen gleichsam eines auffkochenden waßers, vndt ich wußte nicht was für ein gethöne gehöret wardt. Vns war nicht aller maßen wol bey der sache; Ich habe, fieng aber die Nimfe an, euch nicht ohn vrsach an dieses ort geführet. Wißet daß Sicilien nicht allein Cyclopen, vndt Theßalien Titanen getragen hatt; es liegen allhier zweene mächtige Giganten, welche sich eben wie jene an dem himmel zue vergreiffen vnterstanden, vndt von den göttern vnter diese klüfften sindt verstoßen worden. Sie haben den geschmack des schwefels noch anjetzo nicht verlohren, vndt riechen nach dem plitze vndt donner, darmit sie Jupiter hatt herab gestürtzt. Auß ihren rachen lauffen starcke vndt hitzige ströme, die dennoch auß gnädiger verordnung der Vnsterblichen zum besten der menschen gereichen, vndt nicht weit von hier mitt zweyen heilsamen quellen in dem gebiete jetztgemeldeten Heldens entspringen mußen. Es solte mir auch vnschwer sein, euch zue jhren vngehewren cörpern zue führen, wann ewere blöde augen vndt ohren das scheußliche anschawen vndt brüllen vertragen könten. Lernet aber gleichwol, daß die jenigen die sich den himmel an zue tasten vermeßen, von dem himmel verstoßen, vndt von der erden verschlungen werden.

Als wir nun vnter wehrendem gespreche gleichsam bergan gegangen waren, kamen wir an den außgang einer höle, darein der tag seine stralen mitt vollem scheine fallen ließ; Hercinie aber verschwandt ehe wir es gewar worden, vndt kam vns weiter nicht zue gesichte. Wir wendeten vns gegen der grotten, vndt ehrten die Nimfe vndt den ort, darinnen wir so merckliche vndt wunderbare sachen gesehen vndt erfahren. Ob vns auch zwar die gelegenheit des gefildes da wir herauß gegangen etwas seltzam fürkam, so kunten wir doch aller beschaffenheit nach fast[1] erkennen, daß wir eben an der andern seiten des berges, wo wir zuevor hinein gelaßen worden, sein mußten, stiegen also gemach vndt gemach gegen der spitzen zue.

---

[1] deutlich

JOHANN MICHAEL MOSCHEROSCH

1601–1669

Moscherosch wurde im Jahre 1601 zu Willstädt bei Straßburg geboren. Als Student in Straßburg lernte er Zincgref, Harsdörffer und
andere Schriftsteller kennen, die seine Hoffnung auf eine Renaissance
der deutschen Literatur teilten. Im Dreißigjährigen Krieg mußte er
Not und Elend leiden, und mehrere Amtsstellen, die er zwischen 1630
und seinem Todesjahre innehatte, gaben ihm weder Ruhe noch Sicherheit. Er wird mit Recht als patriotischer Schriftsteller angesehen, obwohl er die Literatur des Auslands, besonders die französische, immer
hoch schätzte. Seine eigenen Schriften zeugen von Sprachbeherr-
schung und Stilgefühl. Sein literarischer Ruhm beruht auf dem Buch
Gesichte Philanders von Sittewald, das in den 1640er Jahren erschien. Im
Jahre 1645 wurde er zum Mitglied der Fruchtbringenden Gesellschaft
gewählt. Der erste Teil der *Gesichte* ist eine freie Übersetzung von
Quevedos *Sueños*, d. h. ‚Träumen‘. Der zweite Teil ist selbständiger
und enthält zwei hervorragende Satiren, *Alamode Kehraus*, gegen üp-
pige Kleidung, überschwengliche Sprache und Manieren, und *Soldatenleben*, ein scharfer Angriff auf die Grausamkeiten der plündernden
und gottlosen Soldaten.

Gesichte Philanders von Sittewald

Soldatenleben

(1643)

Im alten noch von den legendären Königen der deutschen Vergangenheit bewohnten Schloß Geroltzeck waren dem Helden Philander schon fünf Visionen gewährt worden. Da er Angst vor den Intrigen seiner Feinde hat, entschließt er sich, aus dem Schloß zu fliehen. Deutschland, wo er Zuflucht zu finden hofft, wird aber noch immer von den zwecklosen Kämpfen des Dreißigjährigen Krieges heimgesucht.

So bald ich nun zu dem heimlichen Gang hinauß vnd den nechstgelegenen Wald erreichet, enthielte ich mich[1] das best, so ich mochte, biß gegen nacht, da ich mich in einem Dorff vnfern in einem alten Hauß versteckte; Alwo ich auß Forcht deß andern[2] tags verbleiben mußte, biß wider gegen nacht, da ich den Weg fürter[3] suchte; Mit gutem Vorsatz, all das Vnglück gedultig zu leiden, biß mich Gott erlösen thäte; dann[4] ich wol sahe, daß mein sinnen vnd dencken nichts helffen mochte, wie sehr ich mich auch bekümmern, bearbeiten vnd bemühen wolte, Gott müste es thun, ohne welches Beystand kein Mensch was guts vermag in allem seinem Vorhaben.

> Was ists, daß man sich viel kräncket,
> Dieses jetzt, bald das gedencket,
> Vnser Thun hat doch sein Ziel.
> Lieber Mensch, drumb laß es gehen,
> Soll es sein, so muß es gschehen.
> Nach dem grossen Himmels-Schluß.
> Alle Welt sich richten muß.

Nach dem ich also auff die lincke Hand das Land hinüberschluge[5], vnd auff vier Stunden wegs kam, ersahe ich nicht weit von mir ein wenigs glasts[6] von Fewer, dem ich mich näherte;

[1] verbarg ich mich [2] den nächsten Tag [3] weiter [4] denn [5] mich links in das Land wendete [6] Glanz

vnd als ich hinzu gienge, einer Kirche gewahr wurde vnd bey
mir die Rechnung machete, es würden etliche arme Leuthlein
oder Saltzträger (als vmb diese Gegend gewohn[1] war), sich
irgend die Nacht vber da auffhalten vnd rasten wollen, durch
deren Mittel ich sonder zweiffel auff einen andern Weg könte ge-
wiesen werden.

Zwar war ich in meiner Meynung nicht betrogen, es waren
arme Leute vnd Saltzträger, auch zween Kauffleut von Düssel-
dorff, ein Bott vnd viel andere biß vber zwantzig Personen.

Dann als ich zur Thür nahete, vmb hienein zu sehen, wer es
wäre, schnapps, zween Kerls hinden an mir vnd hielten mich
bey den Armen mit betrowen[2], still zu sein, oder es würde mich
das Leben kosten, dann sie mir auch die Pistolen mit auffgezogenen Haanen auff die Brust satzten. Ich sprach: ja ihr
Herrn, ich will schweigen. Derowegen sie die Thür öffnen liessen.

Behüte Gott! als ich hinein kam, was ein Elend vnnd Jammer war in der Kirchen; neun gesattelte Pferde, meist weisser
Haare, stunden dort an einem langen Stuel vngebunden still vnd
frassen ihr Futter auß Maul-Säcken. Vmb das Feuer lagen eylff
Kerls, theils gekleidet als Wenden; bey einem andern kleinen
Fewer lagen etliche Fewer-Röhrer vnd auff zwantzig Bawren,
ohne andere Leut, welche mit Stricken an einander gebunden
waren.

O was Angst vnd Schrecken, mein Gott! mich wundert, daß
ich nicht in Ohnmacht gesuncken, dieweil ich mir anfangs auß
trieb deß Gewissens die Rechnung anderst nicht machen können[3], dann es würden die Knechte auß der Burg mich alda erdapt
haben.

Als aber deren etliche auffwischeten, mich gar leise frageten,
wer ich wäre? vnd wo ich herkäme? dorffte es nicht viel Leug-
nens, dann ich war von einem genanndt Bttrwtz[4], den ich zuvor
vmb 16. Dublonen auß der Gefangenschafft lösen helffen,

---

[1] gewöhnlich [2] bedrohen [3] da ich am Anfang aus Gewissensgründen nicht an-
ders handeln konnte [4] abgekürzter fremdartiger Name. In einer sehr freien
Bearbeitung von *Soldatenleben*, die im *Wintergarten* (1809) erschien, setzt Achim von
Arnim „Battrawitz" ein.

gleich erkandt; welches mir auch vmb so viel zu gut kame, daß
ich nicht gebunden wurde als die andern; sondern auff ge-
schehenes Versprechen, nicht außzureissen, hab ich bey sie zum
Fewer ligen vnd in der Kirche herumb gehen dörffen.

Weil ich aber gern gewust, welcher Orten ich eigentlich wäre,
vnd in der Kirchen irgend eine Schrifft zu finden verhoffte, konte ich doch nichts als vber der andern Kirch-Thüre in einem
Stein diese zwar verschlagene Buchstaben, die doch noch zu erkennen waren, finden.

DOMVS VASALLI.

Bttrwtz ruffte mich zum Fewr vnd gab mir ein Stück Brod mit
diesen Worten: Freß Bruter du must jetzt reitt.

Ich war trefflich froh, dann der Bauch hatte mir meine Reyse
schon lang vorgeworffen; vnd nach einer halben Stund waren
sie alle auff, ohngefähr zwo Stunden vor tag, vnd ritten bey
blickendem Monde also dem Gebürg zu: Bttrwtz sätzte mich
hinder sich; aber ein Jammer war es zu sehen, wie grawsamlich
die andere arme Leuthe zu fuß nach gestossen wurden, mit
Peutschen vnnd Seblen, hinder welchen zween ritten, so sie fort-
trieben, vnnd auff der Seiten zwischen vier gebundene, je zween
wolbewehrte Soldaten zu Fuß.

Als wir nun ein Stund viere in das Gebürg gestampfft, kamen
wir in ein Wildnuß hinein in ein Thal, vnd es war bey zwo Stunden auff dem Tag; da suchten wir zwischen den Hecken widerumb Lager, vnd wurden so bald zwo Schiltwachten auff die
höchste Bäume, vnd da man auff die Strassen sehen kunte, gesetzet vnd je zu zwo Stunden abgelöset, an welchem Orth wir
biß drey Stund in die nacht geblieben.

Die gefangene Leute litten grosse Noth wegen Hungers; Also
daß deren etliche Graß abropfften, sich damit zu erlaben. Ich
aber bekame deß tags zwey stück Brod, drey Knoblauch vnd ein
wenig Saltz, so mir Bttrwitz ließ geben.

Da dachte ich: wie mancher Mann sitzet in grossen sichern
Stätten, isset vnd trincket alle Imbiß nach genügen vnd nach
wollüste, schlaffet, wann er will, stehet auff, wann er will, vnd
Er dencket doch nicht wol einmal, wie grosse Gnade er von

Gott habe, vnd daß er ihme darfür dancken solte, weil er ihn vor
vielen Leuten hochgesegnet, die in Elend vnd Mangel müssen
zu schanden gehen.

Ich dachte auch, wie weißlich ein Mensch thue, der sich, so
viel sein Gewissen leiden kann, alle welt zu Freund mache;
dann offt der Vnachtsambste dem Allergrösten kan schaden bringen; hingegen wer Gutthat erweiset, derselbe wird deren jederzeit, auch wann er es am wenigsten hoffet, offt vnder Feinden
geniessen können.

Dann wo[1] mir dieser Kerls nicht auffgestossen, oder gerüh-
met, wie ich mich seiner in der Gefangenschafft hertzlich angenommen hätte, ich würde, sonder zweiffel, dißmal mit dem
Leben nicht sein entkommen.

Nach dem wir nun ein gute Zeit gerastet, war ich durch
zween der Vornembsten, deren Namen ich hernach erlernet,
Grschwbtt, vnnd Bbwtz[2], beyseits gefordert vnd mit verständ-
lichen teutschen Worten gefraget, was ich für meine Außlösung
(ranzon) gutwillig geben wolte?

Vnderdessen die eine Schildwacht ein Zeichen gab; deßwegen
zween zu Pferd sassen vnd nach Anleitung gedachter Schildwacht durch die Hecken ritten gegen einem Alt-Weg. Kamen
auch bald wider zu ruck, vnd brachten mit sich einen Bawrs-Mann,
der truge ein klein Briefflein zwischen zweyen Fingern, daß
gab er dem Grschwbtt; als er solches auffthate, doch weder er,
noch die andern es im geringsten lesen konten, sie auch den
vbrigen gefangnen nicht trawen wolten: gaben sie mir dasselbige ihnen vorzulesen, vnnd nahmen mich einen Steinwurff
beyseyts.

Es war aber, wie ich befande, Frantzösisch, doch mit Griechi-
schen Buchstaben geschrieben, also:
Messieurs, si vous estes encores à Domvassel, retirez vous delà
au plûtôt. car un paysan, qui s'a sauvé de vous, a donné adresse à
nostre gouverneur de vous y enlever ceste nuict. Adieu.

Sie wurden zornig, daß er ihnen nicht auff ihre Sprach zu-

[1] wenn
[2] s. Seite 60, Anm.4. Hier setzt Arnim „Bobowitz" ein

geschrieben, derowegen Grschwbtt den Botten nur Mündlich zuruck färtigte, mit Befehl, künfftig anders zu schreiben.

Nachdem sie nun durch mich dise Freundschafft empfangen, versprachen sie mir, wo ich nicht gern bey ihnen bleiben möchte, die Freyheit; doch daß ich bey leib ohne ihr Vorwissen hinderrucks nicht davongehen noch außreissen solte; dann so ich Lust hätte, wohin es auch wäre, sie mich ohne einige Gefahr selbst dahin liffern wolten; welches zu halten ich gern versprechen müste.

So bald ward den Pferden ein Fütter geben, vnnd in einer Stund saß man auff; ich war wider zu Pferd genommen, aber die andere Gefangene musten zu Fuß hernach, biß gegen die Nacht, da wurden sie neben den Schnaphänen[1] gelassen.

Wir ritten fort bey sechs Stunden, ehe wir einkehreten, das war in einem alten verbrandten Schloß, welches auff einer Höhe lag, da schon vor mehr als sechs Jahren kein Mensch mehr gewohnet; vnnd warn über eine Stunde nicht da, so kam ein Bawr, welcher dem Haar nach auch ein Soldat gewesen sein mag; der bracht etliche Brodt vnd bey zehen oder eilff Maß Wein in einem Fäßlein; dann sie hatten ihre Leute vnnd Kundschaffter an allen orten vnd dorfften sich auch, so wol wegen der natürlichen Zuneigung als der guten Verehrung[2], die sie außgaben, auff sie sicherlich verlassen.

Wir assen vnd trancken bey einem kleinen Fewerlein, so wir vnder einen alten Schopff[3] gemacht hatten; vnnd nachdem der Bawr gegen tag mit einem Dranckgelt von zwo Ducaten wider fort gelassen, zogen wir durchs Gewälde, so lang, biß es wider nacht worden.

Einer, da wir noch irgend einen Büchsen-Schuß zu reiten hatten, stieg von seinem Pferd, zog die Spohren ab, vnnd ging zu Fueß von uns, kam nach einer Weyle vnnd erzelete, daß der Schöcherfetzer[4] am Ende des Gfars hinder dem grossen Beth

[1] Dieb, Straßenräuber   [2] Geschenk   [3] Schoppen oder Schuppen   [4] Der Satz wird erst durch Heranziehung eines von Moscherosch kompilierten Glossars der „Feldsprach" verständlich: Schöcherfetzer = Wirt; Gfar = Dorf; Beth = Haus; gebarlet = geredet; Gleicher = Mitgesell; hockten = lagen; schlunten = schliefen; Schrentzen = Stuben.

mit ihm gebarlet vnnd gesagt, daß es eben richtig Zeit, dann die
Gleicher hockten vnnd schlunten ohne Sorg in den Schrentzen.
Welche Wort alle ich doch nicht zu fassen wuste.

So bald ritten wir alle fort, fort, fort vnd kamen, wie mich
dauchte, zur hinder Thür eines Hauses. Dann es war finster.

Sie stiegen ab, biß auff zween, so neben mir die Pferde halten
müsten, vnd zur Thür, (welche ein Kauffmann auß geargwonter
Anstellung des Wirths offen gelassen) mit auffgezogenen Pistolen hinein.

Ein einiger Schuß geschahe zur Stubthüre hienein, so bald
waren die gute Leut alle vor Schrecken schon halb erstorben,
vnd ohn viel Wort machen wurden sie (ihrer waren fünffe, vnd
der sechste zu allem Vnglück nicht im Hause, welcher uns auch
endlichen außkundschaffet hatte) gebunden vnnd geknebelt
vnnd neben ihren Fell-Eysen fortgeführet zuruck in das alte
Schloß, dahin wir gegen tag wider einkamen, vnnd daselbsten
vnsern gestrigen Bawren mit noch einem anderen, welcher Wein,
Brod vnd Fleisch zur gnüge gebracht, antroffen.

Aber der Arbeit dieser Pferde vnnd Leute kunte ich mich
nicht gnugsam verwundern, dann ich ward so müde, daß ich
tausentmal lieber geschlaffen hätte, wie wol sie alle noch frische
Augen hatten wie die Falcken.

Wir machten uns lustig; doch war mir bey der Sach nicht wohl,
dann weil ich in Sorgen stunde, daß ich erkant werden vnnd
irgend wider mein Verdienst in Lebensgefahr kommen möchte,
so wäre ich gern abgewesen; aber nach dem dieser Streich so wol
gerathen, sagten sie mir, daß ich fürter einmal ihres Lieds singen
vnd bey ihnen bleiben müste; deßwegen sie das Geld vnder sich
theileten vnd befanden, daß sie an Baarschafft vnnd Kleynodien
auf 3000 Thlr. werth bekommen hatten, alles an Gold, dessen sie
drey Theil macheten. Den Mußquetierern, so die Gefangene im
andern Wald hüteten, einen Theil, Einen Theil legten sie beyseyts für gemeine Noth, wo irgend einem ein Pferd zu schanden
gienge, oder einer sonst schaden erlitten hätte; dieses Theil gaben
sie mir auffzuheben. Den Dritten Theil theileten sie vnder sich
selbsten, also daß jedem bey 60. Reichsthal. werth kamen. Noch
musten die Kauffleute erst wegen ihrer Außlösung auffs newe

nach vieler Marter, so man ihnen anthate, jeder 80. Reichsthal. versprechen.

Vnder denselben war ein Doctor der Artzney, welcher zum Teutschen Kriegs-Volck ziehen wollen, der versprach nichts, dann[1] daß er bey ihnen bleiben vnd ihnen dienen wolte, als er dann an etlichen Orthen wol verrichtet, biß er endlich auch davon kommen.

Eines aber muß ich hier der Arglistigkeit vnserer Gesellschafft lachen; so bald sie die Kauffleuthe je mit einem Arm vberrücks zusamen gebunden hatten, nahmen sie ihnen den Nestel[2] auß den Hosen, also daß sie mit der andern Hand die Hosen halten musten vnd dergestalt zum lauffen oder verkriechen gantz nicht geschickt waren, welches wir dann hernach bey allen Gefangenen zu thun pflegten.

Den tag blieben wir da vnnd bestelten vnsere Schildwachten sehr wol, in wehrender welcher Zeit einer bey 4. oder 5. Stunden etwas außrasten oder schlummern können.

Mit Jammer sahe ich da von der Höhe hinab in einen nahgelegenen Weyer, in welchem, weil das Wasser abgelassen vnnd der Weyer trucken lag, vier Bawren als Pferde an einem Pflug gespannen, zu Acker fuhren, daß mir dann Hertz vnd Augen übergiengen auß Erbärmde, weil ich sahe, wie übel die elende Leut ihr Leben erhalten musten vnd doch noch so grawsamlich vmb Geld gemartert wurden, aber ich durffte mich einigen Mitleidens nicht anmassen offentlich.

Gegen nacht zogen wir weiters, der Doctor, weil er sich willig vndergestellt, war hinder einem auffgesetzt, die andern musten gebunden gehen, fast die gantze Nacht vnnd begunten so wol die Pferd als wir wegen der Arbeit jetzo müde zu werden.

Vor tag kamen wir gleichwol zu vnserer Gesellschafft im Wald, die nahmen wir vnd ritten auff zwo Stunden das Land hinunder, bey einem kleinen Alt-Stättlein, darin ein Schloß lag, mit demselben Meyer[3] vnnd Bürgern hatten vnsere Leute gute Kundschafft, drumb wir auch eingelassen wurden vnd die Thore nach vns verschlossen, als hernach vielmal geschehen, da war vns allen erlaubt zu schlaffen, die Gefangenen aber oben in einer

[1] als   [2] Gürtel   [3] Bürgermeister

Stuben zusamengesperret, doch das Hauß vor den Fenstern
vnnd der Thür mit Wachten besetzet.

Wir schlieffen biß gegen drey Vhren, da wir vns wider ermun-
derten; vnderdessen der Würth in dem Saal trefflich zugerüstet[1]
hatte, da war alles in grossem Vorrath an Wildprät, Geflügels,
Fischen, Gesottens vnd Gebratens, sampt dem besten Wein.

In diesem Würtshauß kam zu vns der Würth von R. so vns
eben die Kauff-Leute verrathen hatte, welcher sich, damit alles
ordenlich hergienge, stellete, als ob ihm sein Hauß wäre geplündert
worden, vnd begehrete, daß man diese Reuter in hafft nemmen
wolte. Da dachte ich an den Säu-Veitle[2], vnnd sprach bey mir
heimlich, O wie kan der Schelm die Wort verträhen! Vnsere
Reuter hinwiderumb stelleten sich, als ob sie ihn zu todt schlagen vnnd seblen wolten; doch waren die Streich von Pflaum-
Federn; letzlich sich mit ihm zu vergleichen, daß er zwantzig
Ducaten für einen Abstand[3] nemmen vnd weiters nichts an sie
suchen wolte, waren beyde Theile zufriden, vnd ich muste ihm
solch Geld auß dem gemeinen Seckel zahlen. Aber es war eigent-
lichen das Tranckgeld, so er wegen gethaner Verrätherey verdienet hatte; wie wol ihne der eine Kauffmann bezüchtigen wollen, er hätte noch 20. Reichsthaler, die er ihme in einem Seckel
zu verwahren geben, hinderhalten. Aber das Trübe hatte jetzt
ein Ende, es war nun außgefischt, vnnd musten wir ihn zum
Freunde halten.

Wir waren die nacht über daselbst fast[4] lustig, gegen Tag aber
lagen wir wider schlaffen.

Da gedachte ich offt, wie ein feiner Gesell ich nun worden
wäre, weil ich wuste, das Lob und Tranckgeld, so die jenige zu
hoffen hätten, welche auß Tag nacht vnd auß Nacht tag zu
machen pflegen.

Vmb Mittag kam ein anderer Bottschaffter das Land herauff
mit einem Briefflein, welches er, mit Papyr vmbzogen, in einem
Schollen grund[5] eingeballet, in der Hand truge, damit auff den
Fall, er es vnvermerckt hätte bey seits werffen können. Das
Briefflein war mir zu lesen vertrawet, doch kunte ichs so bald
nicht verstehen; die andere viel weniger als ich.

---

[1] zugerichtet [2] Lumpenkerl [3] Entschädigung [4] sehr [5] in einer Scholle Erde

Es kam aber von einem Vogt, welcher eine Zeit lang in grosser Gefahr gestanden war wegen vnserer Reuter, als die ihm den Todt geschworen hatten, weil er sie an einem Orth verkundschafften wollen; diser nun, sich wider beliebt bey vnserer Parthey, vnnd seine Sachen gut zu machen (O frommer Gott, was thut der teuffelische Eygen-Nutz nicht! vmb seines eygnen Nutzens willen, hat er Gottes so fern vergessen, daß er allein ein so schröckliche That verursachet hatte, die sonst nimmer geschehen wäre) schickte vns dieses Briefflein:

Riobo hollom, oß wild abol nelgom flaoha oim Schiff mit ajorom wuhlom, glessol buhlschufft and raottom aemhimmon much T. gohom, duß keommont sio urroshubom. zar sicholhoit hub ich ihmom noimom sehm zan pfumdt goschickt. W.

Derowegen ich den Doctor bate, daß er mir wolte suchen helffen, weil er doch nun auch vnsers Volcks war, (dann vns beiden allda auß dem gemeinen Seckel, jedem ein treffliches Pferd, sampt aller Zugehörde gekaufft, vnd wir also auffgesetzt vnd hätte schier gesagt, besessen gemacht, worden) welches wir dann in einer Viertel-Stunden zusamen brachten, vnnd war der Verstand dieses Briefleins also: Liebe Herren, es wird vbermorgen frühe ein Schiff mit vielen Waaren, grosser Bahrschafft vnd Leuten, von hinnen nach T. gehen, das können sie alles haben; zur Sicherheit hab ich ihnen meinen Sohn zum Pfand geschickt. W.

So bald ward der Bott auff Begehren wider für das Stättlein gelassen, welcher in einem Garten allernechst deß Vogts Sohn abgeholet vnnd mit sich bracht, der von vns trefflich gastirt, doch aber in Verwarnuß[1] gelassen worden, biß wir wider zu ruck gekommen.

Vnser musten zu Pferd Neune auff sein, der Doctor vnd ich auch, vnnd ein jeder einen Schnaphanen hinder sich setzen, theils mit langen Fewer-Rohren, theils mit Bürst- vnd gezogenen Rohren[2].

Nun hatten wir acht starcker Meylen, deßwegen vmb zwo Vhren sassen wir auff vnnd liessen die Gefangene alle neben einer Wacht zu ruck, für welche der Mayer des Orths vns 500. Thaler gabe, er aber fürter seines Gefallens[3] mit der Außlösung

[1] Verwahrung [2] Jagdflinten [3] weiter nach Gefallen

handlen möchte, wie er wol wolte, die er dann biß auff acht hundert Thaler gebracht hatte. Ich lasse es ihn gegen Gott verantworten; dann ich hab eben mit mir selbst genug zu thun.

Wir ritten die Nacht durch, biß gegen Tag vnnd kamen in ein ander Stättlein, da wir gar sicher waren, weil die Besatzung vns jederzeit zugethan gewesen; da blieben wir wieder biß gegen nacht vnd waren trefflich lustig.

Darnach sassen wir auff vnnd kamen bey drey Meylen hinunter am Wasser, alda wir vns in einem Leutlosen Dorff, in einer alten Schewer stelleten, vnnd vnser Fewer-Röhrer an das Wasser in buschkade[1] legten; alles aber desto besser zu ordnen, so setzten drey zu Pferd durch eine furt über das Wasser auff die andere Seiten.

Als nun gegen acht Vhren das obgedachte Schiff herab kame vnnd vnsere drey Reutter sich jenseits sehen liessen, waren die gute Leut geschäfftig, herüber zu kommen, auff die Seite da vnser Buschkade lag, zu allem Vnglück aber ist einem sein Rohr, dessen Zünglein bloß an ein Weyden-Gärtlein gerühret, loß gegangen, also, da sie fast anlenden wolten, der vnsrigen erst gewahr wurden vnd sich wieder hienein zu Wasser begaben. Doch in dem die drey Reuter drüben mit Pistoln vnd einem langen Rohr auff sie loß brannten, bearbeiteten sich die arme Leute mit rudern, auffs beste sie mochten, vns in der mitte deß Flusses also zu entkommen, welches auch (weil vnsere Schnaphanen etlich Wasser vnder wegs hinderlich gewesen wäre) gewiß geschehen können, wo nicht von beiden Vfern Fewer in das Schiff gegeben, auch etliche erschossen worden. Die vnschuldige Leute (bey denen auch etliche Weiber sassen) wurden aber in dieser Noth letzlich so bestürtzt, daß sie auch deß Schiessens nicht mehr achteten, biß endlich das Schiff, welches an etlich Orten durchlöchert gewest, angefangen mit allem zu sincken, mit grausamen Geschrey vnd Jamer, mit vnglaublich schröcklichem Anblick.

O Gott deß Elends dieser armen vnschuldigen Leute! Das Wasser war nicht fast streng[2], aber an diesem orth sehr tieff vnd zimblich breit, auch das Gestad, ausser zwo furten, welche mit Gefahr noch zu breiten[3] waren, fast hoch; also in gar wenig Zeit,

---

[1] im Hinterhalte [2] Die Strömung war nicht sehr stark [3] überqueren

vor vnsern Augen sie alle plötzlich ohne Rettung vndergehen vnd ersauffen müssen.

Vnd wie ich seithero erfahren, waren es viel vornehme ehrliche Leute, biß auff fünff vnd zwantzig Persohnen, darunder die meiste viel Kinder zu Hauß hatten, vnnd theils ihrer Handthierung[1] nach, ein stuck Brod zu gewinnen, solche trübseelige Reyse thun wollen.

Dieser trawrige Anblick hat etliche von vns fast beweget; doch war es den meisten nicht vmb das arme Volck zu thun, sondern wegen deß Verlusts der Gütter, die sie da gehofft hatten, welche sich vber 12 000. Reichsthal. solten beloffen haben.

Der Doctor vnnd ich hatten in dessen gute Zeit vnnd Gelegenheit, der Sachen weiter nachzusinnen. Insonderheit dem grossen Vnglück, darin die arme Leut im Schiff vndergehen musten; vnd verglichen[2] wir vns beyde, durchzugehen, so bald wir mit Fug können wirden.

Es kamen mir auch die Gedancken ein, wie es müglich wäre, daß so viel ehrlicher Leute eben mit einander alle hätten müssen sterben auff eine Stunde an einem Orth vnnd auff eine Weise; da sie doch sonder zweiffel nicht alle eine Geburts-Stunde oder Himmels-Zeichen wirden gehabt haben.

Der Doctor bestritte, Ja, daß sie alle nothwendig einerley Geburts-Zeichen müsten gehabt haben; sonsten wäre es vnmüglich gewest, daß sie alle solcher Weise an einem Ort vnd auff einmal gestorben wären.

Aber das war mir gar frembd; wohl wahr ist es, daß jedem Mänschen seine Zeit, Orth vnnd Weise, zu leben vnd zu sterben von GOTT vor bestimbt ist, welche Zeit er nicht überschreiten kan; daß aber etliche Ihnen ihre Zeit auß eigenem erwehltem Vnfall verkürtzen, das seye anderst niemands als dem Mänschen selbsten zu zuschreiben.

Der Doctor wolte zwar gestehen, daß der Mänsch zu seinem Vnglück vnd Glück selbsten Vrsach geben könte, doch solches alles vnnd allein bloß auß trieb seines Geburts-Zeichen. Welches ich ihm gar nicht zugeben konte, mit Bedingung, daß ein Vnter-

[1] ihren Geschäften   [2] einigten

scheid zu machen sey zwischen einer Allgemeinen Vrsach vnnd
zwischen einer Eigenständigen Vrsache; vnd daß Jene Diese
vbertreffe in allem; wie wir dann dessen die tägliche Erfahrung
zum Exempel haben, da offt durch grosse Feld-Schlachten zu
Land, auch auff der See durch Vngewitter, biß in 40000 vnd
mehr Mann auff einmahl vmbkommen seind; da es thöricht
wäre, wo man sagen wolte, daß solcher allgemeine Vndergang
eines jedwedern Geburts-Stunde zuzuschreiben gewest seye;
dann so man deren etlicher Geburts-Stunde hette ersehen wollen,
wirde sich sonder zweiffel befunden haben, daß viel derselbigen
noch ein langes Leben hätten zu hoffen gehabt; daß sie aber in
diesem vnglücklichen Orth, vnder diesem vnglücklichen Kriegs-
Obristen eben zu der Zeit gestritten haben, das hat das allgemeine Vnglück vervrsachet, vor dem sie doch sonsten von
Natur dißmal hätten befreyet sein können. Noch ein Exempel:
Es ist einer von glücklicher Geburt vnd vnder einem Zeichen
Langlebens geboren, ziehet aber vnd wohnet in einer Statt, über
die ein grosses Vnglück verhänget ist, als bey vnsern Zeiten
nach Magdeburg, etc. der wird mit Gemeiner Statt zu grunde
gehen, ob er schon noch so gute Zeichen in seiner Geburts-
Stunde wegen Lang-Lebens gehabt hätte. Wie offt sehen wir, daß
durch ein allgemeine eingerissene Pest Leute dahin sterben, die
doch nach ihrer Geburts-Stunde noch viel Jahr hätten leben
können vnd sollen; wie dann solches aus H. Schrifft auch kundt-
bar, daß offt der Vnschuldige vmb der Boßheit willen vieler
Schuldigen hat müssen das Leben lassen vnd zeitlich vndergehen, dene es doch Gott an der Seele nicht wird haben entgel-
ten lassen. Wol aber kan auch geschehen, daß dergleichen glückliche Geburts-Stunde, wann andere glückliche mitlauffende
vnnd würckende Vrsachen dabey kommen, das Feld erhalten;
dahero dann geschicht, daß auß einer Feld-Schlacht offt irgend
einer, auß einem Schiffbruch irgend einer wird erhalten. Ja ich
selbst könte dessen Exempel vielfaltig erzehlen, der ich, da andere durch das Schwert, Fewr vnd die Pest vmb vnnd neben mir
vmbkommen, ich gleichwol, offt ohne mein Wissen vnnd Willen, in vnverständigem Widerstreben, doch bin durchkommen,
dem Vnglück entgangen vnnd entführet worden, welches ich ehe

nicht als nach geschehenen Dingen allererst habe mercken vnnd verstehen lernen. Dieses aber alles durch meine Einfalt zu ergründen oder zu beschreiben, ist mir unmüglich, ist auch meines Wesens, Willens vnd Vorhabens nicht; Gelehrterer Leute Außschlag[1] möchte ich darüber gleichwol gerne hören.

Der Doctor kunte mir wol nicht vnrecht geben, doch blieb er darauff, daß etliche *Aspecten*[2] lange Jahre wirkten, vnnd dem Sohn vom Vatter das ist dem Menschen vom Himmel ein Erb-Vnglück darauß wird; welche Gefahr dann nicht vorzukommen, alle weil daß ihr Sterne in der Brunst ist[3]; etliche aber der Noth leichtlich entkommen, die weil ihre Sterne schon versauset[4]. Also ob ein Vnglück vber ein Hauß oder Geschlecht ware (es wäre dann vmb der Sünde willen) es in das Geblüt gesäet seye[5]; der Säemann aber ist der Himmel vnd das Gestirn. Doch seye wol wahr, wie ein gerüsteter Soldat seinen Feind vberwindet also ein Gottfürchtiger kan auch die böse *Aspecten* deß Himmels vberwinden, vnd darum recht gesagt sey:

> Biß du nur fromm vnd bette gern,
> So schaden dir gar nichts die Stern.

Philander wird Mitglied der Bande von räuberischen Soldaten und begleitet sie auf manchem Streifzug. Er muß mit ansehen, wie sie die Bauern ohne Erbarmen ausbeuten, foltern und ermorden.

Die Vnordnung war nun mein Leben worden, vnd das elende Leben deuchte mich mein Wolfahrt zu seyn, wie wol mir das Gewissen offt das Widerspiel in ein Ohr sagte. In Summa ich funge nun an, es so gut zu machen als ihrer einer: die Erde war mein Beth, der Himmel mein Decke, der Mantel mein Hauß, der Wein mein ewigs Leben. Vnd wo ich irgend einen Anschlag machte, so gung er glücklich von statten, also daß ohne mich biß

1 Urteil 2 Konstellationen 3 weil ihr Stern hell brennt 4 verblaßt 5 Daß, wenn also ein Unglück über einem Hause oder Geschlecht hange... es in das Blut gesäet sei.

ans Ende wenig mehr verrichtet worden; der Doctor machte es auch nicht besser.

Deß andern Tags nun waren wir lustig vnd guter dinge, vnd gieng alles daher *in floribus*, mit dischen[1], fressen, sauffen vnd prassen auff den alten Kayser hinein[2]; vnd sobald an Speysen vnd allerley der besten alten Weinen was mangelte, so mußte der Würth Stösse von uns befahren.

Wir hatten aber auch bey vns noch etliche Bawren, so wir gefangen hielten, die vermeyneten wir, mit Sauffen dahin zu bringen, daß sie ihre Rachtung machen[3] solten, welche zwar der Zech beygewohnet, aber gantz nichts einwilligen wollen, deßwegen sie hernach grawsamlich gemartert worden. . . .

Ward also alle Lust vnnd Fröligkeit angefangen, vnd war einmütig verschworen, nicht von einander zu weichen, biß daß dieses Vieh alles mit einander versoffen wäre.

Ich muß bekennen, nach dem ich frühe morgens einmahl in der Kirchen gewest, war mir gar wol vnnd darumb auch desto frölicher als andere, mit singen, springen vnnd beschaid thun, dessen sie alle trefflich zu frieden.

Kurtz, Es hatte bey mir das Ansehen, als ob ich Sporenstreichs der Höllen hätte zulauffen wollen.

Aber siehe, die grosse Gnade deß barmhertzigen Gottes, in dem ich tobend vnd wütend schnaubete, alle Tugend, wo nicht gar außzurotten, doch auffs wenigste zu beschmitzen, gieng es mir wie dem Saulus, daß mich deuchte, ich hörete warhafftig eine Stimme, die zu mir sprach: Philander, Philander, es wird dir schwer werden, also wider Gott vnd Gewissen zu streitten. Also daß ich mitten im Dantz still stunde vnd, gleichsam ich geschlagen wäre, nicht fort konte.

Sasse derowegen ein wenig zur Ruhe beyseits vnnd bedachte bey mir, was für eine Stimme das wäre, die ich gehöret?

Je mehr ich aber den Worten nachsonne, je mehr ward ich durch den Geist Gottes gerühret, daß ich einen Abschew vnnd Eckel gewan ab allen diesen grossen Vntugenden, so ich verüben sahe, vnd mir eyffrig vorname, so bald ich mit Fug konte

---

[1] tischen [2] in den Tag hinein [3] Lösegeld versprechen

davon kommen, keine Gelegenheit zu versaumen; bate auch
Gott von Hertzen, daß ich nur möchte auff einer Party von den
Feinden gefangen werden. So auch dieses nicht geschehen solte,
nam ich doch betewrlichen[1] vor, mich von dieser Gesellschafft
abzuthun vnnd bey der ordentlichen Besatzung deß Orts vnderhalten zu lassen.

Diese Besatzung zu beschreiben, so ist gewiß, daß dieselbige,
gegen vns zu rechnen, ein viel Gottsförchtigers, ja Himlisches
Leben führen thate. Es gunge bey ihnen alles her in guter Ordnung; alle Lehnung wurde den Soldaten richtig bezahlt; wer
sich im geringsten vergriffe, der ward gestrafft. Kein Fluchen,
kein Spielen, kein Huren, kein Mord-Thaten wurden gehäget;
sondern nach Gelegenheit mit Strang vnd Schwert, mit der
Wippe, mit den Spitzruten, mit dem Stock, mit der Geige[2] be-
lohnet. Wer was löbliches thate, der ward gelobet, herfür gezogen vnnd befürtert.[3] Alle Tage hielten sie ihre gewisse Bett-
stunden; alle Woche höreten sie zweymal Predig; ein jeder gung
nach geschehener Wacht seiner Arbeit nach; der Bawrsmann
ward reich bey den Soldaten, vnnd der Soldat mit dem Bawren
wol zufrieden. Also daß mich deuchte, was immer von ehrlichen
redlichen Soldaten geschrieben vnd zu lesen, zu reden vnd zu
hören wäre, das wäre einig vnd allein von denen in solcher Besatzung zu verstehen; nimmermehr aber von denen, die zu Felde
lägen, insonderheit wie wir, die wir ohne Gesatz vnnd ohne
Ordnung vnnd auff freyer Strasse lebten, als ob weder Gott
noch Himmel, weder Teuffel noch Hölle gewesen.

Damit ich nun in meinem guten Vorsatz befestiget würde, gab
mir GOTT zween starcke Hertzstösse auff einander, die mir endlich dieses Wesen, wo ich nicht mit ehister Partey[4] wäre gefangen worden, doch gewiß hätten Quittiern machen, das geschahe also:

Gegen fünff Vhren Abends, da alles mit Sauffen drunder vnnd
drüber gunge, vnnd wir den Wein in vns geschüttet hatten mit
Massen, nicht anderst, als ob wir allererst auß der Hölle kämen
vnd von Höllischem Fewr innerlichen also erhitzet wären, auch
viel Wein vnnützlich verschüttet vnnd verderbet worden; der

[1] fest   [2] mit dem Pranger   [3] befördert   [4] dem nächsten Streifzug

Doctor aber, merckend, daß ich trawrig war, vnnd gerne die
Vrsach erfahren hätte, setzte er sich zu mir, dem ich mein hertzliche Noth zu erkennen gab, ihn auch bewegte, daß er gar leicht,
als wir vns ohne das zuvor schon offt verglichen hatten, in mein
Vorhaben einwilligte.

Bbwtz vnd Lffll, die solches, vnd noch mehr vff vns ver-
driessen thate, liessen ein spitziges Glaß bey fast zwo Elen hoch
einschencken vnnd brachten vns beyden dasselbige zu vff Gesundheit deß frömsten Soldaten, der am meisten Küh gestohlen.

Als wir vns aber deß grossen Geschirrs entschuldigten, sprach
Bbwtz: der ist des Teuffels, der nicht mit saufft, hurt vnd bubt[1]
wie wir alle.

Ich sprach, daß ich ja einmal schon mein bestes gethan hätte
vnnd so viel mehr nicht trincken könte, vnnd verschwur mich[2];
Bbwtz verschwur sich hingegen, wo ich es nicht trincken würde,
so müßte ich deß Todts seyn.

Bttrwtz, der solches hörete, kam entzwischen vnd sprach,
weil ich einmal nicht alles trincken wolte, vnd auch solches ver-
redet hätte, daß ich einen einigen Tropffen solt wegschütten, so
wäre mein Schwur erfüllet vnd wirde sich Bbwtz auch nicht zu
beschweren haben. Bbwtz aber wolte hierein nicht willigen,
sondern sprach, ich müßte deß todtes sein, wo ich was außschüttete; ich solte aber ein Tröpfflein am Boden lassen, das wolte
er zu geben, so wäre beyden ein Genügen geschehen.

Der Doctor, ein kleines Männlein, aber hertzhafft genug, mein,
sprach er, *Hic ne scurra tibi mortem*[3]? Soll dir dieser den Todt trö-
wen? vnd zu Bbwtz, wie meynt ihr Herren? haltet ihr vns nicht
Manns genug, wider Gewalt vns zu schützen, daß ihr vns den
Todt also tröwet als einer feisten Gans? Was wolstu Schrifftling,
du Blackvogel[4], sagen? antwortete ihm Bbwtz, mach du nur die
Gurgel fertig, daß Glaß auszusauffen oder du must sterben. Ich
bin ein klein Männichen, sprach er wider, aber versichere dich
Bbwtz, du wirst einen Mann an mir finden, vnd der ist deß
Teuffels, der sich vor einem Grossen förchtet: Ich will einem

---

[1] lebt liederlich   [2] schwor es nicht zu tun   [3] ‚Dieser Narr dich töten?‘
[4] du Schreiber, du Tintenkleckser

noch weisen, was hinder eim kleinen Männichen vnd hinder der Feder stecket.

Welche Rede den Lffll fast auff den Doctor verdroß, also daß er sprach, was wolstu Schrifftling wissen, hast nicht wohl ein todten Mann gesehen, als in der Zeit, daß du bey vns gewest vnnd allererst ein wenig Federn bekommen. Deß Lfflls Hochmuth vnnd Einbildung stieß mich nicht wenig wider den Kopff, vnnd wiewol viel groß-sprechens vnnd Plauderns von meinen eigenen Thaten mir (insonderheit bey Gesellschafften, da ein jeder seine Streich gerne lobet) trefflich zuwider ist, so konte ich doch auff solche grobe Einbildungen nicht schweigen, daß ich ihnen nicht sagte.

Mein, ihr Herren, thut euch so sehr nicht herfür, da ihr kaum drey Jahr habt lernen die Strassen fegen. Ich halte, wann es zum beweisen käme, ich wolte darthun, daß ich *Capitain* gewesen, ehe einer von euch beyden hat können ein Pistol führen; vnd trotz, der dessen ehrlichern vnd Glaubwürdigern Brieff vnd Schein hat auffzulegen[1], vnnd ob ich schon in so vielen Feldschlachten nicht gewesen, als ewer etliche auffschneiden, so hab ich doch nicht minder in *Defendir*ung der Orten, da ich zu *Commandiren* gelegt worden, mich rechtschaffen vnnd als ein ehrlich Soldat verhalten, daß ich euch allen Trotz biete.

Sauff du fort, sprach Bbwtz, sauff rein auß, oder es wird vbel gehen.

In dem schüttete ich, meine Schwur zu erfüllen, mehr nicht als ein Tröpfflein auß dem Glaß.

Es konte aber so bald nicht außgeschüttet sein, ich hatte eine vngeheure Maulschell von dem Bbwtzn; gegen den ich aber wol versehen, ihm Wein vnnd Glaß in daß Gesicht stieß, daß ihm das Blut darnach lieff vnd mir der Fueß vom Glas in der Hand bliebe, allwo ich das Zeichen noch trage. Warff auch den Fueß nach ihm, aber Lffll, der, vns abzuhalten, entzwischen trang[2], ward mit dem Fuß an das Knie getroffen biß auffs Bein, daß er auch sehr blütete.

Der Doctor vnnd ich stunden vor einen Mann; vnnd wäre der

---

[1] und dem sei Trotz geboten, der demgegenüber ein ehrlicheres und glaubwürdigeres Zeugnis ablegen kann [2] inzwischen drang

Scharmützel gewiß redlich angangen, wann wir nicht von den andern, welche alle herbey geloffen kamen, von einander wären gerissen worden.

Die Streiche waren so bald kaum geschehen, als sie vns beiderseits schon geriewen[1]. Bbwtz ward gleichwol, als der ein so närrische vnnötige Gesundheit angebracht, vnd weil er den Anfang gemacht hatte, von allen gescholten; wo auch die beyde nicht Blutrüstig[2] geweßt wären, der Streit solte sich mit einem Trunck, ohne Verletzung einiges Ehre wol beygelegt haben.

Derowegen Bbwtz sprach, wann ich ein redlich Kerls wäre, so solt ich morgen erscheinen, dann er wolte meines Bluts auch sehen, vnd wer den andern könte schlaffen legen, der solte den Preiß haben.

Darauff gab ich ihm die Hand vnnd brachte ihm eines zu, welches er mir Bescheid thate.

Lffll war auch hefftig an den Doctor gerathen vnnd wolt ihm Schuld geben, daß, so er nit geweßt, der Trunck längest herumb gangen wäre vnd ohne streitten; vnnd schwure, daß er ihn ebener massen vor der Faust sehen wolte, welches der Doctor, wie wol vngern versprechen mußte; dann obschon wir lieber Friede halten wollen, so musten wir doch mit Gewalt daran, es ware vns lieb oder Leyd. Dieweil, je mehr wir zu ruck hielten, je mehr sie auff vns trangen, als bey solchen Brahl-Hansen der Brauch ist, vnd vns zu schrecken vermeynten.

Sie stunden hierauff alle plötzlich auff, vnnd wir begaben vns zu schlaffen. Lffl gab dem Doctor nochmahlen die Hand vnd sprach, gut Nacht, Doctor, schlaff vnnd befehl dich nur Gott wol, oder ich trag dich heunt[3] zum Teuffel; Ich aber befiehle mich jetzt vnd morgen in meiner Liebsten Genad vnnd Hulden (auff welche Wort er ein Rotdaffeten Band, so er am Hut geknüpfft hatte, küssete) vnd hoffe durch dero Gunst, vnnd Freundligkeit den Doctor morgen schlaffen zu legen.

Vnd du, sprach Bbwtz zu mir, gute Nacht Philander, wir wollen morgen sehen, was dein gestriges Allmosen kan, ob du wider meine Feuste magst können sicher seyn, oder nicht.

---

[1] gereuten [2] blutrünstig [3] heute Nacht

Der ist ein Narr, sprach ich hergegen, der auff Allmosen also bochet, daß er Verdienst darauß machen wolte; Ich hoff aber gleichwol, die Hand Gottes, vnd der Armen Gebett werden so kräftig sein vnd mich gegen deinen Närrischen Einbildungen wol bewahren.

Der Doctor vnd ich lagen diese Nacht in ein besondere Kammer, da wir vns wegen der morgigen Anstalt vnderreden mochten ... Der Doctor sagte, er wuste einen Stoß, den ihm Lffl schwerlich außschlagen würde, er wolte ihn von hindenzu durch vnd durch stossen, ehe er es könte gewahr werden, vnd solte doch redlich zu gehen.

Ich muste deß Doctors lachen, so vnlustig als ich war, vnd sprach, ey bey Leib nicht Herr, das wäre ein heßliches stossen, von hinden zu durch vnd durch, er ist gewiss nicht von *Julius Caesar* gelehrt worden, der hat seine Soldaten anderst vnderrichtet, vnd gesagt: *Miles Faciem feri*[1]. Pfuy das ist ein heßliches Stossen, von hindenzu stossen.

Nun, nun sprach der Doctor, ich habs mehr probiert, wir wollen morgen sehen.

Deß andern morgens vmb 7 Vhrn, nachdem wir jeder ein halb Maß Wein getruncken vnd vns Gott befohlen, gungen wir vor das Thor, in den Brüel oder Weyermatte[2], als man sie nennete; vnser Gegentheil[3] kam auch bald hernach, waren aber plump voll vnd stelleten sich fast vnsinnig.

Ich nicht faul, vnd so bald von Leder[4], aber auß Vnbedacht (der in solchen Fällen gar gemein ist, vnd einer offt ohne Wissen wider sich selbsten thut) stellete ich mich in eine flache Tieffe, vnd Bbwtz gegen mir stunde vmb einen ganzen Schuch höher, deßwegen er guten Vortheil gegen mich hatte; wir fochten eine Weyle, vnd letzlich luffen einander ein, also daß beede Degen neben dem Leib hingiengen.

Bbwtz warff so bald sein Degen beyseyts vnd ergreiff mich in der mitten, warff mich zu boden, vnd mit den Knyen stiesse er mir gegen dem Hertzen, als ob er mich Radbrechen wolte. Ich

[1] ‚Soldat, stoß ins Gesicht!'   [2] sumpfige Wiese   [3] Gegner
[4] Ich war nicht faul und zog bald vom Leder

aber behielte vnder dessen meinen Degen in der Faust, vnd mit
dem Creutz stiesse ich ihm so lange auff den Kopff, biß das Blut
hernach rane.

Das ist nicht redlich gehandelt, schrye ich, Bbwtz du bist ein
Mörder.

Auff welche Wort die andern herbey luffen vnd ihn von mir
rissen.

Er hatte mich mit Stössen vbel zugerichtet, also daß ich lange
Zeit die Schmertzen mit grossem Stechen gefühlet. Mir aber
thate es doch wol, daß ich sahe dem Bbwtzn das Blut den Rük-
ken ablauffen, dessen er wolt vnsinnig werden; wurden aber wir
beyde gleich bald einander die Hände zu geben gezwungen vnd
also verglichen.

Darauff kam der Doctor vnd Lffl an einander. Der Doctor
muß mehr dabey geweßt seyn; dann er sprang herumb als wie
ein Atzel[1], bald auff diese, bald auff die andere Seiten; vnd kunte
sich der Lffl, welcher dückes[2] Leibs war, so schwind[3] nicht wenden, daß er den Doctor recht hätte zu Gesicht bringen mögen,
biß der Doctor endlich seinen Vortheil ersahe vnnd dem Lffl
einluffe, auch sobald das Rappier hinderrucks mit beeden Händen vmbkehrete, vnd ihm von hindenzu in das dicke stieß, daß
er zu boden sancke, ehe er es innen worden.

Es waren wunderliche Gespräche, einer gab dem Doctor Vnrecht, der ander Gewonnen; Lffl aber entrüstete sich dergestalt,
daß er dem Doctor den Todt, vnd ihn mit einem Dolchen aller
Orten nider zustossen schwure, welches ihm aber gefehlet, als
wir hernach hören werden. Ist also Lffl in die Stadt getragen
worden vnd wir hinein gangen vnnd beim Essen vns wider in
der Güte gäntzlichen versöhnet.

Von dieser Zeit an hat sich keiner, wiewol wir nicht lange
mehr beysamen geweßt, an mich reiben wollen, vnd haben
mich für einen Mann vnd Soldaten passiren lassen.

Wir brachten den Tag zu mit Spatzieren gehen. Deß Nachts
aber, nachdem ich Gott trewlich gebetten, daß er mir mit Gnaden von dieser Gesellschafft verhelffen wolte, faßten der Doctor
vnd ich den Ernsten Fürsatz, mit nechster Partey zu gehen, vnd

---

[1] eine Elster [2] dickes [3] geschwind

so wir nicht heimlich abkommen oder gefangen werden könten,
daß war vns alsdann vmb vnsers Gewissens Sicherheit vnnd
Besserung vnsers elenden Lebens bey der Besatzung in der Statt
wolten vnderhalten lassen, allwo vns, wie oben gesagt, deuchte,
es gienge noch redlich her, vnd könte ein Soldat auß seiner Lehnung vnd Sold vnd auß dem, was er auff seinem Feind ritterlich
holte, mit gutem Gewissen leben.

Behüte GOtt, sprach ich, ich will nicht von den vnchristlichen
Türckischen Thaten dieser Gesellschafft sagen, wann nichts wäre
als die grewlichste Reden, so solten sie einen doch abschrecken,
länger bey ihnen zu bleiben.

Ich hab, sprach ich, in meiner Jugend auch den Catechismus
vnnd die Gebott Gottes gelernet, nemblich: wer nicht Predig
höret, wer den Oberen nicht Gehorsam ist: wer nicht Busse thut:
wer tödtet: wer sauffet: wer huret: wer stihlet: wer diß vnd das
thut, der seye verdampt.

Aber mein Gott, was wunderliche *Theologiam*, vnnd H.
Schrifft, was für einen Herr Gott müssen diese Leuthe haben?
wie können sie Glück, Heyl vnnd Segen haben? wie solte müglich sein, daß sie nicht mit Leib vnd Seel verdampt werden solten? indem sie die Gebott Gottes gerad vmbkehren vnd fre-
ventlich sagen:

> Der ist des Teuffels, der barmhertzig ist.
> Der ist des Teuffels, der nicht tödtet.
> Der ist des Teuffels, der nicht alles nimpt.
> Der ist des Teuffels, der nicht alles redet.
> Der ist des Teuffels, der nicht fluchet, sauffet, huret.
> Der ist des Teuffels, der bettet.
> Der ist des Teuffels, der der frömbste ist.
> Der ist des Teuffels, der in die Kirche gehet.
> Der ist des Teuffels, der Allmosen gibt. ꝛc.

In dem sich nun vnsere vbrige Bawren nach außgestandener
grausamer Marter endlichen jeder vmb 25 Reichsthaler auß-
gelöset hatte vnd wir etliche Tage wider müssig gesessen, kam
vns ein Feld-Taube zu, also nenneten wir vnsere Kundschafft-
Zedel, dieses Inhalts:

Es gehen zwo Herden Klebis vnd Hornböcke vnden am Wassigin bey Ellern polender auff dem Glentzen am Flossart, weit vom Stroebart[1]: weil die Wacht schlecht bestellet ist, sind sie noch in acht tagen gar wol zu haben. Deßwegen wir mit in 15. Mannen bey tag fort, vnd kamen in der Nacht vmb vngefehr 2 Vhren, an gedachtes Ort, da wir vnsern Vortheil zum Hinderhalt aussahen, vnd, ehe es zehen am tag ware hatten wir das Vieh schon in vnserer Gewalt, vnnd mit vber das Gebürg durch vnbekante Weg vnd Felsen davon biß in die Nacht, da wir vnsere Pferd in einem bekanten Dorff in einer alten Schewr absattelten vnd Futter gaben, auch vermeynten, nun des Feindes Nachsetzen entgangen zu sein, aber zu vnserm grossen Vnglück; dann in dem wir alle in grosser Sicherheit vnd Müde eingeschlaffen, kam plötzlich eine Losung[2] von 20 Musqueten zu der forderen Thüre vnd Fenstern hinein, daß wir alle ohne Gewehr (etliche wenig, so ihre Pistol, die wir neben vns liegen hatten, erwischten, außgenommen) der hindern Thüren zuluffen, welche, nachdem sie eröffnet vnd wir sie frey funden, vns geholffen, daß wir durchkommen, doch mit Hinderlassung aller vnserer Pferde, als allein zween, so in der Schewr gelegen, welche auff ihren Pferden, doch der eine tödtlich verwund, durchgewischet; wir andern, einer da, der andere dort hinauß, wurden von einander also verjagt, daß fünffe gleichwol von vns gefangen, vnd wie ich seithero erfahren, seynd sie zu D. gehenckt worden. Die übrige ellendig wider nach Hauß kommen biß auf den Doctor, den Bttrwtz vnd mich.

Wir drey luffen in Todtes-ängsten fort vngeachtet, was Weg wir vor uns hatten, vnd kamen vor Tag noch in das Gebürg hinein, in welchem wir vns theils erkanten[3], nemblich daß wir nicht fern von alten Salm einem Schloss waren, auff welches wir mit grosser Mattigkeit, so wol auß schrecken als mangel Kraffts vnd Saffts endlich kamen vnd den Tag mit Elend da zu brachten.

Da war lauffen vnser höchster Reichthumb, lauffen war vnser Seeligkeit. Es ist, sprach der Doctor, kein Schand, wol lauffen

---

[1] s. oben, S. 63, Anm. 4: Klebis und Hornböcke = Pferde und Kühe; polender = Schloß; Glentz = Feld; Flossart = Wasser; Stroebart = Wald.
[2] Salve   [3] uns zurecht fanden

können, es ist aber ein Schand, gefangen werden, oder gar henk-
ken müssen. Laßt vns lauffen; so lang wir Füsse haben.

> Bien Courrir n'est pas un vice.
> On court pour gaigner le pris;
> C'est un honeste exercice,
> Bon Coureur n'est jamais pris.

> Wer wol laufft, thut recht daran,
> Wer wol laufft, wird nicht gefangen,
> Mancher, der wol lauffen kan,
> Ist dem Hencker noch entgangen;
> Mancher von dem Strick entran,
> An den er sonst wär gehangen.

Vnder wegs merckte ich allererst, daß ich meine Sporen ver-
gessen, aber S. Välten[1] hätte sie vmbgeholet. Es ist ja ein elende
Stutzerey, nach dem Sporen fragen, wann man kein Pferd hat.
Sprach deßwegen zum Doctor: *Stultus les sua Mi' calcaria viscitur
obli*[2].
Ist das nicht ein Sporen! daß einer sein Elend so vergessen
soll!
Patientia! sprach der Doctor.

> Vobile nincendi genus est vacientia, pincit
> Pi quatitur, vi sis pinscere visce dati[3].

Degult, Degult es wird einmahl wesser berden.
Also, was wir sprachen, das war auß Forcht vnnd Angst hin-
derst zum vordersten vorgebracht.
In dieser Einöde aber hub uns an das Gewissen noch mehr
auffgehen, vnd betrachteten allererst, was wir gethan, vnd wie
Gottsvergeßlich wir gehauset hätten. 1. In üppigem Leben, da
keine gemeine Fressereyen vnd Sauffereyen mehr bey vns gelten

---

[1] = St.Valentin, oft an Stelle des Teufels angerufen   [2] = Stultus miles calcaria
obliviscitur, ein törichter Soldat vergißt die Sporen
[3] = nobile vincendi genus est patientia, vincit,
   qui patitur, si vis vincere, disce pati
   eine edle Art zu siegen ist die Geduld; es siegt
   wer duldet, wenn du siegen willst, so lerne dulden

wollen, sondern alles mit newen Viehischen Anstallten muste
fortgesetzt werden. 2. Mit Vnchristlichem fluchen vnd Gotts-
lästern. 3. Mit vnerhörter Marter, Peinigung vnd Morden;
welches, ob ich es schon selbsten gethan, doch vielleicht offt
wohl, oder vmb ein grosses[1], hätte vorkommen[2] vnd verwähren
können.

O der ellenden Gedancken, so wir in diesem öden Ort hatten!
welche Gedancken alle ich mir noch einbilden kan, wann ich diesen Spruch, so in einer Wand im Hoff eingehawen stunde, doch
durch das Wetter fast verzehret ist, nur sehe oder höre; welche
Wort ich hieher setze, wie sie dort stehen:

EMBSIG BEETTEN FRVH VF STON
ALLMOS GEBEN KIRCHEN GON
HILFT VS NOT VND STOT OVCH SCHON.

Weil wir vns nun mehrer Verfolgung befahren mußten, also
satzten wir vns auff dieser Höhe vnder die Porte deß alten Schlos-
ses, da wir vmb vns in die ferne sehen, aber vnsern Jammer nicht
vmbsehen[3] kunten.

Neben dem Gewissen plagte vns der Hunger biß zur Vnsin-
nigkeit; in meinem Quartier hatte ich bey 1000. Ducaten, die
ich in kurtzer Zeit auß den armen Leuten erzwungen hatte; bey
mir trug ich allezeit für ein gut Pferd zukauffen, wo mich die
Noth angriffen hätte.

Aber da war weder Beck[4] noch Weinschenck, noch Fleisch-
hacker, der mir dißmahl vmb das Geld geben wollen; so dorffte
ich viel weniger ruffen, auß Forcht, daß mich irgend ein Wild-
schütz oder Bawr ersehen hätte, der mir ohne das den Rest
würde verdienter weise geben haben; da kont ich mir meine
Rechnung selbsten gar leicht machen; ich war ein braver Koch,
dann da kunte ich mir selbst anrichten als wie ein Hund, der
Graß gefressen.

Ja freylich, dachte ich

Ein löchericht Beutel ist zur Hand
Samlen vngerechter Güter.

---

[1] in hohem Grade   [2] vorbeugen   [3] übersehen   [4] Bäcker

Dann all Vorrath wird bald zu schand,
Da hülfft kein Wacht noch Hüter.
Des Herrn Rach kompt überall,
Das ist leicht zu ermessen,
Wie man thut, geschicht ihm Gleichfall,
Dann Gott kann nichts vergessen.

Das sage ich darumb, dann, in damals folgender Nacht, meine beyde Geferten, auch der Doctor, weil wir wegen eines Geräusches sich einer hier der ander dort verkrochen, von mir kommen; da ich noch dazu mein Geld, so ich ein paar Stunden zuvor dem Bttrwtz in Verwahrung geben, also verlohren.

Nun ist es Zeit, sprach ich zu mir selbsten, daß ich mich dieses Lebens, ehe es noch gar Leib und Seele kostet, abthue, vnd war mir in diesen Gedancken so leicht, daß mich dauchte, es hätte mich Hunger vnd Durst schon verlassen; derowegen ich mich endlich davon zu machen entschlossen.

In der Nacht aber, als ich durch das Gebürg fort wandelte vnnd das Land hinunder wolte, geschah es, daß ich im Thal in einer Wiesen durch ein Gesicht auffgehalten wurde, das war also:

Ich sahe einen stodlichen[1] Kerls in Gestalt eines Faurzigen[2] Manns, wie die Westricher sagen, mit einem grossen buschen Federn daher, vnd zween Strick fewriger Hunde ihm nachlauffen, die rissen ihm das Fleisch auß dem Leib, daß die Flammen hernach schlugen; vnd er rüffte: *Quartier! Quartier!*

Aber ich hörete eine Stimme, die sprach, hetzet ihn! hetzet ihn! Der Orschörrig[3] Tropff ist das Muster aller heut genandten gewissenlosen Soldaten, die seithero dem Böhmischen Vnwesen[4] je gewesen, der sich an den ersten *Contributions* griffen so voll gefressen, daß man ihn nothwendig, zu verdäwung solches Füllwangsts[5] täglich also muß hetzen und jagen: Vnd so, so, so, wird allen denen abgelohnet werden, die ihr eigen Vatterland verderben helffen: die sich deß Gewalts im Krieg mißbrauchen vnd nicht sowol nach dem, was Redlich als was Nützlich ist, sehen. ...

[1] stattlichen [2] feurigen [3] langohrig [4] seit dem Ausbruche des Dreißigjährigen Krieges in Böhmen [5] Dickbauchs

Nach dem nun dieser Karly noch lange Zeit hernach mit grossem Zeter-Geschrey also gehetzet worden, luff er endlich auß der Wiesen mir hart vorbey vnd ließ was fewriges fallen mit diesen Worten: da nimb hin deinen Lehr-Brieff! Ich aber hielte mich hinder einen Baum voller Schrecken, wie ich ihn sahe auff mich zukommen.

Vnd als das Gesichte verschwunden, legte ich mich nider vnd entschlieffe, vor Mattigkeit vnd Angst halb todt, vnd nachdem ich erwachte, vmb mich sahe vnd an das Gesichte dachte, kam mich ein Schaudern an, dann mir ohne daß seyd drey nächte meist von anderst nichts als schröcklichen Sachen geträumet hatte.

Ich suchete aber, was mir der Elende möchte dargeworffen haben, vnd fande einen auff Pergament geschriebenen langen Brieff, welchen ich von Wort zu Wort, nach Anweisung der Lautern Warheit[1], hiebey setzen wollen, also lautend:

Der Soldaten Lehr-Brieff.

Wer sich zum Kriegs-Mann werben lest,
Soll sein from, redlich vnd Faustfest;
Er soll nichts fürchten als nur Gott
Vnd nach ihm seines Herrn Gebott,
Er soll sich vben tag vnd nacht,
Biß daß er werd zum Mann gemacht,
Vnd lerne auß Erfahrung wol,
Wie man dem Feind begegnen soll.

Du solst nicht darum ziehn zu Feld,
Daß du allein viel Gut vnd Geld
Mit spielen, schätzen, fressen, sauffen
Mit rauffen, morden, beiten lauffen[2]
Gewinnen wollst, als viel auff Erden
Allein nur darumb Krieger werden[3],

---

[1] Langes Lehrgedicht von Bartholomäus Ringwaldt (ca. 1530–1599) Nur drei der achtzig Strophen des Originaltexts werden hier wiedergegeben
[2] dich in einen Hinterhalt begeben   [3] sowie viele nur darum Krieger werden

Vnd achten es für vngefehr[1],
Ob gleich ihr Herr der Teuffel wär.

Bedenck dein End, das Fleisch betaub,
Bett immerdar. An Christum glaub.
Wart deins Beruffs. Geduld, Verzeih,
Vnd steh der lieben Warheit bey.
Ein Stoltzen, Geitzhals, Lügner frech
Flieh ärger als das Fewr vnd Pech.
Vnd nimb des Todtes immerdar
Mit richtigem Gewissen war.

Probatum est.

Nach Verlesung dieses Brieffs war mir noch besser als zuvor. Vnnd als ich mich bei der nechsten Quelle erquicket hatte, gienge ich getrost fort, mich in meinem Hertzen versichernd, Gott würde mich nicht lassen verderben, wann ich nur mit reinem Hertzen auff ihn hoffen vnd trawen würde. Ja mein Barmhertziger Gott vnd Vatter, sprach ich, lasse du mich nur nicht, auff daß ich dich nicht lasse.

Im fortgehen bescherte mir Gott ein grosses Brod, durch einen Hürten-Knaben, der etlich Vieh im Gebürg verlohren hatte, den packte ich an, doch weil er schreyen wolte, liß ich ihn mit dem halben Brod wider gehen, vnd zu Vorkommung[2] Außkundschafftens fragte ich ihn nach Dagspurg zu; ich aber gienge ein andern weg, hinter Geroltzeck am Wassigin vorüber, biß auff drey Meylen mehr abwerts, bey den Vogelstein.

[1] unbedenklich [2] zur Vorbeugung

PHILIPP VON ZESEN

1619–1689

Zesen wurde in Priorau, unweit von Dessau, als Sohn eines Pfarrers geboren. Schon als Schüler des Gymnasiums in Halle zeigte er dichterisches Talent und, unter der Leitung von Direktor Gueintz, ein lebhaftes Interesse für die Reform der deutschen Sprache. An der Universität Wittenberg kam er unter den Einfluß Buchners. Im Jahre 1642 besuchte er zum erstenmal Holland, das ihm später zur zweiten Heimat werden sollte. Von dem hohen Niveau der holländischen Kultur stark beeindruckt, gründete er im folgenden Jahr (1643) die ‚Rosenzunft‘ oder ‚Deutschgesinnte Genossenschaft‘ in Hamburg. Im Jahre 1645 veröffentlichte er seinen ersten Roman, die *Adriatische Rosemund*, in dem er die Grundsätze seiner Sprachreform praktisch anwandte. Obwohl er 1653 in den Adelstand erhoben wurde und 1672 Bürgerrechte in Amsterdam erhielt, war seine finanzielle Lage dauernd unsicher. Er verfaßte mehrere Erbauungsschriften, übersetzte Werke aus dem Französischen und veröffentlichte noch zwei größere Romane: *Assenat* (1670), ein Buch, das dreimal neu aufgelegt wurde, und *Simson* (1679).

Zesens Ideen über Rechtschreibung und Sprachreinigung waren radikal. Er wollte die deutsche Orthographie durch die Anwendung phonetischer Grundsätze reformieren, vor allem durch Verwendung des Buchstaben ‚h‘ zur Bezeichnung der Länge von Vokalen. Alle Fremdwörter, selbst die Götternamen des klassischen Altertums, versuchte er „recht deutsch zu geben“, wobei er vor Neubildungen nicht zurückschreckte. Von diesen sind mehrere – z.B. ‚Gesichtskreis‘, ‚Staatsmann‘ – in den allgemeinen Sprachgebrauch übergegangen. Für die Literaturgeschichte ist die *Adriatische Rosemund* bedeutsam als erster Versuch, einen deutschen psychologischen Roman zu schaffen, der in der modernen Welt spielt und dessen Handlung an sich nicht so wichtig ist wie die Schilderung der Gedanken und Gefühle der Hauptpersonen. Daß dies Zesen nur zum Teil gelungen ist, mindert keineswegs die Originalität seines Versuches.

Adriatische Rosemund

(1645)

Als Markhold, ein junger Deutscher protestantischen Glaubens, Amsterdam besucht, lernt er Rosemund kennen – die schöne Tochter eines katholischen Venezianers namens Sünnebald. Die jungen Leute verlieben sich in einander, aber ihr Glaubensunterschied tritt ihrer Liebe als Hindernis entgegen. In ihre Heirat einzuwilligen ist Sünnebald nur unter der Bedingung bereit, daß in ihrer Ehe geborene Töchter katholisch erzogen werden. Diese Bedingung kann Markhold nicht annehmen, und er reist traurig nach Paris, wo er an dem mondänen Gesellschaftsleben der Hauptstadt teilnimmt, aber mit Rosemund in brieflicher Verbindung bleibt. Er erfährt, daß Rosemund sich zeitweilig in eine Schäferhütte zurückgezogen hat. Seinem Freund Härzwährt erzählt er die Geschichte seiner unglücklichen Liebe zu Rosemund und beschreibt den tiefen Eindruck, den sie am Anfang ihrer Bekanntschaft auf ihn machte.

Es wahr nuhn fast eine vihrteil-stunde fohr-über, daß ich also zwischen hofnung und furcht geschwäbet hatte, als di tühre plözlich ward aufgetahn. Ich sahe mich üm, da fand ich si eröfnet, gleich-wohl kont' ich keinen einigen mänschen erblikken. es kahm mich ein entsäzzen an, gleichsam als wan ein geist fohrhanden wäre: ich zitterte fohr angst und erblasste, als wan mihr ein grohsses unglük zu-stünde. Indähm ich also beängstiget wahr, da brahch dises wunder-lücht an, gleichsam wi das lücht der Sonnen, das sich hinter däm gewölke eine zeit-lang verborgen hält, und nahch-mahls uhr-plözlich härfür brücht; wi der bliz, dehr di stärblichen erschräkket, und di augen verlätset. Si kahm in einem solchen glanz' und solcher hoheit härein geträten, daß sich unter uns allen ein grohsses stilschweigen erhuhb. Es kahm mihr nicht anders führ, als wan izund ein schwäres ungewitter fohrhanden wäre, da auch gemeiniglich eine solche stille fohrhähr-gähet: es dauchte mich, als wan sich izund das wetter kühlete, als wan lauter blizlende strahlen üm mich härüm schwäbeten. Ich stund im zweifäl, und wuste fohr angst nicht, ob ich warten oder flühen solte: ich entfing si, aber mit einem solchen härzklopfen, daß ich führ der äussersten hizze, di mihr in das gesichte stihg, kaum eines und das andere wort-glihd machchen konte. Ja ich gläube, daß ich ändlich gahr zur ärden gesunken wäre, wo wihr uns nicht straks nidergelahssen, und ich im sizzen meine kräfte wihder-erholet hätte.

Dises schöne Wunder kahm abermahl gleich gegen mich über zu sizzen, und hatte izund vihl ein fräudigers gesichte, als da ich si zum ehrsten mahl sahe. Ihre Jungfer schwäster selbsten, wi ich unschwähr vermärken konte, hihlt si sehr hohch, und erhuhb gleichsam mit einer stillen verwunderung ihr über-irdisches, durchdrüngendes wäsen. dan es ist gewüs, daß der Neid selbsten an ihr nichts zu tadeln fand.

Ihre gestalt wahr so lähbhaft, so ahrtig und so schöhn, daß si dahrdurch di ganze wält hätte mögen beschähmt machchen: wi si dan solches auch an ihrer Jungfer schwäster tähte. Dan, wi ich schohn gesagt habe, si ging über-aus prächtig, und wiwohl beide ganz und gahr einerlei kleider hatten, so hatte sich doch die älteste vihl-mehr häraus gebrochchen, als di jüngste. Diser hüng das hahr zur selben zeit ganz unaufgekünstelt und uneingeflochten bis auf die schultern, und kahm gleichsam wi gekrümte wällen, von sich selbst, in über-aus anmuhtigen falten auf den hals härab geflossen, in solcher über-zihrlichen unachtsamkeit, daß auch jene mit ihrem zu felde geschlagenen hare (welches auf der stirne und auf den bakken eins teils ringel-weise gekrümmet und angekläbet, anders teiles nahch der kunst auf-geflammet, und mit graulechtem staube besträuet wahr) ganz beschähmet ward. Jah Stil-muht hatte sich mit so vihlem golde, perlen und demanten behänget, daß ich alle das köstliche geschmeide alein führ einen träflichen schaz hihlt: Rosemund aber hatte dagegen nichts mehr als einen demant-ring am finger, und an ihdem ohr' ein gehängke von demanten, in gold gefasset, mit einer grohssen perl, härab hängen: üm di hände truhg si zwei schwarze seidene bänder, da si härgegen di älteste mit zwo zimlichen güldnen ketten geziret hatte. Der hals wahr bis auf di brust, di ein wenig erhoben wahr, ganz entblöhsset, ohn' einige zihrraht, als dehn ihm di Zeuge-mutter gegäben hatte. er wahr weis wi der schne, und an etlichen orten mit einer gelinden röhte vermischt. Das antliz wahr so fräudig, so lihblich und so aufrichtig, und di augen lihssen einen solchen geist und solche lihbligkeit härführblikken, daß es unmühglich wahr, si ohne verzükkung an zu schauen. Si wahr muhtig und frisch, und doch dahr-näben sehr schahmhaftig und sehr züchtig: si hatte hohch-ansähnliche gebährden, und wahr doch nicht hohfärtig, da härgegen ihre Jungfer Schwäster unter einem äußerlichen stillen muhte, und nidergeschlagenen gebährden einen hohch-fahrenden geist, wi ich nahchmahls von der Adelmund verstanden habe, verborgen hatte.

Zu allen disen wundern kahm noch eine unaussprächliche holdsäligkeit, daß auch nuhr der einige mund, dehr in ihrem angesichte nicht anders als eine frisch-aufgeblühete rose mit lihblichem morgentau befeuchtet, unter den lilien und narzissen härführ leuchtete, den aller-verstoktesten und lihb-losesten mänschen zur verwunderung, ich wil nicht sagen zur libe, bewägte. Si waren alle beide in viohl-braunen sammet gekleidet, und der unter-rok wahr von silberfarbem atlas, mit güldnen, und das über-kleid mit silbernen spizzen verbrähmet; welche kleidung si gleich damahls zum ehrsten mahl angeläget hatten.

Wiwohl nuhn dise tracht über-aus zihrlich wahr, so muste sich doch Stilmuht (gegen ihre Jungfer Schwäster zu rächnen) gleichsam zum wohlstande zwüngen, da er här-gegen der Rosemund angebohren zu sein schine.

Aber was hab' ich mich unterwunden, ein solch-götliches bild mit stärblicher zungen so unscheinbahr und so unäbenbildlich zu entwärfen! Ach! mein Fräund, wan ich ihm di klugen räden, di si damahls mit solchen wohl-anständigen und färtigen gebährden so meisterlich verschönern konte, daß man nicht wuste, ob man ehrst das gehöhr oder das gesichte gebrauchen solte, alle mit einander erzählen würde, so müst' er gestähen, daß ich si noch nihmahls nach würden geprisen habe.

Wan si zu räden begunte, so ward also-bald ein stilschweigen unter uns allen, und ein ihder wahr begihrig zu hören, was dise Schöne führ-bringen würde. Nihmand wolte sich auch unterstähen ihr in di räde zu fallen, wo si nicht ehrst eine guhte zeit stille geschwigen hätte. dehr-gestalt, daß si meisten teils das wort führete, wiwohl si solches aus keinem führ-wüzz'[1] oder unbedachtsamkeit tähte: dan si verzohg[2] oft-mahls eine guhte weile, und wolt' uns auch zeit lahssen, das unsrige fohr zu bringen, aber nihmand wahr unter uns allen, dehr si nicht liber gehöret, als selbst gerädet hätte.

Aendlich, als si di hohch-deutsche junge manschaft[3] allen andern Völkerschaften führ-zohg, und ihr so ein träfliches lohb gahb, so ward ich gezwungen, mich mit ihr in einen wort-streit ein zu lahssen. welches ihr dan so über-aus wohl-gefihl, daß si nahch-mahls ihre ganze räde nuhr einig und alein auf mich rüchtete.

Da bekahm si ehrst anlahs, mihr mit so libes-anlokkenden blikken zu begegnen; wi ahrtig konte si nuhr ihre worte drähen; wi künstlich wuste si nuhr selbige auf schrauben zu säzzen, daß ich si auch nihmahls fangen konte. Mit diser kurz-weile brachten wihr etliche stunden zu, dehr-gestalt, daß es nuhnmehr hohe zeit wahr, daß ich von diser lihblichen geselschaft meinen abschihd nähmen solte.

Ich wahr also der anfänger, dehr dise lust zerstöhren muste, und wändete mich zum aller-ehrsten nahch der Rosemund zu, als dehr ich mit meinem unnüzzen gespräche am meisten ungelägenheit gemacht hatte; ich baht si däswägen üm verzeuhung, mit anerbütung meiner wül-färtigen dihnste, dahr-führ ich nichts mehr begährete, als daß ich di ehr' und gelägenheit bekommen möchte, solche bäster mahssen ins wärk zu rüchten.

Nahch-mahls baht ich auch di Adelmund und di Stilmuht, daß si gleiches falls tuhn wolten; und mihr, wan es ihnen beliben würde, fol-mächtig gebüten; damit ich wüssen möchte, wohrin ich ihren wüllen vergnügen könte, und was sie von meiner wenigkeit erforterten. Ihre höhfliche gegen-würfe machten, daß ich noch lange verzühen mußte; jah die wunder-würdige Rosemund gebrauchte sich so vihler höhflichen ausfluchts-räden, dadurch si mich meiner dihnst' überhöben wolte, daß ich ihr ändlich, wo ich anders nicht gahr bei ihnen verbleiben wolte, das lätste wort lahssen muste.

Nahchdähm ich nuhn dises ädle Drei verlahssen hatte, so be-

[1] Vorwitz [2] zögerte [3] Volk, Stamm

gahb ich mich wohl-vergnüget nahch hause, und begunte von
dähm Nuhn an di Rosemund vihlmehr ihrer himlischen tugend,
als über-irdischen schöhnheit wägen, zu liben; dehr-gestalt, daß
ich mich bei weitem nicht mehr zo verunruhiget befand, als
nahch dem ehrsten an-blikke, und nuhn-mehr mich selbst zu
ihrer gunst und Libes-geneugenheit zu beräden begunte.

*Es ist schon lange nach Mitternacht, als Markhold seine Geschichte be-
endet, worauf die beiden Freunde sich zur Ruhe begeben. Markhold ist
aber wegen Rosemund so besorgt, daß er keinen Schlaf findet. Er sehnt
das Ende der Nacht herbei, ohne zu ahnen, daß der nächste Tag neue
Sorgen bringen wird.*

Der tahg wahr so bald nicht angebrochchen, als sich Markhold
schohn aus seinem lager erhuhb und zum tage-leuchter[1] machte,
den brihf seiner Rosemund, dehr ihn dise nacht über so sehr verunruhiget hatte, noch ein-mahl durch zu läsen. Aber er hatt' ihn
kaum angefangen, da er über seinem zimmer solch-ein plöz-
liches gerumpel hörete, dahr-auf ein solcher schwärer fal folgte,
davon das ganze haus und er selbsten führ schrökken und entsäzzen zu zittern begunte. Er ging nahch seinem Härz-währt zu,
welcher von disem erschröklichen falle schohn erwachchet
wahr, und ihn straks frahgte; was dises führ ein gepolter gewäsen wäre, welches er izund gleichsam als im Traume gehöret
hätte?
Markhold, welcher seine furcht und angst-mühtigkeit führ
ihm verbarg, wiwohl er solches führ kein guhtes zeuchen hihlt,
gahb ihm zur antwort; daß vihl-leicht di kazzen etwas härunter
geworfen hätten, welches so ein grohsses gepulter gegäben. Nein,
nein! mein lihbster Markhold (fing Härz-währt an) es mus was
anders zu bedeuten haben; es sein nicht kazzen gewäsen, di mihr
disen schweis veruhrsachchet haben; hihr-mit huhb er das bett'
ein wenig in di höhe; Er sähe hihr (sprachch er) wi das hämde so
pfüzzen-trühffend nas ist, wi mein gesicht mit schweis und
trähnen über-schwämmet, und der schlahg so ungestühmlich
[1] Fenster

schläget. Hihr-aus kan er leichtlich schlühssen, in was fohr angst
ich gewäsen bin, und was fohr weh-leiden ich ausgestanden habe,
eh ich bin wakker worden. Ich hab' einen traum gehabt, dehr
würd mihr wahrlich nichts guhtes bringen, einen solchen traum,
als ich di tage meines läbens nihmals bekommen.

Des Härz-währts traum
oder nacht-gesichte.

Ich sahe einen ungeheuren Leuen mit gewalt auf mich zulauffen, welchen ich mit meinem dägen so lang' abhihlt, bis mihr
etliche unbekante mänschen zu hülfe kahmen. Ich fochte so
tapfer und widerstund ihm mit solchen kräften, daß er mihr
ganz nicht zu leibe kommen konte: ich bekahm auch nicht den
geringsten schaden, als nuhr einen streich, welchen er mihr mit
der pfoten über den arm gahb. Aber dehr-jenige, der sich meiner
so träulich an-nahm, und zwüschen mihr und dem Leuen ein-
drüngen wolte, ward so unfräundlich entfangen, daß er von
einem einigen streiche, welchen ihm der Leu' in das gesicht ver-
säzte, zu boden fihl. Als ich nuhn dises sahe, so ward ich noch
vihl häftiger ergrimmet als zufohr, und ging mit foller un-
gestühm auf den Leuen zu, den tohd dises unbekanten Fräundes
zu rächchen. Weil aber di andern alle dahr-zwüschen kahmen,
und mich von ihm abscheideten, so nahm er ändlich, ehe wihr
uns dässen versahen, das reis-aus, und wihr wahren mehr bemühet disem verwundeten hülflich bei zu sprüngen, als dem
Leuen nahch zu säzzen.

Da lahg der arme mänsch in seinem bluht', und man spürete
nichts mehr an seinem läben, als ein gelindes härz-klopfen. Das
gesichte wahr so zerschmettert und so übel zugerüchtet, daß er
keinem mänschen mehr ähnlich sahe. Ich fihl über ihn hähr, und
huhb bitterlich an zu weinen, daß so ein härz-träuer Fräund, in-
dähm er mihr seine ehrsten fräundes-dihnste leisten wollen, sein
läben so schändlich eingebühsset hätte. Ach! sahgt-ich, du wiwohl noch izund unbekanter, doch aller-träuester Fräund, wi
weh tuht mihr's, daß ich dihr nicht fohr dises hohe fräund-stükke,
danken sol, oder doch zum wenigsten di ehre haben, dich bei
läben zu erkännen.

Gleich als ich in solchen ängsten wahr, so erhuhb sich dises erschrökliche gepulter, dehrgestalt daß ich plözlich erwachte, und
däs ändes dises traumes nicht fol-änd erwarten konte. Was mei-
net nuhn mein Fräund (sagt' er färner) sol mihr dises nacht-ge-
sicht' auch was guhtes bedeuten? ich habe keinen muht dahrzu;
wahrlich, es schwanet mihr, und ich märk' es daß ein grohsses
unglük fohrhanden ist.

Markhold, wi-wohl er über disen traum seines Fräundes noch
vihl häftiger erschrokken wahr, so bemühet' er sich doch, ihm
solches bäster mahssen aus dem sünne zu räden. Was! fing er an,
wül sich mein Fräund einen traum so einnähmen lahssen? wül er
solchem bilder-wärke seiner sünnen ein wahrhaftiges läben zuschreiben? ach nicht! mein Liber. träume bleiben träume, und
man kan gahr nicht dahrauf fuhssen. Er hat vihl-leicht gestern
ein solches gemälde gesähen, welches ihm izund im schlahffe
wider führkommen ist; oder, wi ich gänzlich dahrführhalte, es
mögen sich seine sünnen von meiner gestrigen langen erzählung
so verunruhiget und verwürret befunden haben, daß si also, weil
si nicht ruhen können, dehrgleichen wunderliche bilder gewür-
ket haben.

Oh nein! (fihl ihm Härz-währt in di räde) es sein keine blohsse
würkungen meiner sünnen! es ist mihr schohn mehr-mahl widerfahren, daß ich träume gehabt habe, di mihr sein alzu wahr worden, sonderlich di morgen-träume, di ich keines wäges verwärf-
fen kan; und solches aus disen erhöhblichen uhrsachchen:

In-dähm er solcher gestalt fort-räden wolte, so klopft' ihmand
mit solcher geschwündigkeit, daß si beide fohr schrökken erzitterten, an die tühre. Was gült es, mein Fräund, huhb Härz-
währt an, izund wärd ich mein unglük erfahren. Kaum hatt' er
dises gerädet und di tühr eröfnet, da kahm sein kammer-diner
härein, gahb ihm ein kleines brihflein, und sagte, daß er solches
schohn gestern gahr bei spätem abänd bekommen, und ihn fast
di ganze nacht durch gesuhcht hätte: dan der lüferer dässen, hätt'
ihm gesagt, daß gahr vihl dahran gelägen wäre. Härz-währt er-
brahch es mit zitterlichen händen, und lase disen unmänsch-
lichen

Des Eiferichs
Aus-forterungs-brihf.

Eiferich verkündiget dem Härz-währt seine
äuserste feindliche verfolgung zufohr!

Nahch-dähm ich mich nicht alein von dihr an meinen ehren be-
leidiget, sondern auch meine härz-allerlihbste schelmischer weise
verführet befünde, so wärd' ich von rächts-wägen gezwungen,
einen solchen mäuchel-verführer, aus gerächter rachche, führ di
klünge zu fortern; und dich allezeit führ den aller-ehr-losesten
schelm, dehr unter der Sonnen läben mahg, zu halten, wofärne
du dich morgen üm acht uhr, zwischen hihr und Karanton auf
jen-seit der Sähne[1], nicht mit gewafneter und bewährter hand,
gegen mich zu verantworten sähen lähssest, und entweder mihr
den hals brüchst, oder dich zum wenigsten durch eine tapfere
faust der besizzung dises ädlen schazzes würdig machchest. Dis
ist der ändliche schlus, dehr keine einige entschuldigung an-
nähmen kan: darüm sihe nuhr zu, daß du dich gegen deinen
feind, wo du nicht mit dem schelme dahrvon zu flühen gedänkest,
muhtig erzeugest.   Eiferich.

Als er dises schreibens inhalt verstanden hatte, so rädet' er
gleichsam mit frohem gemühte den Markhold an: Mein Bruder!
(sahgt er) diser brihf hat mich meiner unruhe entlädiget, und
nuhn wül ich meine unschuld mit höchsten fräuden verföchten.
Es ist hohe Zeit, daß ich mich üm einen guten beistand bemühe;
dan Eiferich würd meiner schohn warten.

In-mittels (rädet' er seinen Diner an) verschaffe, daß mir eilen-
des drei pfärde mit reit-puffern[2] wohl-aus-gerüstet wärden: und
Er, mein lihbster Bruder, (sahgt' er zum Markhold) sei höhch-
lich gebähten, mich bis an den ort unserer wahl-stat zu beg'leiten, und mihr beistand zu leisten: dan ich wolte nicht gärn, daß
dise händel weiter unter di Leute gebracht würden, sonst könt'
ich hihr-zu wohl andere vermögen, daß ich meinen Fräund

---

[1] Seine   [2] Kleingewehren

äben izund, da er sich seiner Lihbsten wägen so verunruhiget be-
fündet, nicht weiter belästigen dürfte.

Der Markhold wahr nihmals mit solchem widerwüllen an ein
balgen gegangen, als äben izund; nicht zwahr, daß er sich führ
den bei-ständen des Eiferichs geschäuet hätte, noch dem Härz-
währt in solcher wüchtigen sachche nicht bei-sprüngen wollen;
sondern nuhr alein dahrüm, weil ihm das schreiben seiner Schönen noch so tühf im sünne lahg, daß er sich kaum entschlühssen
konte, aus der stat zu reiten, oder nuhr zum wenigsten aus der
kammer zu gähen. Weil er sich aber seiner pflücht erinnerte, so
wolt' er auch gleich-wohl nicht zu-gäben, daß man här-nahch
von ihm sagen möchte, als wan er seinem fräunde nicht hätte bei-
stähen wollen: dehr-gestalt, daß er sich auch straks rüstete, und
zur entscheidung oder zum streite gefast machte.

So bald nuhn der Eiferich, welcher mit einem Wälschen und
Franzosen schohn aufwartete, des Härz-währts mit dem Markhold gewahr ward, so wolt er sich mit seinen zwe bei-ständen
zur ärden begäben, in wüllens sich nahch gewohnheit, bis auf
das Hämde zu entkleiden: Aber Härz-währt, dehr dessen als-bald
ansichtig ward, gahb seinem pfärde di sporen, und als er sich
ihnen so vihl genähert hatte, daß sie ihn verstähen konten: so
rühf er dem Eiferich zu: Halt, halt! (schrie er) ein eifriger Lihb-
haber mus den preis seiner Lihbsten nicht zu fuhsse suchen: ich
bin anhähr kommen kugeln zu pfärde zu wächsseln, und nicht
wi di Seil-tänzer und gaukler zu fuhsse, mit einem solchen
Ritter, wi ich ihn ansähe, mit der plämpe[1] zu föchten.

Eiferich ward über dise räden so sehr bestürzt, daß er nicht
wuste, was er sagen solte. Kugeln zu wächsseln, (rädet' er mit
sich selbst) zu pfärde zu föchten, das ist bei mihr nicht der
brauch; zudähm so hab' ich mich auch nicht dahrauf gefasst
gemacht. Härz-währt aber drang auf ihn zu, zohg seinen reit-
puffer häraus, und tummelte sich damit führ seiner nasen
härum.[2]

Als er sich nuhn gahr nicht dahrzu entschlühssen wolte, und
seine beide mit-gehülfen fohr furcht zu zittern anfingen, sonderlich der eine, welcher so tapfer als ein stroh-wüsch, und als wan

[1] Degen, Seitengewehr [2] schwang das Gewehr vor seiner Nase

ihn ein bauer mit der mist-gabel hinauf geworfen hätte, zu pfärde
sahs: so fing Härz-währt noch ein-mahl an, und sagte mit solchen
harten worten, daß si noch vihl mehr erzitterten; wi ist es nuhn?
man hat mich lahssen aus-fortern, meinen ehrlichen namen zu
verföchten; man hat mich unschuldig geschmähet, man hat mich
wollen zum schelme machchen! wo sein nuhn di-jenigen, di
solches getahn haben? wo ist der grohs-sprächcher, dehr mihr
meinen ehrlichen namen beschmüzzen wolte? Er mahg nuhn zu-
sähen, wi er den seinigen rätte; oder wo nicht, so mus er mit dem
schelme das feld räumen.

Dise räde hatte den Eiferich, welcher sonst solch eine eifer-
süchtige ahrtschaft[1] an sich hatte, daß er nicht vihl dehr-gleichen
worte vertragen konte, noch vihl hizziger fohr der stirne gemacht, dehr-gestalt, daß er fohr grossem unwüllen und rach-gihr
fast nicht wuste, was er begünnen solte. Dan däm ansünnen des
Härz-währts kont' er nicht gnüge tuhn, weil er sich nicht gnugsam dahr-nahch aus-gerüstet hatte.

Als nuhn dises der Markhold eine guhte weile mit angesähen
hatte, so sprahch er seinem Fräunde zu, und baht ihn, er wolle
doch nuhr ab-sizzen, und den Eiferich nicht länger im zweifäl
lahssen, weil er wohl sähe, daß er sich zum kugel-wächsseln
nicht aus-gerüstet hätte.

Er wägerte sich dässen eine guhte zeit, als er aber so lange bei
ihm anhihlt[2], so rühf er ändlich dem Eiferich zu (dan er hihlt eine
guhte ekke von uns gahr nahe bei der hehr-strahssen): nuhn
wohlan! weil mein Fräund fohr dich gebähten hat, so wül ich
mich ändlich, nicht nach deinem wüllen, sondern auf sein bitten,
dihr einen dägen-streit zu lüfern, bekwähmen: Solcher gestalt
stihg er ab, und nahchdähm er sein wammes abgeläget hatte, so
zohg er von läder und ging mit entblöhßter klünge nahch dem
Eiferich zu.

So schauet dan nuhn al-hihr den aller-eifrichsten und aller-
tapfersten zwe-streit, dehn man ih-mahls mit augen gesähen hat,
und dehn ein tapferer Deutscher und ein Libes-eifriger Wälscher
einander lüfern: jener aus billiger vertähdigung seiner ehre, und
diser aus eingebildetem arg-wahn und lauterer schähl-sichtigkeit.

¹ Art   ² darauf beharrte

Si hatten schohn zwe gänge mit einander getahn, und nuhn beider-seits gleich einen zeit-blik[1] nahch-gelahssen, dehr-gestalt, daß si den dritten auch begünnen solten: da kahmen zwe reiter von färne kwähr feld über sporen-streichs auf si zu-gehauen; dehr-gestalt, daß si anfangs nicht wusten, was si gedänken solten.

Markhold befahrte sich[2], es würde vihl-leicht ein bestallter hinterhalt des Eiferichs sein: di andern muht-mahsseten äben das-selbige, und warden auch in ihrer muht-mahssung nicht allerdinge betrogen. Dan es wahr kaum ein augen-blik vergangen, als sich dise beide schohn solcher mahssen näherten, daß man wohl erkännen konte, daß si des Härzwährts Tisch-fräunde wären, welche seinen Diner mit den dreien aus-gerüsteten pfärden hätten reiten sähen, und dahähr gemuhtmahsset, daß er händel würde bekommen haben.

Dise zwe Fräunde waren kaum angelanget, als sich der eine noch im lauffen mit solcher geschwündigkeit vom pfärde härabschwang, daß man nicht wuste, wi er so jähligen di ärde beträten hatte; und mit entblöhßtem dägen hinzu lühf, gleichsam als wan er seines fräundes wider-sachcher straks durch-stohssen wolte: dehr-gestalt, daß ihm auch seine bei-stände zu-rühffen, er solte gemach verfahren, oder es würde kein guhtes ände gewünnen. Nichts däs zu weniger fol-führt' er sein führnähmen, und drang sich mitten ein, in wüllens si von ein ander zu bringen; aber der guhte mänsch bekahm von dem Eiferich einen solchen stüch, rächt schelmischer weise, durch di brust, daß er zusähens tohd zur ärden fihl.

Als nuhn Markhold und des ertöhdteten gefährte solches verfahrens gewahr warden, so bemüheten si sich mit macht si von einander zu bringen, damit nicht noch einer auf dem plazze bleiben möchte: welches si dan auch als-bald zu wärke rüchteten, also, daß Härz-währt, welcher seinen lihbsten Tischfräund im bluhte, das er führ seine läbens-erhaltung gelahssen hatte, ligen sahe, äben zeit bekahm, sich zu ihme zu nahen, und seine wunde zu besähen.

Markhold und Stilfride (also hihs der gefährte) tähten äben

---

[1] Augenblick [2] befürchtete sich

Aus *Adriatische Rosemund*
(Exemplar der Niedersächsischen
Staats- und Universitätsbibliothek Göttingen)

dasselbige. Dehr-gestalt daß Eiferich, welcher schohn frische pfärde bei der hand hatte, sich mit seinen bei-hälfern ohn' einige hinternüs und verfolgung, auf di flucht begäben konte. Härz-währt lihs seinen Lauter-muht (also hihs der ertöhdtete) auf sein pfärd laden, und foländ nach Karanton[1] bringen, da er auf den andern oder dritten tahg solte begraben wärden. Der wirt lihs ihm auf begähren des Härz-währts das bluht abwaschen, und ein näues hämd' antuhn. Man bekahm auch alsbald bei dem tischer einen sarg, welchen er schohn im fohr-raht färtig hatte, und hihs ihn dahr-ein lägen, dehr-gestalt, daß dise Leiche noch selbigen fohr-mittahg ganz beschikket[2] ward.

Als si nuhn widerüm nahch Parihs reiten und den Lauter-muht verlahssen solten, so brahch dem Härz-währt das härze, das härze begunt' ihm zu kwällen, und veruhrsachte solch-eine ver-änderung in seinem gesichte, daß sein innerliches weh-leiden leichtlich ab-zunähmen wahr. Er fihl dem Leichnam noch zu guhter lätst' auf das gesichte, küsset' ihn und sprahch; ach mein liber bruder, mein trauter fräund, ich mus nuhn von dihr, von dihr mus ich, dehr ich deinen tohd veruhrsachchet habe. ach! wi gärn wolt' ich dein läben mit däm meinigen, so es mühglich wäre, wider-lösen! was hab' ich deinen ältern nuhr führ ein härze-leid veruhrsachchet! was wärden si sagen, wan si den uhr-sachcher deines unschuldigen todes erfahren wärden! si wärden mich verfluchen, ob ich schohn an deinem verdärben keine schuld habe. Dan ich weus, was ein väterliches härz, wan es dehr-gleichen fälle seiner kinder erfähret, fohr unwüllen und bangig-keit, zu tuhn pfläget. Si wärden nicht betrachten (das weus ich wohl) daß ich unschuldig bin; si wärden mich aus alzu grohsser libe gegen ihren sohn, und alzu häftigem unwüllen gegen mich, ohn alle gnade verurteilen. Doch was wül ich tuhn? ich wül es gahr gärn ertragen, was man mihr auferlägen würd, und solt' es auch der tohd selbsten sein. Bin ich strahf-fällig, so wül ich nicht ausreissen, wi jener bluhthund, dehr dihr so schelmischer weise das läben genommen hat: sondern mich selbsten gutwüllig der strahf unterwärfen.

Ein grimmiger Leue (fuhr er fort) hat dich erwürget, ein

---

[1] bis nach Charenton   [2] bestattet

solcher Leue, dehr mihr im schlahff' erschinen ist. Izt fällt mihrs
ein, was ich dise vergangne nacht führ einen schädlichen traum
gehabt habe: nuhn befünd' ich mit der wahrheit, daß träume
nicht zu verwärfen sein! ach! daß ich solchem übel, das mihr
doch im schlahffe verkündiget ward, nicht habe können zufohr
kommen! o hartes verhängnüs über mich und dich! o unverhofter, erbarmens-würdiger fal! o unglük! o unheil!

Indähm er also rädete, so mochte sich vihl-leicht das bluht aus
diser häftigen bewägung so sehr erhizzet haben, daß es aus der
wunde, di er unwüssend am rächten arme bekommen hatte,
häraus gedrungen, und unter dem ärmel härführ auf di hand
geflossen kahm. Markhold ward dässen zum ehrsten ansichtig,
und ermahnt' ihn alsobald, er wolle doch seiner selbst ein wenig
schonen, und vihlmehr gedänken, wi seine wunde möchte verbunden wärden, als si durch dise un-nöhtige und nuhr vergäbene
räden noch mehr verärgern.

Härz-währt kährte sich anfangs gahr wenig an seine räden;
als er aber sahe, daß das bluht immer mehr und mehr unter dem
ärmel härführ geflossen kahm, so lihs er ihm das wammes aus-
zühen, damit er erfahren möchte, ob der schaden auch etwas auf
sich hätte. Nachdähm er aber gesähen hatte, daß di haut nuhr
ein wenig aufgerizzet wahr, so lihs er sich mit nichts anders als
einem leinen tuche verbünden, und wolte dan ehrst, wan si wider
in die Stat kähmen, den wund-arzt gebrauchen.

Mitler-weile hatte sich Eiferich mit seinen Gesellen aus däm
Parisischen Gebüte schohn häraus gemacht, damit man ihn (wan
jah das unglük dises entleibten aus-kähme, und es erfahren
würde, daß er der tähter gewäsen wäre) nicht etwan in haft
nähme, und widerüm zum tode verdamte. Dan das gewüssen ist
ein nagender härz-wurm, welcher di verbrächer un-auf-höhrlich
zwakket und plaget, dehr-gestalt daß ihnen alles wül zu änge
wärden, daß ihnen gleichsam alle uhr-wäsen zur züchtigung
dinen, und alle mänschen ihre feinde zu sein scheinen.

Als nuhn Härz-währt mit seinen beiden gefährten (nachdähm
si zufohr abgesässen waren, und di pfärde, damit ihre händel
nicht kundbahr würden, zurükke gelahssen hatten) widerüm in
seine behausung einkähren wolte, so kahmen ihm äben seine

andern Tisch-fräunde, di im geringsten nicht von diser sachche
wusten, entgegen, und bahten ihn, wi auch den Markhold, daß si
ihnen nuhr auf eine vihrteil-stunde wolten geselschaft leisten,
dan si hätten einen näuen tisch-fräund, welcher ehrst aus Holland angelanget wäre, bekommen, und wolten sich also mit ihm
und etlichem Frauen-zimmer, so ihre wirtin dahrzu geladen
hätte, ein wenig erlustigen.

Härz-währt hatte anfangs keinen muht dahr-zu: gleich-wohl,
weil er sich befahrete, daß seine händel nicht däs zu eher kund
würden, wan er sich ihrer geselschaft enthihlte, so gahb er ändlich seinen wüllen dahr-ein, doch mit dähm bedünge, so färn es
seinem Markhold beliben würde; Dan ohne seinen wüllen (sahgt'
er) darf ich mich dässen nicht unter-fangen.

Wiwohl nuhn Markhold liber zu haus' alein, als in einer geselschaft gewäsen wäre, so hätt' er doch auch den näuen ankömling
aus Holland gärne sähen mögen, dehr-gestalt, daß er sich zwahr
anfangs ein wenig weigerte, und doch ändlich dahrzu beräden
lihs; Man führete si also ohne verzug in ein schönes, mit güldnen
prunk-tüchern gantz behängtes zimmer.

Aber wi häftig entsäzten sich dise beiden, als si solch ein
fräudiges Süng- und seiten-spihl höreten; als si solch-einen
hauffen schöner Weibes-bilder sahen: sonderlich Härz-währt,
nahchdähm er seiner Lihbsten, der Tugendreich (welche bis-
hähr, in-dähm si nuhr seinet-wägen zu diser geselschaft kommen
wahr, seiner abwäsenheit halben zimlich betrühbt gewäsen) so
unverhofter weise gewahr ward. Er entfand so ein ungestühmes
härz-klopfen, daß er sich kaum besünnen konte, wo er wäre; und
si entfärbete sich führ schahm dehr-mahssen, und ward durch
seine plözliche dahrzwüschen-kunft so häftig verunruhiget, daß
si kaum räden konte.

Nahch-dähm nuhn di wort-gepräng'[1] auf beiden teilen ge-
schähen waren, so nahm der Härz-währt seinen Markhold bei
der hand, und führet' ihn mit sich zu seiner Lihbsten, welche
äben auf einer bank aleine sahs: dan si wahren nuhr izund von
der tafel auf-gestanden, und das Frauen-zimmer hatte sich auf
der seite nahch der reihe härüm gesäzt. Nuhn (sahgt' er im hin-

[1] Komplimente

gähen) sol mein Fräund auch hören, ob sich meine Lihbste mit
seiner himlischen Rosemund an klugen räden etlicher mahssen
vergleichen könne.

Si hatten sich kaum bei disem höhflichen Frauen-zimmer nidergelahssen, als di Tugend-reich schohn etlicher bluhts-fläkken
in des Härz-währts stüfel-tüchern und hand-schleiern[1] gewahr
ward; wohrüber si nicht wenig erschrahk; gleichwohl verbarg
si es noch so lange, bis er von seinem diner hinaus geruhffen
ward, und ihr also selbsten gelägenheit gahb, sich dässen bei
seinem Fräunde, weil er abwäsend wäre, zu erkundigen. Si baht
anfangs den Markhold, er wolle si doch unbeschwäret berüch-
ten, wo si beide so lange gewäsen wären, daß si di tahffel ver-
säumet hätten? Markhold gahb zur antwort, daß si einen guhten
fräund besuchet hätten. Oh nein! mein Her (fihl si ihm in di räde)
er verzeuhe mihr, daß ich ihm wider-sprächchen mahg; ich habe
schohn einen andern vogel süngen hören, von dehm ich so vihl
verstanden habe, daß der Fräund nicht al-zu-guht gewäsen ist.

Uber disen räden entsäzte sich Markhold, und entfärbte sein
gesichte dehr-mahssen, daß si nuhn-mehr schohn vergewüssert
wahr, daß si ihre muth-mahssung nicht würde betrogen haben.
Was bedeutet dan das bluht (fuhr si fort) das man auf seinen
kleidern sihet, und wahr-üm wül er den rächten arm nicht rächt
gebrauchen? ist es nicht wahr, daß jene in der roht- und blauen
tracht, di gleich gegen uns über sizt, dises unglük veruhrsachet
hat? GOT wolle nuhr, daß es wohl abgelauffen sein mahg! dan
ich habe gestern erfahren, daß ihn der Wälsche fohr di klünge
zu fortern gedräuet hat, weil er mit seiner Lihbsten etwan einmahl zu fräundlich mahg gerädet haben; dahähr ihm diser arg-
wähnische, schähl-sichtige mänsch straks eingebildet hat, daß er
ihm di seinige abspänstig machchen würde. Ach! mein Her,
(sahgte si lätslich mit tühf-geholhten seufzen) ich bitt' ihn üm
ihrer träuen fräundschaft wüllen, er wolle mihr jah nichts ver-
schweigen, nahch-dähm mahl seine sachchen mihr so wohl an-
gähen, als ihm selbsten: dahr-gegen sei er widerüm versichchert,
daß ich mich durch meine wenige dihnste, bei aller führ-fallenden
begähbnüs, meinem Hern widerüm annähmlich machchen wärde.

[1] Strümpfe und Handschuhe

Markhold sahe wohl, daß es nuhr ümsonst wäre, dise sachchen
weiter zu vertuschen, drüm baht er di Tugendreich üm verzeuhung, daß er sich hätte bemühen wollen, si hinter der wahrheit hin zu führen. So-färne mihr aber meine Jungfrau (sahgt' er)
nuhr dise zusage leisten wolte, daß si weder ihrem Lihbsten,
noch einigem mänschen etwas von disem handel, welchen ich
ihr izund entdäkken wärde, wül märken lahssen: so wärd' ich
mich nicht weigern, ihr, als dehr so ein grohsses an ihres Lihbsten wohl-stande gelägen ist, das-jenige zu offenbahren, welches
ich auch fohr meinem bruder selbst wolte verschwigen halten.

Härz-währt verweilte sich zimlich lange, und lihs seinem
fräunde zeit genug, der näu-gihrigkeit seiner Lihbsten gnüge
zu tuhn: und Markhold erzählt' ihr seinen traum, dehn er di
fohrige nacht gehahbt, und alles, was sich dahr-auf begäben
hätte; ausgenommen das entleiben des Lauter-muhts wolt' er
noch nicht so-bald entdäkken, damit er durch solche traurige
zeitung ihre fräude nicht foländ zerstöhren möchte.

Aber es wahr auch ümsonst, daß er solches verbärgen wolte:
dan er hatte seine räde nicht so bald geändiget, als das geschrei
schohn unter di geselschaft kahm, daß der Wälsche den Lauter-
muht erstochchen hätte, und selbsten in der flucht von einer
andern rotte, so vihlleicht dem Lauter-muht hätte wollen zu
hülfe kommen, entleibet worden. Dan der Föchtmeister, welcher
den Wälschen und den Lauter-muht wohl kante (weil si sich fohr
disem alle-beide seiner unterweisung gebraucht hatten) wahr
ohn gefähr des wäges, da sich dise schlägerei begäben, nahch
Karanton zu, fohrbei gewandert; und hatte solches nahchmahls
bei seiner wider-kunft der wirtin des Lauter-muhts angesaget.

Di ganze Versamlung ward über diser unanmuhtigen zeitung
dehrmahssen bestürzt, und so häftig betrübet, daß sich anfangs
ihre lust und fräude in ein über-mähssiges weh-klagen und un-
lustige verwürrung veränderte. Seine tisch-fräunde stunden in
solcher angst, als wan si alle mit einander führ di köpfe geschlagen wären, und wusten nicht was si begähen solten. Der eine teil
ging zu pfährde, entweder den tähter zu suchen, oder aber den
leichnam ihres Lauter-muhts auf zu höben: dan si wusten nicht,
daß Härz-währt dahrbei gewäsen wahr, und den entleibten

schohn hatte beschikken lahssen. Di andern stunden noch im
zweifäl fohr der tühren, nahch einer vihlleicht gründlichern
zeitung zu warten, und hatten allen wohl-stand[1], dehn si däm
Frauen-zimmer zu leisten schuldig waren, aus der acht gelahssen,
also, daß ihm nihmand mehr aufwartete, als unser Markhold,
welchen der Härz-währt, als er hinaus gegangen wahr, seiner
Lihbsten auf zu dinen gebähten hatte. Das ganze Frauen-zimmer
stund in trähnen; und weil es meisten-teils des Lauter-muths
kundschaft gehabt hatte, so wahr es so häftig betrühbt, daß sich
auch etliche fast nicht wolten tröhsten lahssen. Aber wi sehr dise
deutsche Mänsch-göttinnen (dan si waren meistenteils entweder
hohch- oder nider-deutsche) den traurigen zustand des Lauter-
muhts bejammerten, so konten si doch (welches hohch zu verwundern wahr) di Lihbste des Eiferichs nicht bewägen, daß si
nuhr etliche zähren vergossen hätte, da si doch wohl vernommen
hatte, daß nicht alein Lauter-muht, sondern auch ihr Lihbster
selbst das läben eingebühsset. Jah si sahgte frei häraus, (als ihr
Markhold dises fohrhihlt) es wären solcher Leute noch mehr in
der wält, und si frahgte nahch dem Eiferich so vihl nicht, wan
nuhr Härz-währt noch läbete. Dises sahgte si heimlich zu ihm,
daß es di Tugendreich nicht hören solte: aber Markhold gahb
ihr solch-einen harten blik, daß si leichtlich verstähen konte,
was er führ gedanken hätte.

    Man saget sonst ins gemein, daß di Hohchdeutschen träu-
beständig, di Wälschen Libes-eifrig, oder schählsichtig, und di
Franzosen leicht-sünnig sein. Wehr nuhn solches nicht gläuben
wül, daß es wahr sei, dehr verfüge sich nuhr hihr-hähr, und
schaue dise drei mänschen-bilder, den Härz-währt, als einen
Hohchdeutschen, den Eiferich, als einen Wälschen, und dise
Franzinne; gleichsam als einen dreifachchen läbendigen entwurf
diser drei Fölkerschaften, mit bedachtsamkeit an. Wahrlich, er
würd nicht läugnen können, daß Härz-währt, als ein Hohch-
deutscher, der aller-träueste, aller-härzhafteste und aller-bestän-
digste sei; daß Eiferich als ein Wälscher, der aller-libes-eifrigste,
aller-schähl-sichtigste und im schändlichen argwahn vertühfteste
wühterich sei; und daß ändlich dise Franzinne, die aller-unbe-

[1] Trost

ständigste, di aller-wankel-mühtigste und aller-leicht-sünnigste sei.

Als si sich nuhn eine guhte zeit in disem traurigen zustande befunden hatten, so lihs Härz-währt dem Markhold heimlich zu-entbühten, er möchte sich doch, so vihl als er immer könte, bemühen, di Tugendreich, daß es di andern nicht gewahr würden, mit sich in den hinter-hof zu führen, alda er ihrer warten wolte. Markhold, dehr ihm seines Fräundes sachchen vihl-mehr als di seinigen selbst angelägen sein lihs, erdachte straks einen rank¹, und lihs di wirtin bitten, si möchte doch durch ihre mahgd der Jungfer Tugend-reich ansagen lahssen, daß man ihr einen bohten geschikt hätte, nahch hause zu kommen.

Diser fund ging mehr als gewündscht von statten; dan, nahch-dähm di schöne Tugendreich von der ganzen geselschaft ab-schihd genommen hatte, so begleitete si der Markhold, und gahb ihr im hinaus-führen zu verstähen, daß si nicht nahch hause, sondern zu ihrem härz-allerlihbsten, dehr ihrer im hinter-hofe wartete, beruhffen wäre: und baht si mit solchen bewähglichen worten, daß si sich doch nicht weigern wolte, ihren Härz-währt noch dises einige mahl zu vergnügen; dan er würd' ihr ohne zweifäl noch fohr seinem abzuge di lätste guhte nacht wündschen wollen. Di lätste gute nacht (huhb si mit härz-brächchenden seufzen an) das sei färne! ich hoffe noch zu fohr mehr, und der bästen nächte mit ihm zu genühssen, eh er mihr di lätste gäben sol.

Jah (fihl ihr Markhold in di räde) meine Jungfrau hat freilich der bästen noch zu genühssen, und diser abschihd sol dahrüm nicht der aller-lätste sein, sondern in kurzen, wan es di zeit und gelägenheit ein wenig leiden würd, durch eine hohch-erfräuliche widerkunft erstattet wärden.

Inzwischen näherten si sich dem Härz-währt, welcher mitten im hofe in solchen tühffen gedanken stund, daß er anfangs ihrer ankunft nicht gewahr ward. Markhold, nahch-dähm er ihm mit seiner Lihbsten eine guhte weile zu-gesähen hatte, huhb ändlich an und sahgte; mein bruder! ich bin seinem befähl träulich nahch-kommen, und habe disen hohch-währten schaz, welchen er mihr

¹ eine List

anvertrauet hat, nicht alein wi meinen aug-apfel selbst bewahret,
sondern ihm auch hihr gegenwärtig, seinem begähren nahch,
widerüm überlüfern wollen.

Er überlüfert mihr freilich (gahb er zur antwort, nahch-dähm
er sich gegen ihn bedanket hatte) einen sehr hohch-währten
schaz, welchen ich mehr als mein läben libe, und an dehm mein
härz nuhr alein hanget, aber ich wärd' ihn bald widerüm ver-
lühren müssen: und Si, aller-schöhnste Tugendreich (sahgt' er,
und wändete sich nahch seiner Lihbsten zu) würd mihr höhch-
lich verzeuhen, daß ich so unhöhflich gewäsen bin, und ihr an-
muhten dürfen, zu mihr zu kommen, da es mihr doch vihl
bässer angestanden wäre, wan ich meiner Schönen, ihr dise tritte
zu ersparen, selbst auf-gewartet hätte. Aber, weil es di hohe noht
erfortert, und ich solches, aus uhrsachchen meines izigen unglük-
säligen zustandes, noht-drünglich tuhn müssen, so darf ich auf
nichts mehr gedänken, als wi ich mein unglük beklagen, oder
vihl-mehr mich aus einem noch instähenden ärgern[1] rätten sol.
Dahr-üm wül ich si meine härz-allerlihbste (mit disen worten
fihl er ihr üm den hals) der götlichen obacht träulich befählen,
mich aber ihrer ungefärbten härzlichen Libe!

Uber solchen räden kahmen ihr di trähnen mildiglich härab
geflossen, und er konte führ schmärzen kein wort mehr machchen, als; mein härz, meine Sonne gehabe sich wohl! si gehabe
sich wohl! und meine härz-allerlihbste bleibe beständig, gleich
wi ich beständig bleiben, und der ihrige stärben wül.

Mit disen worten schihd er von ihr, und säzte sich mit seinem
Markhold zu pfärde, damit er sich (ehe dise händel führ di obrig-
keit gebracht würden, und ihm nicht etwa zum schümpfe ge-
reichten) in die Nord-männische gränze begäben möchte.

Also machten sich dise beiden Fräunde auf den wähg, und di
trühbsälige Tugend-reich, welche fohr grohssem weh-leiden
kein einiges wort-glihd zu wäge bringen konte, verfolgte si mit
den augen so weit, als si immer konte. Da reitet nuhn dehr-jenige
hin (gedachte si bei sich selbst) dehr dihr bis-hähr so manche
stunde versühsset hat, und nuhn ins künftige alle mit einander
verbittern würd! wehr würd mich arm-säligen hihr in der fremde

[1] bevorstehenden Leid

tröhsten, nuhn mein einiger trohst hin ist! doch was beküm-
merstu dich, meine Sehle (sprahch si ihr selbst zu) du hast vihl-
mehr zu wündschen, daß es ihm wohl gähe, und daß er glüklich
möge widerüm zurükke gelangen.

Wi manche seufzer täht si, wi mancher trahn fihl ihr aus den
augen, eh ihr Markhold von ihrem Lihbsten ein schreiben zurük
brachte; ein solches schreiben, welches si seiner träue ver-
sichcherte, welches si in ihrer trühbsahl tröhstete, und ein wahres
märk-zeuchen seiner beständigen libe wahr.

GEORG PHILIPP HARSDÖRFFER

1607–1658

Harsdörffer entstammte einer Nürnberger Patrizierfamilie. Mit 16 Jahren bezog er 1623 die neuerrichtete Universität Altdorf, um Jura zu studieren, und drei Jahre später siedelte er nach Straßburg über, wo er seine Studien unter Matthias Bernegger fortsetzte. Im Jahre 1627 begann er seine *grand tour* nach Frankreich, Holland und Italien, wo er bis 1630 verblieb und mit den italienischen Kunst- und Sprachakademien in Berührung kam. Nach seiner Vaterstadt zurückgekehrt, heiratete er und trat eine Stelle in der Stadtverwaltung an. Die zweite Hälfte seines Lebens verlief äußerlich ereignislos. In diesen Jahren aber verwirklichte er manche der Pläne, die er schon in Italien gefaßt hatte, und erzielte große literarische Erfolge. Mit seinem Freund Johann Klaj pflegte er die Schäferdichtung und gründete 1644 den noch heute bestehenden ,Pegnesischen Blumenorden', wobei Klaj den aus Sidneys *Arcadia* entnommenen Namen ,Clajus' und Harsdörffer den seines Freundes ,Strephon' wählte (s. oben S. 43).

Harsdörffer verdankt einen Teil seines literarischen Ruhmes dem *Poetischen Trichter* (1648–53), der dem Leser „die Teutsche Dicht- und Reimkunst ohne Behuf der lateinischen Sprache in sechs Stunden" beibringen sollte. Er veröffentlichte auch viele Übersetzungen aus dem Französischen und Italienischen sowie Kompilationen, unter denen *Die Frauenzimmergesprächspiele* (8 Bde., 1642–49) einen grossen gesellschaftserzieherischen Einfluß ausübte. *Der Grosse Schauplatz Lust- und Lehrreicher Geschichte* (1650) ist eine Sammlung von zweihundert Anekdoten, von denen die hier folgende als Beispiel dieser knappen Erzählungsform dienen mag. Solche Anekdoten kommen auch häufig im Rahmen der größeren Romane vor. ,Die angenehme Straff', eine Anekdote, die mehr als zwanzig Jahre vor der Schlacht bei Fehrbellin erschien, ist auch interessant wegen ihrer thematischen Ähnlichkeit mit Kleists *Prinz Friedrich von Homburg*.

Der Grosse Schau-platz Lust- und Lehrreicher Geschichte

Die angenehme Straff
(1650)

Die Bestraffung ist ein Salat, darzu man mehr Oehl als Essig gebrauchen soll. Die gröste Gerechtigkeit, ist die gröste Ungerechtigkeit. Der Immen-König hat keinen Stachel, welchen die andern Hönigsvögelein in jhre süsse Arbeit eintauchen. Die Liebe und Wolthätigkeit bindet stärker, als die Furcht. Wen GOtt in das Regiment gesetzt, der soll sich nicht als ein Teuffel erweisen, sondern vielmehr jenes Barmhertzigkeit, als dieses Unbarmhertzigkeit nachahmen, wie wir Teutsche auch in dem Sprichwort zusagen pflegen: Gestrenge Herren regieren nicht lang.

2. Dieses hat wol verstanden der berühmte Marschal von Brissac, als er an statt deß Königs in Frankreich, ein Heer in Welschland geführet, und sich so wol durch Verstand als Tapferkeit beliebt und belobt gemacht. Unter andern aber ist sonderlich merkwürdig, was sich in der Belägerung Vigual, in Montferat Begeben.

3. Er hatte die Mauren besagter Statt mit den schweren Stücken[1] gefället, doch dergestalt, daß sie noch schwerlich zuübersteigen, deßwegen der Kriegsraht versamlet und berahtschlagt wurde, was ferner vorzunehmen seyn möchte. Es wird der Schluß gemacht, man solte mit den groben Stücken den Fuß der Mauren gar zu grund legen, und wann solches geschehen, mit der Trompetenschall das Zeichen zu einem allgemein Haubtstürmen geben: Bevor aber soll kein Soldat bey Lebensstraff anfallen.

4. Boissy, einer von den behertzten Haubtleuten in dem gantzen Heer, sahe in den Lauffgräben, daß über die Mauren, nach seiner Meinung, wol zukommen, und spricht seinen Soldaten zu, sie solten folgen, und mit jhm Ehre einlegen, ob gleich

[1] Kanonen

das Zeichen mit der Trompeten noch nicht erschallet; und
ersteigt also die Mauren, treibet die Besatzung ab, macht nider,
was sich ihm entgegen setzet, daß der Herr von Brissac gezwungen worden, jhn zuentsetzen[1], und zu den Stürmen blassen zulassen.

5. Daß hierauf eine Plünderung, und endliche Zerstörung deß
Orts erfolgt, ist leichtlich abzunehmen. Die Soldaten, deren
Verstand mehr in den Händen, als in dem Hirn ist, lobten Boissy,
als den Ursacher solches Sieges und so reicher Beuten. Der Feld-
herr aber und alle hohe Befehlshaber, achteten diese glückselige
Vermessenheit mehr Straf- als Ruhmwürdig, weil er den er-
gangenen Befehl überschritten, und sich samt seinen gantzen
Fahnen in unzeitige Gefahr begeben.

6. Damit die tapfere und unbedachtsame That der Kriegszucht
kein Nachtheil bringen möchte, hat sich der Herr von Brissac,
nach etlichen Tagen befragt, wer der erste in der Statt gewesen
(als er nicht wusste, was Boissy gethan) und desselben Dapferkeit
gerühmt, auch mit möglichster Beförderung dankbarlich zuerkennen versprochen. Boissy war zugegen, und drengt sich
sobald hervor, dem Marschal die Hand zuküssen, und einer
solchen hohen Gnade fähig zuwerden, wird aber von dem Ge-
waltiger Handfest gemacht, in die Eisen geschlossen, und mit
dem Strang bedraut, aus vorgemelden Ursachen.

7. Hier hatte Boissy Zeit zugedenken, daß jhn sein Glück
hoch erhaben, wie der Adler die Schildkrotten, damit sein Fall
so viel gefährlicher seyn möchte. Nach dem er nun eine Zeit in
Verhafft gewesen, lässt der Feld-Marschall sein Heer mustern,
und nachdem solches geschehen, Boissy auß der Gefängschafft
herfür ziehen, und Standrecht (also genennt, weil man darbey
zustehen pfleget, und die Sache mehrmals aus dem Stegraif
verabschiedet, da das Sitzen reifes Nachsinnen bedeutet) über
jhn halten.

8. Boissy wird zwar zum Todt verurtheilt, jedoch mit der
Richter Vorbitte, daß man jhm Gnade sol widerfahren lassen.
Boissy ist zusterben entschlossen, und bittet allein, daß solcher

[1] zu unterstützen

Tod jhn durch seine Brüder, und nicht durch den Nachrichter angethan werden möchte.

9. Boissy, sagte der Marschall, du siehest in was Angst dich deine blinde Tapferkeit oder vielmehr Verwegenheit gesetzt hat. Behertzt seyn, ohne Gehorsam ist mehr sträfflich als löblich. Weil du dich aber selbst deß Tods würdig achtest, will ich glauben, daß du als ein unverständiger verurtheilt worden; nun aber von mir, als ein klügerer Soldat, frey und loß gesprochen zuwerden verdienet hast. Ich schenke dir das Leben, und diese guldne Ketten, welche dich erinnern soll deiner Gefängschafft, und daß du deinen vorgesetzten Befehlshabern zu gehorsamen verbunden, und nach dem sie dich beordren werden, deine Schuldigkeit erweisen solst.

10. Hierbey liesse es dieser kluge Herr nicht verbleiben, sondern schenkte jhm auch ein Pferd, Pistolen, und aller andrer Zugehör, nahm jhn auch samt allen seinen Soldaten unter sein Leib-Regiment, und hielte jhn lieb und werth. Dieses ist bey dem gantzen Heer erschollen, und hat den gemeinen Soldaten eine Furcht eingejagt, und zu schuldigem Gehorsam angehalten, welche jhres Feldherrn hohen Verstand und Freygebigkeit nicht sattsam ausloben können.

11. Wann man die Kriegszucht zu unsren Zeiten betrachtet, ist selbe leider fast gefallen, weil die Bezahlung, welche derselben Band ist, ermangelt; theils wegen der außgezehrten Länder, theils wegen der hohen Befehlshaber Geltgeitz, und der Soldaten grosser Dürfftigkeit, die mehrmals nicht Wasser und Brod haben, da man doch denen auf den Tod ligenden armen Sündern nicht weniger geben kan. Gewiß, wann GOtt die Gemüter so vieles unverständigen Pövelvolks nicht sonderlich regierte, sie solten sich so vielem und stetem Ungemach, als da ist, Regen, Frost, Hitz, Schantzen, Wachen, Ziehen, Hunger, Durst, und daraus erfolgenden Krankheiten nicht unterwürffig machen,
wann man jhnen auch richtig doppelten Sold
zahlen würde, da sie doch solches alles
fast ohne Geld ausdauren.

ANDREAS HEINRICH BUCHOLTZ

1607–1671

Leben und Werk von Andreas Bucholtz tragen das Gepräge seines Luthertums. Als Sohn eines Kirchensuperintendenten in Schöningen bei Halberstadt geboren, studierte er Theologie an der Universität Wittenberg, wo er 1630 den Magistergrad erwarb. Er bekleidete verschiedene Ämter und war am erfolgreichsten in seiner Tätigkeit an der Universität Rinteln, wo er seit dem Jahre 1638 Theologie und Philosophie las und 1641 zum Professor der Theologie ernannt wurde. Der entscheidende Augenblick in seiner Laufbahn kam 1647 mit dem Ruf nach Braunschweig als Prediger und Professor der Theologie. In beiden Ämtern zeichnete er sich aus. Im Jahre 1664 erhielt er die Stelle des Superintendenten, die er bis an sein Lebensende innehatte.

Vieles von dem, was Bucholtz schrieb, war religiösen Inhalts. Manche seiner *Geistlichen Poemata* (1651) wurden in lutherische Gesangbücher aufgenommen, und in seinen späteren Jahren verfaßte er mehrere Erbauungsbücher, die dem damaligen Geschmack entgegenkamen. Daß er aber auch die ‚weltliche Dichtung‘ zu schätzen wußte, beweisen seine Übersetzungen der horazischen *Oden*. Sein lutherischer Glauben wie sein literarisches Bestreben fanden Ausdruck in den beiden Romanen *Herkules und Valiska* (1659) und *Herkuliscus und Herkuladisla* (1665). Diese Werke gehören zu den frühesten Beispielen der sogenannten ‚heroisch-galanten‘ Romane. Sie sollten den immer noch populären *Amadis*, der „freche Liebe" lehrte, durch gesunden und erbaulichen Lesestoff für junge Leute ersetzen. Die Geschichte von Herkules enthält eine Menge packender Abenteuer; doch der Held ist ein christlicher Mustermensch im Stil des siebzehnten Jahrhunderts – gottesfürchtig, tapfer und fromm. Die Auszüge aus dem ersten Buch von *Herkules und Valiska*, die hier folgen, sollen den Stil und die Struktur seiner Romane veranschaulichen.

Herkules und Valiska

(1659)

Die Ereignisse spielen sich ungefähr zwei Jahrhunderte nach der Geburt Christi ab. Herkules, der Sohn eines deutschen Fürsten, und sein Freund Ladisla, der Sohn des Königs Notesterich von Böhmen, befinden sich in Rom. Herkules hat sich der christlichen Gemeinde angeschlossen, während Ladisla sich dem neuen Glauben seines Freundes gegenüber skeptisch verhält.

Die wunderschöne Morgenröhte, welche dem silberbleichen Monde seinen Schein zu rauben sich bemühete, war auß ihrem Lager kaum hervor gekrochen, da erwachete Herkules vom Schlaffe, stieg seiner Gewonheit nach, sanfte auß dem Bette, daß sein Freund Ladisla dessen nicht gewahr wurde, legte sich auff die Knie, und betete in herzlicher Andacht seinen Christlichen Morgen-Segen. *Du grosser GOtt,* (sagte er mit leiser Stimme und erhobenen Händen) mit was Inbrunst sol ich deiner Barmherzigkeit mein schuldiges Danckopffer leisten: daß du mich diese Nacht und die gantze Zeit meines Lebens so gnädig und väterlich bewahret hast, vor des Teufels List und Gewalt, vor bösem schnellen Tode, vor Kranckheit und andern schädlichen Fällen, durch welche ich ohn wahre Busse meiner vielfältigen Sünden plözlich hätte untergehen und ewig verderben können. Dir sey Dank in Ewigkeit, mein Schöpfer, vor diesen gnädigen Schuz meiner Seelen und Leibes. Gesegne und heilige alles mein Tuhn heut und die folgende Zeit meines Lebens; Verzeihe mir alle begangene Sünde, und bewahre mich heut diesen Tag, daß ich nicht in muhtwillige Unthaten falle, die wider das Gewissen streiten, und deines Geistes Einwohnung von uns treiben. Nimm mich unter die Beschirmung deiner Flügel, daß mich kein Unfall erlege; gib daß dir alles mein Tuhn gefallen möge, und wende von mir was mir an Leib und Seele schaden kan. HErr mein Gott, dir befehl ich meine liebe Eltern, Bruder, Schwester und Anverwandten; bekehre sie von dem heydnischen Irtuhm; und wie du mich auß lauter Güte und Barm-

Aus *Herkules und Valiska*
(Exemplar des British Museums London)

herzigkeit auß der schnöden Unwissenheit gerissen, und in die Klarheit der Erkäntniß deines Sohnes meines Heylandes versetzet hast, also handele auch mit ihnen allen, nicht nach ihren Sünden, sondern nach deiner Güte, daß ihnen, HErr Gott, dein heiliger Nahme, und den du uns zum Heil gesand hast, Jesus Christ kund werde, Amen.

Hierauff sprach er das heilige *Vater Unser*, den *Christlichen allgemeinen Glauben*, und etliche Buß Gebeht Davids; und als er seine Andacht mit diesen Worten endigte: *O mein HErr Jesus Christ, dir lebe ich, dir sterbe ich, dein bin ich todt und lebendig;* Da erwachete sein Freund Ladisla; und wie derselbe gewohnt war sein Gebet und Gottesdienst gering zu achten, sagte er zu ihm: Herzlieber Bruder, wann dein Jesus so mächtig wäre, wie du und andere Christen ihn halten, alsdann könte es nicht fehlen, er müste an statt deines verscherzeten GroßFürstentuhms, wo nicht ein grösseres, zum wenigsten gleichmässiges Königreich dir schenken, weil du bloß üm seinet willen deines Vaterlandes müssig gehen, und deines angebohrnen Erbes must entsetzet seyn; sehe aber noch zur Zeit nicht, daß sichs im wenigsten darzu schicken solte.

Herkules, nach seiner Christlichen Sanftmuht, antwortete ihm: Liebster Bruder, ich bin deines Gespöttes nunmehr fast gewohnt, welches mich zwar schmerzet, und doch auß Hofnung, dich der eins zu gewinnen, es gerne gedulde; Zweiffele aber nicht, da in meinem Gebet bey meinem HErrn Jesus ich üm mein angebornes GroßFürstenthum oder andere weltliche Herrschafften anhielte, würde er mir solches nicht wegern, bevorab, wann es mir und seiner Christlichen Kirchen heilsam und ersprießlich währe. Aber mein Heyland weiß, daß ein solches bey ihm ich durchauß nicht suche, sondern ihm von grund meiner Seele danke, daß er einen so trefflichen Tausch mit mir gehalten, und vor einen engen Winkel dieser unsaubern Welt, mir das grosse heilige Reich seiner Gnaden geschenket, und durch sein vollgültiges[1] Blut mich von Sünden abgewaschen hat; Ja mein Bruder, wann du die Herrligkeit, deren ich schon in fester Hofnung geniesse, mit den Augen des Glaubens erkennen und

[1] heilbringend

betrachten köntest, bin ich schon versichert, du würdest zugleich mit mir alle Irdischeit dieser Welt vor stinckenden Koht, und was du Herrschafften nennest, vor eine schlimme Dienstbarkeit halten; dann so viel das große Sonnen-Liecht eine angezündete Kerzen übertrifft, ist die himlische Seligkeit höher, als alles köstliche dieser Welt zu schätzen; Warum solte ich dann nach meinem verlohrnen GroßFürstentuhm einiges Verlangen tragen, wann um dieser faulen Erdschollen willen, ich die allerköstlichste Perle des Himmelreichs müste in die Schanze setzen. O nein, mein Freund, GOttes Gnade ist grösser bey uns Christen, als daß wir dieselbe üm dasselbe vertauschen wolten, was auch wol vernünfftige Heyden vor nichtig gehalten haben.

Er wolte weiter reden, aber Ladisla fiel ihm also ein: Genug mein Bruder, genug vor dißmahl, ich weiß schon wol, daß von deiner eingebildeten Pfafferey ich dich heut nicht abbringen werde. So wirstu aber, antwortete er, deinem gestrigen Versprechen gnug tuhn, und mit mir die Christliche Versamlung besuchen, üm zu vernehmen, und mit Augen anzusehen, wie fälschlich wir unschuldige Christen von den heidnischen Verfolgern verleumbdet, und, weiß nicht, welcher abscheulichen Sünden beschuldiget werden. Ja wol, sagte Ladisla, es ist mir zwar mein Verbrechen (wolte sagen mein Versprechen) schon halb leid, als der ich fürchte, meine Götter, durch Beywohnung solcher abergläubischen Sachen, höchlich zu beleidigen; jedoch, weil geschehene Zusage auffzuruffen, einem Bidermanne nicht anstehet, und ich auß Liebe zu dir, wol ehe wider meine Götter gehandelt habe[1], wil ich mich fertig machen, mit dir zu gehen; wiewol mit dem Bedinge, daß weder du, noch einiger Christ mich nöhtige, euren Sitten und Andachten mich gleich zu stellen, ausser dem, was die Erbarkeit mich heissen wird, alsdann wil ich hinwiederum in aller stille, und ohn gegebene ärgerniß euren Gottesdienst ansehen, als lange ich hören werde, daß nichts Gotteslästerliches wider meine Götter geredet wird; dann sonst würde ichs nicht lange machen, sondern diese Herberge bald suchen.

[1] gegen meine Götter schon gehandelt habe

Daß deiner vermeinten Götter keine Meldung geschehen sol,
sagte Herkules, habe ich bey dem Ehrwürdigen Lehrern bitts-
weise erhalten; und pfleget man ohn das deren in Predigten
wenig zu gedencken, weil fast alle mahl heimliche Aufmercker
sich finden, ob sie etwas erschnappen mögen, wodurch wir
Christen in Noth und Gefahr ja um Leib und Leben können
gebracht werden. Wann aber unsere Lehrer ümher gehen, die
Gläubigen zu besuchen, und sie in ihrem Christentuhm zu
stärcken, alsdann werden wir zu aller Gnüge unterrichtet, was
vor ohnmächtige Götzen euer Jupiter, Mars, Vulkahn, Neptun,
und andere ihres gleichen seyn, weil sie kein wahres lebendiges
Wesen, viel weniger eine allmächtige Krafft, sondern nur der
lügenreichen Fantasten ihre Tichtereyen sind, nach deren Träumen man sie nachgehends auß groben Holz und Steinen ge-
schnitzet und gehauen, und mit weiß und roht, welches endlich
Mäuse und Ratzen abnagen, zierlich angestrichen hat. O der
elenden, O der närrischen Gottheit! Mir zweifelt nicht, wann
das Arkadische Thier nur von Saktragen muhs hätte, und ein
Krühmlein Verstandes, wolte ich ihm diese heydnische Thorheit
mit leichter Mühe zu erkennen geben. Aber damit wir uns nicht
auffhalten, noch ich deinen Götzeneiver reize, meines Heylandes
zu spotten, wollen wir uns auff den Weg machen, dann ich weiß,
daß dem Gottesdienst der Anfang schon gemacht ist, und ich
mich schämen muß, einer von den letzten zu seyn, der ich billich
der erste bin, um, meinem GOtt vor seine unaußsprechliche
Gnade zu dancken, die er mir armen Sünder in meiner Bekehrung erzeiget hat. Ladisla hatte sich schon gespitzet, seinen
Götzen das Wort zu sprechen; aber Herkules fassete ihn bey der
Hand, und führete ihn zur Kammer hinauß. Also giengen sie
beyde dem Orte zu, wo Herkules wuste, daß sich die Gläubigen
zu versamlen, und ihres Gottesdienstes in aller stille abzuwarten
pflegeten.

*Ladisla erhält Nachricht aus Böhmen, dass sein Vater gestorben ist;
als Thronfolger soll er nach Prag zurückkehren, um seine Erbschaft
anzutreten. Da er jedoch vorher einen Ritterzug unternehmen will, verlassen die beiden Freunde Rom und gehen auf Abenteuer aus. Sie werden*

mehrmals von Räubern überfallen, wehren sich tapfer, und gelangen
schließlich nach Ravenna, Mantua und Verona.

Als sie von Verohn nach Padua in einem Walde etwas irre ritten,
höreten sie gar von ferne ein Geschrey etlicher Weiber, die sich
kläglich hielten, ob wolte man ihrer Keuschheit Gewalt anlegen,
daher Herkules zu Ladisla sagte: Mir zweiffelt nicht, diese
Schreyende werden unser Hülffe hart benöhtiget seyn, wann
wir nur mit unsern Pferden zu ihnen gelangen könten; Aber
ihre Bemühung durch das Reisich zu brechen, war umbsonst,
stiegen deswegen ab, gaben ihren Dienern die Pferde zu halten,
und giengen im vollen Harnisch mit Schild und Schwert dem
jämmerlichen Geschrey nach, welches sich stets mehrete, nach
dem es ein wenig auffgehöret hatte. Als sie nun die dornichten
Hecken nicht ohn Mühe durchgekrochen, kamen sie auff einen
lustigen grünen Plaz, mit hohen Bäumen zimlich weit von einander besezt, daselbst erblicketen sie fünff starke grosse Männer
mit blossen Schwertern, welche drey sehr schöne Weibesbilder
vor sich auff der Erden liegen hatten, die sich mit Händen und
Füssen umklemmeten, und wie Schlangen sich zusammen wickel-
ten; Die jüngste unter ihnen wahr mutternacket, die zwo übrigen
nur mit einem zarten Hemde bekleidet, und lagen ihre bunte
Seidene mit Gold gestickete Kleider halb zurissen, etliche Schritte
von ihnen.

So bald unsere Helden von diesen Räubern gesehen wurden,
musten sie ihr Anschreihen hören, daß sie stille stehen, und
ihrer Ankunfft Ursach melden solten; auch traten ihrer viere
(deren drey gepanzert wahren) alsbald zu ihnen ein, in Meynung,
sie durch pochen[1] zu erschrecken, brülleten mit scheußlicher
Stimme, was vor Unglück sie daher führete, ihren lezten Odem
hie zu endigen. Unsere Helden hatten ihre Helme unter dem
Arme, daß man ihre Gesichter erkennen kunte, und verwunderten sich die Räuber über Herkules trefflicher Schönheit dermassen, daß der ansehnlichste unter ihnen zu seiner Gesellschaft
sagete: Ihr Brüder, ich lasse euch jenen unsern Raub zu eurem

---

[1] Lärm

Willen über, wann ich nur diese (auff Herkules zeigend) zu
meinem Buhlen haben mag, welche ausser Zweifel von guter
Kühnheit seyn, und sich meiner Art viel vergleichen muß, weil
sie sich im Harnische darff finden lassen; und wie könte so
trefliche Schönheit einem andern, als Weibesbilde beywohnen?
Herkules gab ihm zur Antwort: Als viel ich merke, dürffte
ich schier in dieser Wildniß einen zahmen Buhlen bekommen;
aber du must mir meine Weise nicht verübeln, daß ich keinen
Liebhaber annehme, der nicht zuvor einen scharffen Streit mit
mir versucht hat; setzete hiemit, wie auch Ladisla, den Helm
auff, und bereiteten sich zum Ernste. Dieser aber rief ihnen zu,
sie solten sich nichts widriges zu ihnen versehen; steckete sein
Schwert ein, und trat ihnen näher, um ein LiebesGespräch mit
Herkules zu halten; der ihm aber, angesehen seiner viehischen
Leibesstärke nicht trauen wolte, sondern hieß ihn zurük bleiben,
oder des Angriffs gewärtig seyn.

Der Räuber schätzete diese Dräuung geringe, und in dem er
auff ihn zugieng, sagte er: Schönes Lieb, leget euren schweren
Harnisch ab, und werdet mir in der Liebe zu willen, weil es
anders doch nicht seyn kan, ich wil mich versichert gar freundlich zu euch halten, und meine Küsse anzubringen wissen, daß
euch nach mehren verlangen sol; griff auch mit der rechten Hand
nach ihm, in Meynung, sein alsbald mächtig zu werden; aber
Herkules schlug ihn mit seines Schwertes Fläche (dann er ihn
vorsezlich nicht verwunden wolte) über die Faust, daß er sie
saursichtig nach sich ziehen muste, und sagte zugleich: Du
unflätiger Schelm, wiltu auch noch Gewalt brauchen? bald nim
dein Schwert in die Faust, oder ich werde dich dannoch nieder-
machen.

Der Wüterich zog hierauff von Leder, und nam nur Herkules
Hiebe auß[1] (der ungeseumet zu ihm einstürmete), vermahnete
ihn auch noch immerzu, einzuhalten, und ihm zuvor seine Be-
gierden zu vergnügen, alsdann wolte er ihm hernach Streits
nicht versagen, wann es anders nicht seyn könte. Aber Herkules
achtete seiner Rede nicht, sondern traff ihn, weil er ungepanzert
wahr, in die Seite, daß das Blut häuffig hervor sprützete; wo-

[1] parierte

durch dieser seine Liebesgedanken aufgeben, und rechtmässige
Gegenwehr, mit Schwert und Schild vornehmen muste, sagte
auch mit grausamer Stimme: O du Elende, ob ich gleich nie kein
Schwert über ein Weibesbild gezücket, so verdienet doch deine
Verwägenheit, daß du gezüchtiget werdest; fiel auch mit solchem
Ungestüm auff ihn, daß er seiner Wuht drey Schritte weichen
muste, dessen er sich vor Ladisla nicht wenig schämete; fassete
doch bald wieder stand, und nam seiner Schanze fleissig wahr.
Sie trieben das Gefechte über eine Viertelstunde ohn auffhören,
daß die Anwesende sich dessen verwunderten.

Der Räuber hatte Zeit seines Lebens solchen Widerstand nicht
erfahren, weil er nicht allein ein Baumstarker Mann, über vierde-
halb Ellen lang, sondern auch der beruffenste Fechter wahr, und
niemand, der ihn kennete, ihn bestehen durffte; Daher nam ihn
wunder, daß in Weibes Armen, wie er ihm gänzlich eingebildet,
solche Krafft seyn solte, und sagte zu ihm: Jungfrau, ich weiß
nicht, ob ich euch vor ein Gespenst halten sol, daß ihr euch
meiner Gewalt so lange erwehret. So hältestu mich nun vor ein
Gespenst? antwortete er; ich dich aber vor einen Räuber und
Jungferndieb; werde dir auch meine Fäuste noch etwas besser
zu erkennen geben. Damit gieng der Kampff wieder an, und
ward Herkules oben am Halse verwundet; welches ihm aber sein
gutes Herz nicht minderte, sondern trieb den Feind so lange um,
biß ihm ein Unterhieb geriet, mit welchem er ihm den Ellen-
bogen spaltete, daß er das Schwert auß der Faust fallen ließ, und
vor Schmerzen laut schrihe; aber Herkules doppelte den Streich,
und lösete ihm damit den ganzen Arm von der Schulder, daß
ihm derselbe nur an der Haut hangen blieb, womit er zu Bodem
stürzete, wie ein Ochs brüllete, und sich auf dem Grase welzete,
biß er die gottlose Seele mit dem lezten Blute außbließ.

Die drey gepanzerte Räuber entsetzeten sich höchlich über
diesen Unfall, und überfielen Herkules ingesamt, daher Ladisla
auch nicht feyrete, mit eintrat, und zu ihnen sagete: Ihr Ertz-
diebe, dürffen euer drey sich zugleich wol an eine Jungfer
machen? fassete sein Schwert mit aller Krafft, und spaltete dem
einen den Kopff vonander, daß nunmehr der Streit gleich geteilet
wahr.

Die erschrockenen nackten Weibsbilder höreten zwar den harten Kampff, aber wegen des fünfften Räubers, der ihrer hütete, durfften sie kein Wort reden, noch sich umsehen, weil er das Schwert in der Hand hielt, und sie zu erstechen dräuete, wo sie sich regen würden; nicht desto weniger fassete die jüngste ganz nackete einen Muht, sahe sich um, und ward gewahr, daß schon zween Räuber gestrekt lagen, und die übrigen beyden sich kaum mehr schüzen kunten, daher sie zu ihren Gespielen sagte: Die Götter, geliebte Schwestern, wollen uns vor dißmahl gnädig retten.

Ihr Hüter hatte sich auffgemacht, seinen Gesellen Beystand zu leisten, und als er diese Wort hörete, stund er, und bedachte sich, ob er sie alle drey zuvor erwürgen solte, hätte auch ohn Zweifel diese Mordthat vollzogen, wann nicht Ladisla gleich mit seinem Manne währe fertig worden, daß er sich gegen ihn hätte wenden müssen, als welcher sich dieses Bubenstüks besorgete, und ihm zurieff; dafern er sich an diesen Weibesbildern vergreiffen würde, müste er durch alle Pein sterben.

Hiedurch wurden diese elende dem Tode entrissen, dann Ladisla trieb den Räuber dergestalt umb, weil er ihn zu erschlagen noch nicht willens wahr, daß er ihn von den Weibern abzog, und er hingegen ihnen näher kam, da er sie fragete, ob ihnen auch an ihren Ehren Abbruch geschehen währe; die jüngste aber zur Antwort gab; es währe ihnen die Schande zwar sehr nahe gewesen, aber durch der Götter Schuz, und ihrer beider Hülffe abgekehret und hintertrieben.

Der Räuber selbst fing zu ihm an: Ich weiß nicht, was vor Unselde[1] euch beide lebendige Teuffel daher geführet, uns in unserm Vorhaben zu stören, gleich da wir meyneten, am sichersten zuseyn, und unser Liebe wirklich zu geniessen; fassete damit alle seine Kräffte zusammen, und wagete den äussersten Fall, ob er ihm den Harnisch durchhauen könte.

Immittels dieses hefftigen Streits ersahe die ganz nackete ihr zurissenes Hemdlein, lieff hin, wickelte sich drein als best sie mochte, und setzte sich wieder zu ihren Gespielen, gleich als Ladisla seinen Feind mit einem Stosse in den Unterleib zur

[1] was für Unheil

Erden fellete, daß er mit einem Gebölke[1] die unreine Seele samt
den Mist außschüttete.

Herkules wahr auch seines Gegeners Meister worden, dann
weil ihm die beyden stärkesten und erfahrnesten auffgestossen
wahren, hielt der Kampff ziemlich an, und mattete er sich sehr
ab, daß nach des Räubers Fällung er gezwungen ward, sich nider
zu setzen.

Ladisla aber ging nach erhaltenem Siege zu dem Frauen-
zimmer, taht seinen Helm ab, und nach freundlicher Begrüssung
zeigete er sein Mitleiden wegen ihres Unfalles an, sie daneben
tröstend, weil ihre Zucht und Ehre unverlezt blieben währe,
möchten sie das übrige mit Geduld überwinden.

Diese verwunderten sich seiner guten Gestalt und Jugend
über die masse, und bahten dienstlich umb Verzeihung, daß
wegen ihrer Blösse sie nicht auffstehen, noch ihn gebührlich
ehren könten, wie er solches umb sie verdienet hätte; insonderheit sahe ihn die zuvor ganz nackete, nunmehr halb eingewickelte
mit schamhafftigen Augen an, und baht sehr, er möchte sich so
hoch verdient umb sie machen, und der Röcke einen ihr unbe-
schweret zuwerffen, damit sie sich bedecken könte; welches er
ihr nicht versagen wolte; legte ihr auch denselben ganz höflich
umb die Schuldern, unterdessen die andern einen Abtritt nahmen, und wie best sie mochten, sich in der Eile bekleideten.

Ladisla vergaffete sich an der entblösseten so gar, daß er sein
selbst drüber vergaß, fragete sie doch, ob sie auch meyneten,
daß noch etwas Gefahr vorhanden währe; und als er vernam,
daß ohn die fünff Erschlagene sie keinen Menschen gemerket,
lösete er seinen Harnisch auff, etwas Kühlung einzunehmen, da
dieses Fräulein, ihren dankbaren Willen zu erzeigen, ihm die
hülffliche Hand boht, und dauchte sie, nie keinen so wolgestalten
Ritter gesehen zu haben, setzete auch auff sein inständiges anhalten sich zu ihm in den Schatten des Baums nider, da der gute
Ladisla durch Gelegenheit und Liebe verleitet, sie freundlich
küssete, und mit allerhand Liebesreden sich gegen sie zu allen
Diensten anerboht; worüber das Jungfräulein verursachet ward,
ihn flehlich zu bitten, er wolte doch ihrer Ehren wider sich selbst

[1] Gebrüll

Beschützer seyn, die er auß den Händen der boßhaften Räuber so ritterlich erlöset hätte. Und ob er gleich, sagte sie, mit alle meinem Vermögen mich ihm verbunden hat, zweifele ich doch an seiner hohen Tugend nicht, die mich alles dessen versichern muß, was zu Beschützung meiner Zucht erfodert wird; ich müste sonst dem Himmel klagen, daß er mir eine kurze Freude zugeschicket, und dieselbe mir bald darauff mit der allerbittersten Wermut versalzen hätte, die nichts als den gewissen Todt in mir verursachen würde, gestaltsam meinem Herrn ich zu allen Göttern schwöre, daß, dafern mir einige Gewalt solte angelegt werden, ich nach dem keine Stunde mehr leben wil.

Ladisla erhohlete sich hierauff, lobete ihre Keuscheit in seinem vernünfftigen Herzen, und antwortete ihr: Schönstes Jungfräulein, ich bitte sehr, mir zuverzeihen, daß durch Liebe übernommen, ich mich zuviel unterstehen dürffen, da ich sie doch versichere, daß ich keinen Gedancken zu ihrer Ehrenkränckung gefasset, wie dann solches keinem redlichen Ritter zustehen wil, nur ist mir selbst leid, daß eure außbündige Schönheit mich dahin entzücket[1], wohin ich vor diesem nie kommen bin.

Diese ward nicht allein der Ehren versicherung sehr froh, sondern lies ihr die anmuhtige Zuneigung auch gefallen, daß sie viel freundlicher und kühner mit ihm sprachte als vorhin, insonderheit, weil durch Ehren bezeigung er sein keusches Herz ihr gnug zu erkennen gab.

Herkules hatte sich auch wieder erhoben, zu welchem die andern beyden Fräulein traten, und ihm grosse Ehr und Höfflig-keit erzeigeten, mit Bitte, ihnen zu vergünstigen, daß sie ihm als ihrem Erlöser die Rüstung abzihen, und da er beschädiget währe, seine Wunden verbinden möchten. Zwar er wegerte sich dessen etwas, aber weil sie sahen, daß er der Kühlung benöhtigt wahr, nahmen sie ihm ein Stück nach dem andern ab, wiewol anfangs nur den Helm, da sie über seiner zarten Schönheit sich fast entsetzeten[2], auch der Halswunde gewahr wurden, welche sie bey sanffter Reinigung nicht so gar gefährlich befunden, und sie mit möglichem Fleiß verbunden.

---

[1] daß eure vortreffliche Schönheit mich da hinreißt   [2] sich verwunderten

Es verwunderte sich Herkules nicht wenig, was Ladisla bey der einen sich hinter dem Baum so lange auffhielte, meynete anfangs, er würde etwa verwundet seyn, und wahr Willens zu ihm hin zugehen; weil er aber von dem Frauenzimmer berichtet ward, daß er keinen Schaden genommen, sondern sich des Baums zur Kühlung gebrauchte, und von ihrer Wasen[1] mit Gespräch unterhalten würde, blieb er an seinem Orte.

Nun hätte Ladisla in seiner Verliebung wol den ganzen Tag auff solche weise zugebracht, dafern er von dem Fräulein nicht erinnert währe, seinen Ritterlichen Gesellen zu besuchen, ob er vielleicht verwundet währe, da sie ihn bey der Hand fassete, und zugleich baht, er möchte der schon geleisteten Woltaht noch diese hinzu tuhn, und sie nach ihres Vaters Wohnung begleiten, damit sie neben den ihren Gelegenheit hätte, die gebührliche Dankbarkeit sehen zu lassen. Zum ersten war er willig, weil er selbst fürchtete, es möchte seinem Herkules etwas widriges zugestossen seyn. Das andere hätte er gerne versprochen, wann ihm nur Herkules Meynung währe bewust gewesen, dem er nicht vorgreiffen wolte; deßwegen er zur Antwort gab: Wann sein Geselle, der ihm zu gebieten hätte, mit nach ihren Eltern zu reisen einwilligen würde, solte es an ihm nicht mangeln; aber meine geliebte Freundin, sagte er, woselbst sind dann ihre Eltern anzutreffen? Sophia (so hieß dieses Fräulein) antwortete: Ihr Herr Vater, von dem uhralten Fabier Geschlechte währe zu Padua über diese ganze Landschafft Römischer Käyserl. Stadthalter.

Nun wuste Ladisla wol, was vor ein hohes Ampt dieses wahr, so daß auch Könige sich vor ihnen demütigen musten, deßwegen er sich tieff gegen sie neigete, und also anfing: Hochgebohrnes Fräulein; ich bitte ganz dienstlich, meiner Grobheit zu verzeihen, daß derselben ich die gebührliche Ehre nicht geleistet, in dem ich ihres Standes allerdinge unberichtet gewesen, so daß wegen meines Frevels ich ohn Zweifel ihrer Vortreflichkeit mehr widriges, als durch beschehene Erlösung, Dienst und Freundschafft erzeiget habe; wegere mich daher nicht, die Straffe, welche sie mir auflegen wird, geduldig über mich zu nehmen, wiewol ich

[1] Base

bey Ritterlichen Ehren beteuren kan, daß mich keine Frecheit, sondern eine auffrichtige Zuneigung so kühn gemacht hat; nahm damit ihre Hand dieselbe Ehrerbietig zu küssen; dessen sie sich doch wegerte, und ihm diese Antwort gab: Mein Herr, es sey, daß mein Herr Vater dieses Orts zu gebieten habe, und vielleicht wegen Käyserl. hohen Gnade noch viel ein grösseres vermöchte, so wird er doch, seiner, ohn Ruhm beywohnenden Klugheit nach wissen und erkennen, wie viel er meinem Hochwerten Herrn und seinem tapfferen Gesellen schuldig ist. Daß aber mein Herr sich bey meiner Wenigkeit über die Gebühr entschuldiget, weiß ich nit zu beantworten, ohn daß ich denselben wol versichern kan, daß mir die höchste Vergnügung dieser Welt jezt diese Stunde begegnet ist, in dem die gütigen Götter mir gegönnet, den Erlöser meiner Ehr und Lebens in etwas zu erkennen, dessen bessere Kundschafft mir der Himmel, wie ich hoffe, zugeben wird.

Ladisla machte ihm auß dieser Antwort gute Hoffnung eines glüklichen Fortganges seiner vorgenommenen Liebe; küssete ihr die Hand mit hoher Ehrerbietung, und im fortgehen gab er zur Wiederantwort: Durchleuchtiges Fräulein, die von mir beschehene[1] Rettung ist gedenkens nicht wert, würde auch der Himmel nimmermehr zugegeben haben, daß einem solchen vollkommenen Fräulein von diesen schändlichen Räubern einige Gewaltsamkeit hätte sollen angelegt werden, sondern vielmehr hätten die Bäume selbst sich auß der Erde reissen, und diese Buben erschlagen müssen; daß also ich nur bloß vor eine Glükseligkeit rechnen muß, daß die Götter meiner schlechten Dienste hieselbst gebrauchen wollen, dessen ich mich Zeit meines Lebens mehr, als aller meiner vorigen Glükseligkeiten rühmen werde.

Mein Herr, sagete sie; seine grosse Höfligkeit machet ihn also reden, welche ihre eigene Tahten zu preisen ungewohnt ist; mir aber wil gebühren, die empfangene Woltaht zu erkennen, dessen ich mich äusserst bemühen werde; Vor dißmahl bitte ich, meiner unwitzigen[2] Jugend hochgünstig zu verzeihen, daß anfangs ohn gegebene Ursach, sein Tugend-ergebenes Herz, welches auß

---

[1] vollbrachte [2] unwissenden

seinen Worten und Tahten eben so klar, als auß seiner Tapferkeit hervor strahlet, ich in Zweifel zihen dürffen; welches wie
ich hoffe, •mein Herr, in Betrachtung der Jungfräulichen Zucht
und Vorsorge, mir wol übersehen wird.

Ladisla verwunderte sich über ihre vernünfftige Reden, und
wahr willens, es zu beantworten; hielt aber zurük, da er hörete,
daß sie also fort fuhr; Ich wil aber die gebührliche Abbitte meines Fehlers biß auff gelegenere Zeit verschieben, und mein erstes
wiederholen, daß mein Herr mir zu Ehren sich mit mir nach
Padua erheben wolle, umb, sein hochgeltendes Zeugniß, meiner,
dem Himmel sey Dank, erhaltenen Keuschheit, bey meinen
Eltern abzulegen; fassete hiemit seine Hand und sagete: Mein
Herr, diese streitbahre Hand, wie kräfftig sie gleich ist, wil ich
gefangen halten, biß sie durch des Mundes Zusage sich frey
machen wird. So würde ich viel lieber ein solches nimmermehr
zusagen, antwortete er, daß meine unwürdige Hand von so
zarten allerschönsten Händichen immer und ewig möchte gehalten werden.

*Auf dem Wege nach Padua verteidigen sich Herkules und Ladisla gegen
Sophiens Bruder, den jungen Fabius, der irrtümlicherweise glaubt, daß
sie die drei Mädchen entführt hätten. Sophia klärt das Mißverständnis
auf, und Fabius bietet den Fremden seine Freundschaft an. Die Gesellschaft setzt dann ihre Reise nach Padua fort: Fabius und Herkules,
die gute Freunde werden, Sophia, die immer mehr Gefallen an Ladisla
findet, und ihre Freundinnen Ursula und Helena.*

Sie ritten ingesampt der Stadt zu, da sie von der Bürgerschaft
mit einem Freudengeschrey empfangen wurden, ihre Frölige keit
an den Tag zu geben, daß der vornehmsten Herren Töchter,
unverlezt ihrer Ehren wieder erlediget[1] wahren, wie man ihnen
durch einen Reuter hatte lassen andeuten.

Herkules, Ladisla und Fabius ritten forne an, denen die drey
Fräulein mit ihren zurissenen Kleidern folgeten, und wunderten
sich alle Zuseher, wer die beyden junge Herren währen, denen
Fabius (welcher schon ein Römischer Rittmeister wahr) so grosse
Ehre taht, und ihnen die Oberstelle gab. Etliche sageten, es

[1] befreit

währen vornehme Römische Herren, des Stathalters nahe An-
verwanten, welche nur zum Possen die Fräulein entführet hätten, ihnen einen kurzweiligen Schrecken einzujagen. Andere
gaben vor; die Fräulein hätten es mit ihnen also angelegt, sie
heimlich zu entführen, weil sie sich mit ihnen wider der Eltern
Willen verliebet, und dieselben nunmehr Gott danken würden,
daß sie einwilligten, nach dem sie etliche Stunden mit ihnen im
Pusche allein gewesen. Andere brachten ein anders auff die Bahn,
nach dem ein jeder seinen eigenen Gedanken nachhängete, und
dieselben vor Warheit angeben dürffte.

Als sie vor des Stathalters Herrn Quintus Fabius herrlichen
Hoff kahmen, und derselbe mit seinem Gemahl Fr. Sabina Pom-
peja biß vor das äusserste Tohr an der Gassen hervor gangen
wahr, sahe der junge Fabius sie stehen, zeigete sie seinen Ge-
färten und sagete: Dorten warten meine Eltern auff uns, daß sie
uns empfangen mögen; und als er näher kam, stieg er ab vom
Pferde, trat zu ihnen hin und sagete: Diese beyde Helden haben
unsere Fräulein auß den Fäusten der fünff aller verwägensten
Räuber mächtig errettet, und bey ihren jungfräulichen Ehren sie
erhalten, die ohn ihre Hülffe nicht hätte können geschützet werden; davor wir dann schuldig sind, Zeit unsers Lebens ein dank-
bares Herz gegen sie zu tragen.

Unsere Helden wahren auch schon abgestiegen, und verwunderten sich über das herrliche Ansehen des Stathalters, der
ein Herr ohngefehr von 52. Jahren wahr; Er hatte eine schöne
breiten Bart, welcher anfing sich grau zu färben; hielt einen
Helffenbeinen Stab in der Hand, und stunden sechs Diener
hinter ihm in roht gekleidet. Er wahr mittelmässiger Länge,
stark von Leibe, eines kästenbraunen[1] Haars mit etwas grau vermischet, und bräunlich von Angesicht, grosser Stirn, und
scharffsichtiger Augen. Sein Gemahl vom Geblüte des grossen
Pompeius, welcher ehemals mit Kajus Julius Käyser um der
Welt Herschaft stritte, stund ihm zur linken; eine gar schöne
Frau, zimlicher Länge und etwas feist, ihres Alters XLI Jahr,
hatte sich ihrem Gemahl gleich in schwarzen Sammet mit güldenen Blumen gekleidet, welches ihr ein treffliches Ansehen gab.

[1] kastanienbraunen

Sie wahr lebhaffter Farbe, doch mehr weiß als roht, und nach
ihrem Alter sehr jung anzusehen; eingezogener und stiller Sitten, und dabey zu Zeiten etwas schwermühtig; begegnete ihrem
Gemahl mit gebührlichem Gehorsam und ließ ihr die Haußsorge
insonderheit angelegen seyn, umb welche sich ihr Herr wenig
bekümmerte.

Als diese beyde ihres Sohns Rede vernahmen, wiewol ihnen
schon vorhin die geschehene Rettung angemeldet wahr, er-
freueten sie sich doch von neuen, und redete der Stathalter unsere
Helden, gleich da sie ihm den demühtigen Handkuß leisten wolten, also an: Hochädle mannhaffte Ritter, daß eure Tugend euch
auffgemahnet hat, meine einige Tochter, und ihre Gespielen,
meine Bäßlein, von den unzüchtigen Räubern zu erlösen, und
sie vor Schande zu bewahren, davor bedanken wir uns billich,
und von Herzen, werden auch, so weit unser Vermögen sich
erstrecken wird, die wirkliche Dankbarkeit sehen zu lassen, un-
vergessen seyn, in Hoffnung, den Abgang an unser Seite, werden
die reichen Götter ersetzen[1]. Vor dißmahl halte ich bey ihnen
bitlich an, meine Wohnung durch ihr Einkehren zubeseligen,
und mit dem, was das Hauß in der Eile vermögen wird, freundlich vor lieb und gut zu nehmen, wie in Betrachtung ihres sehr
geneigeten Willens, ich mich dessen zu ihnen ungezweiffelt ver-
sehe.

Unsere Helden tahten ihm und seinem Gemahl grosse Ehre,
entschuldigten sich mit ihrer Unwirdigkeit, und daß sie so hohes
Erbieten, Zeit ihres Lebens mit keinem Worte zuersetzen ver-
möchten, viel weniger währen sie der Wirde, daß so ein mächtiger Römischer Herr und Käyserl. Stathalter ihnen biß auf die
Gasse entgegen treten, und sie daselbst mündlich einladen, und
empfangen solte; bahten sehr, ihre Gn. wolten in ihren Hoff einkehren; sie als gehorsame Diener währen demselben auffzuwar-
ten bereit und schuldig.

In dessen hatte man den Fräulein ingesamt von den Pferden
geholffen, da Frl. Sophia sich zu ihrer Fr. Mutter nahete, und
von ihr mit Freuden Trähnen empfangen und geherzet ward,

---

[1] in der Hoffnung, daß die reichen Götter jede Versäumnis unsererseits ersetzen
werden

weil sie diese Tochter mehr als sich selbst liebete. Herr Kornelius, Frl. Ursulen; und Herr Emilius, Frl. Helenen Vater, beyde
sehr mächtige und reiche Stadjunkern und Rahts-Herren von
Rom, die zu Padua ihre Höffe und statliche Landgüter hatten,
und daselbst lieber als in Rom lebeten, kahmen darzu, und funden
ihre geliebete Tochter und einige Kinder frisch und gesund
wieder, dessen sie sich herzlich freueten, und vor beschehene
Rettung sich sehr hoch erbohten[1]; zu denen der Stathalter sagete:
Geliebte Herren Schwägere und Brüder, sie werden sich gefallen
lassen, mit mir einzukehren, und diesen Erlösern unserer Kinder
annehmliche Geselschafft leisten, wie sie dasselbe nicht weniger
umb euch, als mich[2] verdienet haben, und wir demnach durch
die erbare Billigkeit gehalten sind, ihnen eine mögliche Wieder-
kehr zu thun.

Hieselbst wolten nun die Fräulein auff der Gasse ihren Eltern
erzählen, in was grosser Gefahr sie gewesen, und durch dieser
Ritter Mannheit erlediget währen; aber der Stathalter sagte zu
ihnen: Geliebte Kinder, eure zurissene Kleider sind Gefahrs-
zeichen gnug; aber das einsame Lustfahren, hat wol ehemal einer
Jungfer den teuresten Kranz gekostet; und würde ich euch ein
solches wol nicht eingewilliget haben, da ichs zeitiger erfahren
hätte; jedoch, geschehene Dinge sind nicht zu endern, wie wol
ihr eine rechtschaffene Straffe verdienet, und mein Gemahl nicht
weniger, die den Töchterchen diesen leichten Willen so bald,
und ohn mein Vorwissen gestattet hat. Ich mag euch aber vor
diesen fremden Herren weiters nicht beschämen, noch mit
mehrer Züchtigung auffhalten, weil eure leere Magen ohn
zweiffel rechtschaffen murren, und wird Zeit sein, die Mahlzeit
zu halten, womit wir biß auff eure Wiederkunfft gewartet. Wann
ihr nun den Madensak[3] werdet gefüllet haben, wird noch Zeit
übrig seyn, den Verlauff eurer Entführung, und erfolgeten glüklichen Rettung zuerzählen.

Hierauff nam er Herkules, sein Gemahl aber Ladisla bey der
Hand und führeten sie in den Vorhoff, dessen Hintergebäu von
Marmel und Alabaster sehr köstlich auffgebauet, und Königlich
gezieret wahr. Da sahe man an den Wänden die alten Römischen

[1] sich sehr bedankten   [2] nicht weniger um euch als um mich   [3] Körper

Geschichte so eigentlich und Kunstreich abgemahlet, daß es
Wunder wahr. Gar zu foderst im Eingange stund eine sehr
grosse aus Korintischem Erz gegosseneWölffin auf einer Säule,
zehen Ellen hoch, die hatte von ihren Haaren ein Nest gemacht,
worinnen zwey kleine ganz nackete Knäblein lagen, und an der
Wölffin Euter hingen, die mit den hinter- und förder Füssen
sich in artiger Stellung hielt, daß die Kinderchen hinzu reichen
kunten. Frl. Sophia, die mit ihren Gespielen allernähest hinter
ihren Eltern herging, trat hervor, und sagte zu unsern Helden;
Ihr meine Herren, geliebt euch zu sehen die ersten Erbauer unser
Stadt Rom, den Romulus und Remus, wie sie von der Wölffin
sind gesäuget worden, so können sie ein wenig sich nach der
Rechten umbsehen. Ja mein Fräulein, antwortete Herkules, wir
bedanken uns der Ehren; und ist dieser trauen[1] nicht ein schlimmer Meister gewesen, der die Geschichte so lebhafft hat abgies-
sen können, deßgleichen mir zu Rom selbst nicht vorkommen
ist …

An der andern Seite des Saals wahr die Stadt Rom abgebildet,
nach dem Pracht, wie sie ohngefehr vor 240 Jahren, zun Zeiten
Käysers Augustus in höchster Volkommenheit gestanden. Oben
auff der Stadmauer umher liessen sich Romulus, Numa, Brutus
der Könige Feind; unterschiedliche Fabier, Kokles, Skevola,
Kamillus, Regulus, Skipio, Pompeius, Augustus Käyser, und
viel andere Römische Helden als Schuz-Götter sehen; hatten
ihre Pfeile und Schwerter in den Händen, und dräueten damit
den Feinden der Stad Rom. Die erschrökliche Niederlagen,
welche die Römer von den Galliern, Hannibal und Zimbern erlitten, wahren hin und wieder abgerissen, insonderheit, da die
300 Fabier[2] von den Veienten listig hintergangen und alle erschlagen worden.

Unsere Helden besahen diese treffliche Gemälde fleissig, und
erinnerten sich aller dieser Geschichten, welche sie in der Kindheit beim Homerus, Livius und andern gelesen, und schien, als
ob sie ihrer selbst drüber vergessen hätten, biß endlich Frl. Ursula sagete: Herr Herkules, ich meine es währe fast Zeit, die Waf-

[1] traun!   [2] Fabia: edle Familie Roms, die 477 v. Chr. in einem Kampf gegen die
Veii beinahe vernichtet wurde.

fen abzulegen, und der außgestandenen Mühe sich zu ergetzen, insonderheit aber bitte ich, mir zu verzeihen, daß ohn Geheiß ich dem Wund Arzt Botschafft gethan, ihm seine Halßwunde besser, als von mir geschehen, zuverbinden. Die Anwesende, wie sie solches höreten, stelleten sich leidig[1] wegen seiner Verwundung, welches durch Beteurung, daß gar keine Gefahr dabey währe, er ihnen bald außredete, doch in einem Nebengemache sich verbinden ließ, da ihn der Arzt warnete, den Schaden nicht zu verachten, als welcher schon in etwas entzündet hätte, und er deßwegen vor starker Bewägung und schädlichen Speisen sich hüten müste, welches er aber wenig achtete.

Nach geschehener Verbindung legten die beyde Helden ihre Sommerkleider an, die von Sittichgrünem Atlaß mit silbern Blumen durchwirket und mit ädlen Steinen reichlich besezt wahren, Strümpffe und Federbüsche wahren gleicher Farbe; Kniebänder und Schuchrosen[2] mit silbern Spitzen besetzet, so daß ihre Kleider gleich, und ohn einigen Unterscheid, die Einigkeit ihrer Gemühter wol zuerkennen gaben. In dieser Gleichheit traten sie zum Saal hinein, und muhtmasseten die Anwesenden daher, daß sie mehr als ädle Ritter seyn müsten. Es hatten die drey Fräulein nicht minder sich zierlich angelegt, so viel in der eile geschehen mögen, und bemühete sich Frl. Sophia insonderheit, ihrem liebsten Ladisla sehen zu lassen, wie ihr die Kleider stünden.

Als nun diese drey Engelchen in den Saal traten, fehlete wenig, es hätten weder unsere Helden diese, noch sie jene gekennet, und traff ein, das Frl. Sophia eben die Sittichgrüne Farbe gewählet hatte. Keiner wahr zugegen, der sich an Herkules Schönheit und Ladisla anmuhtiger Lieblichkeit nicht verwunderte. Sie wahren beyde zimlicher, und fast gleicher Länge, schwank[3] von Leibe und fester wolgesetzter Gliedmassen. Herkules hatte ein schön gelbes Haar, welches ihm wie krause Locken über die Schultern hing; seine Hände wahren plüßlich und schneweiß, mit blaulichten Adern, das Angesicht weiß-zart, mit rohtem vermischet, daß wer ihn sahe, nicht anders gedenken kunte, er

---

[1] hatten Mitleid mit ihm   [2] Schuhriemen   [3] biegsam

währe ein Weibesbild in Manneskleidern, weil noch kein Häär-
lein an seinem Kinn erschien; die Augen stunden ihm wie den
Falken, doch voller Liebligkeit und blaulicht. Die Stirne glat,
und ein Zeichen seines auffrichtigen Herzen; die Nase etwas erhaben und gerade zu, fast länglicher dann kurzlecht, und strah-
lete auß allen seinen Blicken eine so anmuhtige Freundligkeit
hervor, daß wer ihn sahe, zu seiner Lieb und Gewogenheit an-
gereizet ward, weil alle seine Geberden in sonderlicher Demuht
und mannlicher freier Ernsthafftigkeit bestunden.

Ladisla wahr etwas bräunlicher, doch zugleich zart, hatte ein
braun kraus Haar, in zimlicher dicke, und einen kleinen Bart
gleicher Farbe; am Leibe wahr er etwas stärcker anzusehen als
Herkules. Sein Geblüt wallete ihm in allen Adern auff, da er sein
geliebtes Fräulein so zierlich herein treten sahe; wie auch ihre
Liebesreizungen nicht weniger aufgetrieben wurden, daß er in
solcher kostbahren Kleidung sich stellete, und sie daher beständig muhtmassete, er müste auffs wenigste Fürsten Standes
seyn; ihr auch gänzlich vornam, auff sein weiters Anhalten ihm
behägliche Antwort zu geben, da[1] sie seines Wesens nur in
etwas Bericht haben könte, dann seine Ansträngungen hatten sie
dermassen eingenommen, und die empfangene Woltaht sie be-
zwungen, daß sie entschlossen wahr, keinem Menschen als ihm
ihr Hertz einzuräumen; so beredete sie auch ihre angebohrne
Keuscheit und Zucht, daß weil er sie ganz nacket angetroffen
und gesehen, sie sich dessen Zeit ihres Lebens schämen müste,
wann sie nicht sein Ehegemahl würde.

*Ein festliches Mahl wird veranstaltet, und der Statthalter bietet den bei-
den Helden eine reiche Belohnung an, die sie aber ablehnen. Ladisla bittet
den Statthalter, die Belohnung als Mitgift für die drei Mädchen aufzu-
bewahren. Herkules, der noch immer an seinen Wunden leidet, nimmt des
Statthalters Einladung an, „nicht schleunig hinweg zu zihen, sondern umb bessere Kundschafft zu machen, etliche Zeit bey uns
zu verbleiben“.*

Der Stathalter kunte sich des jungen Herren unaußsinnlicher
Verschlagenheit nicht gnug wundern, daß er im Augenblick so

[1] wenn

vorträgliche[1] Antwort zu finden wuste, nicht allein das angebohtene höfflich außzuschlagen, sondern auch das begehrte auff solche Weise zu verheißen, daß er immerzu unverbunden bleiben, und sein Versprechen nach Belieben auffruffen kunte. Sein Gemahl aber wolte weil der Abend einbrach, dieses Gespräch aufheben, daher sagete sie: Unsere Töchter, wie ich merke, solten fast mehr Belieben nach einem Tanze als ferneren höfflichen Reden tragen; hieß demnach die Spielleute und Diener (welche bißher einen Abtrit genommen) wieder herein gehen, und nach etlichen künstlichen Stücken einen Tanz auffmachen, da Frl. Sophia mit Frl. Ursulen einen zierlichen Reihen Tanz mit gefasseten Händen; hernach jede einen absonderlich vor sich, wiewol zugleich, und nahe bey einander hielt, nach dessen Endigung diese zu jener sagete: Betriegen mich meine Augen nicht, Herzen Schwester, so werden die eure von Herr Ladisla nicht angefeindet; und die Götter geben euch ja nimmermehr keinen unwirdigern Buhlen.

Herzliebe Schwester, antwortete Frl. Sophia, ob Herr Ladisla mich nicht anfeindet, so habe ich ihm darzu auch keine Ursach gegeben, da[2] es nicht durch Beschwerung auff dem Pferde geschehen ist. Es ist mir aber lieb, Gelegenheit zu haben, euch eure grosse Unträue vorzuhalten, welche ihr mir heut in dem Unglükswalde erzeigetet, in dem ihr mich nacket und bloß bey H. Ladisla einen Wildfremden so gar allein liesset; nimmermehr könte ich euch ein solches Bubenstük antuhn. Daß ihr mir aber keinen unwirdigern Buhlen wünschet als diesen, kan ich anders nicht außdeuten, als daß ich gar keinen haben sol; dann wo würde man sein und seines Gesellen gleichen finden?

Frl. Ursula sagte hierauf: Ich sahe und merkete wol, mein Schwesterchen, daß euch beyderseits geliebte allein zu seyn (dann sonst währet ihr wol mit uns zugleich davon gangen) darumb wolte ich euch einen Dienst durch unser beyder abweichen tuhn, wie mich dann eigen gedauchte, ihr hättet mir deswegen einen Wink gegeben. Sahe sie hierauff traurig an, und fuhr also fort: Es ist aber jezt nicht Zeit zu scherzen, sondern wann ich bey euch der Verschwiegenheit versichert währe, müste unser

[1] zutreffende [2] wenn

Freundschaft nach ich euch eine wichtige Heimligkeit offenbahren, die ihr sonst zu spät erfahren möchtet.

Diese bekam grosse Begierde solches zu vernehmen, und lobete an, Hand und Mund zu halten. Worauff jene sagte: Wisset
ihr auch Schwester, daß ihr schon eine verlobte Braut seyd?
Was? antwortete diese; bin ich eine Verlobte? fing aber bald an
zu lachen, und sagte: Haltet ihr mich dann vor so frech, daß ich
mich diesem Fremden solte so leicht und bald versprochen haben? aber ich werde schon Gelegenheit finden, euch dieses Auff-
zuges[1] gereuen zu machen. Leget meine Reden nicht ungleich
noch vor einen Auffzug aus, antwortete jene: und seyd ihr
eures eigenen Zustandes noch unberichtet, stehet es umb eure
Sache so viel gefährlicher, weil ich fürchte, der Bräutigam möchte
euch ungenehmer als der Tod selbst seyn; Ich verlasse mich
aber auf eure Zusage, und frage in allem Ernst, wie euch der
geizige Fulvius gefalle, welchen ich trauen umb aller Welt Gut
nicht heyrahten wolte, ungeachtet ich keines Stathalters Tochter
bin wie ihr.

Frl. Sophia erinnerte sich, daß ihr Vater etliche Zeit her diesen
Römischen Herren in ihrer Gegenwart, zun offtern trefflich ge-
rühmet hatte, mit vermeldung es währe kein Römischer Herr,
der ihm eine Tochter versagen würde; fassete deswegen traurige
Gedanken, und sagte: Ach herzgeliebte Schwester, ich bitte zum
allerhöchsten mir zu vertrauen, von wem ihr dessen berichtet
seid.

Was gehet euch das an? antwortete sie, ists nicht gnug, daß ich
euch die Heimligkeit selbst vertraue: die so gewiß ist, daß wo
ich fehle, ihr mir alle Freundschafft auffkündigen sollet. Ich sage
euch noch mehr; Fulvius ist schon auff dem Wege, euch abzu-
hohlen, weil euer H. Vater, ungeachtet alles Wiedersprechens,
von euer Fr. Mutter geschehen, ihm völlige und unbedingte Zusage getahn hat; welches ich von niemand anders habe, als der
mit dabey gewesen ist. Werdet ihr mich nun verrahten, so bringet ihr mich in die gröste Ungelegenheit.

Schwester, ich kan Gott Lob wol schweigen, antwortete sie,
aber von dieser Heiraht werden mich die Götter oder der Tod

[1] Spottes

frey sprechen, dessen seyd ungezweifelt versichert. Ich danke euch aber von Herzen dieser eurer träue, die ich, wo ich leben sol, unvergolten nicht lassen wil. Aber wir stehen allhier zu lange, und möchte unser Gespräch etlichen einen Argwohn bringen. Seyd aber gebehten und führet H. Ladisla unsere Schwester Helenen zu, daß wir sehen, ob diese sonst so vollkommene Ritter auch den Tanzboden besuchet haben.

Was habe ich vor Ursach, sagte Frl. Ursula, ihm Helenen zuzuführen? Ihr habt selbst eines geträuen Freundes von nöhten, der euch von Fulvius loßwircke, und wisset nur, daß ichs heut wol sahe, wie kek er sich der guten Gelegenheit hinter dem Baum gebrauchete. Herzen Schwester, antwortete sie, das Gesicht muß euch mächtig betrogen haben, welches ich auff bessere Gelegenheit verfechten wil, mit dem Tanze aber möget ihrs nach eurem Willen ordnen. Also bestellete Frl. Ursula einen sonderlichen neuen Tanz, und foderte Ladisla mit diesen Worten auff: Hochwerter Herr, da ich sonder Unhöflikeit ihm meine herzliebe Frl. Schwester an die Hand bieten darff, nach Belieben sie bey sich niederzusezen oder zum Tanze zu führen, wil ich dessen nicht länger Auffschub nehmen.

Ladisla bedankete sich der Ehren und fing nach Anleitung seiner Liebesbegierden einen sehr zierlichen Tanz mit ihr an, nach dessen Endigung sie zu ihm sagete: Mein Herr, ihr wisset gewißlich nicht minder beym Tanze, als bey dem Kampffe euch ganz volkommen zu halten. Höchst geliebtes Fräulein, antwortete er; daß mir dann auch der Himmel diese Gütigkeit zufliessen lassen wolte, bey meinem Fräulein können angenehm zu seyn, weil ohn ihre Gunst und Gegenliebe ich ausser allem Zweiffel untergehen und verderben muß.

Mein Herr, sagte sie, ich bitte sehr, mir dieses Fräulein nahmhafft zu machen, deren Gewogenheit er so embsig suchet; kan ich ihm dann bey derselben den gewünschten Trost erwerben, alsdann sol er dabey prüffen, ob ich nicht willig bin, ihm vor beschehene Rettung träulich zu dienen.

Nun merkete sie, daß er mit einer weitläufftigen Erklärung loßzubrechen Willens wahr, welches, weil vieler Augen auff sie gekehret wahren, sie mit diesen Worten abwendete: Mein Herr,

ich wil noch hinte[1] seine mir vielleicht nicht unbewuste Auß-
legung sehr willig anhören; aber dafern ihm beliebet, noch einen
Tanz mit mir zu halten, wird dieses Orts solches niemand ver-
dacht. Er gebrauchte sich dieser Anfoderung, bestellete mit
einer Handvol Kronen einen Tanz, und befliß sich aller Zierlig-
keit, damit er ja seinem Fräulein gefallen möchte.

Herkules hatte unvermerket gar genaue Acht auff alles sein
Thun; er wuste, daß er von Jugend auff dieser Übung wenig zu-
getahn wahr, und sahe doch vor Augen, daß die Liebe ihm die
Füsse gleichsam beflügelte; gedachte demnach, ihm nach allem
Vermögen zum gewünschten Zweg zuverhelffen, was ihm auch
drüber zustossen möchte; nur lag ihm allermeist im Wege, daß
auff solche Weise ihr Stand und Wesen müste offenbahr werden,
weil so hohe Leute mit Unbekanten sich zubefreunden, grosses
Bedenken tragen würden; jedoch, weil ihm seines Freundes
Wille lieber als sein eigener wahr, setzete er alles übrige zurük,
und zu Gottes Versehung …

Der Stathalter und seine Schwäger hatten sich an einem andern
Orte zur Unterredung nidergesezt; so nam Ladisla dieser guten
Gelegenheit wahr, wie imgleichen Frl. Sophia dieselbe nicht
verseumen wolte; traten von den andern in einer zimlichen Ab-
sonderung zusammen, und brachte er seine Werbung folgender
gestalt vor. Hochgebohrnes Fräulein, demnach ich schon zu
unterschiedlichen mahlen ihr meine ungefärbte Liebe und Herz-
ergebene Träue angemeldet, und doch nicht die geringste Ge-
wißheit eines Ja oder Nein erhalten mögen; mir aber unmöglich
ist, die über mich schlagenden Flammen ohn Kühlung länger zu
erdulden, sintemahl ich ungleich grössere Angst, als mein Fräulein unter Räubers Händen, in meiner Seele empfinde, so daß den
Schmerzen, welchen die Erkäntniß durch den Dienst meiner
Augen eingenommen, in mir wirket, und ihre außbündige Schönheit einig verursachet, ich nicht ertragen mag; als bitte ich von
Grund meines Herzen, sie wolle mich nicht ohn Mitleiden verderben lassen, noch zugeben, daß derselbe durch ihre Grausam-
keit getödtet werde, welcher vor ihre Wolfahrt zu sterben, sich
nun und nimmermehr wegern wird; jedoch, dafern mit und bey

[1] heute Nacht

ihr zu leben, mir nicht kan zugelassen seyn, ey so verweile sie nur nicht, mir die Urtel wegen meines Frevels zu sprechen, weil ich rundauß bekennen 'daß denselben ich niderzulegen, weder Willens noch Vermögens bin; solte aber mein Fräulein sich erklären können, mich vor den Ihren in ehelicher Verbindung aufzunehmen, alsdann wolle sie ihre Gedanken mir nicht länger verbergen, damit ich meine unruhigen Geister stillen, und inkünfftig bedenken möge, was zu Fortsetzung meines Wunsches dienen kan.

Das Fräulein wahr nicht willens, länger unter der Decke zu spielen, weil die Gefahr mit Fulvius ihr zu hart anlag, deswegen sie ihm mit dieser Antwort begegnete: Der Himmel ist mein Zeuge, mein Herr, daß ich bißher keinen Liebesgedanken in meinem Herzen empfunden, ehe und bevor ich seiner Kundschafft bekommen: habe auch noch in dem unverständigen Alter gelebet, welches von dergleichen Sachen sehr wenige Erkäntniß, viel weniger Genieß hat; so bin ich über das, Zeit meines Lebens unter so strängem Zwange von meinen Eltern gehalten, daß ich nirgend in Gesellschaften mich dürffen finden lassen, ohn wo sie mit zugegen gewesen, nur daß mir gestern mit meinen Wasen außzufahren gegönnet ward, welches, dafern euer mitleidiges Herz nicht gewesen, mir übel bekommen währe. ... Ja mein Herr,... Wegen angetragener Liebe bedanke ich mich von ganzer Seele, und auff sein inständiges Anfodern verheisse ich in aller beständigen Träue, so viel in meiner Macht seyn kan, als nehmlich, daß entweder Herr Ladisla allein, da sonst meiner Eltern Bewilligung folgen kan, oder doch kein ander Mannesbilde ehelich Gewalt über mich haben sol; und ob durch vätterlichen Zwang zur Brechung dieses Gelübdes ich solte genöhtiget werden, wil ich entweder Herren Ladisla, wie ers begehren wird, durch Noht und Gefahr folgen, oder den Todt mit frölichem Herzen angehen.

Auff diese Antwort küssete ihr Ladisla die Hände, und sagte: So schwöre ich hinwiederumb bey den mächtigen Göttern, daß ich ihr als meinem einig geliebten Fräulein die versprochene Träue und eheliche Liebe halten, und durch kein Ding der Welt mich davon abwendigen lassen wil; so gar, daß ob sie mir durch

jemand solte versaget werden, ich meines Reichs ganze Macht
dran wagen, und lebendig mich ihrer nicht begeben wil.

Da gingen nun die herzvergnügliche Reden erst recht an, und
bemühete sich jeder Theil, dem andern sich behäglich gnug zu
machen. Mein Herr, sagte sie, ... nun wird aber Zeit seyn, daß
ich ihm eine heimliche Gefahr offenbahre, deren ich kaum vor
dreyen Stunden von einer hochvertraueten Freundin berichtet
bin; Daß nehmlich mein Herr Vater mich einem Römischen
Ritter, nahmens Fulvius, sol ehelich versprochen haben, welcher
zwar reich an Gütern, aber an Wiz und Tugend nicht viel zu verlieren hat; denselben nun an meine Seite kommen zu lassen, werde ich wol nimmermehr einwilligen, es sey dann, daß mich grössere Gewalt, als die heutige unter Räubers Händen, darzu unvermeidlich zwinge und vergewaltsame; vernehme zugleich, er
dürffte sich erstes Tages einstellen[1], mich abzulangen, welches
ich mir doch nicht einbilden kan, angesehen meine Eltern noch
jemand anders, mich davon kein einiges Wörtlein haben wissen
lassen.

Ladisla ... sagte: Es währe ihm sehr lieb, daß er des Bulers zei-
tig inne würde, hielte in Betrachtung des strängen Ernstes ihres
H. Vaters, wol davor, daß vor geschlossener Heyraht er ihr
wenig davon sagen möchte, wolte nur wünschen, daß die Götter
den vermeynten Bräutigam ehist herzu führeten, alsdann würde
sich schon Gelegenheit an die Hand geben, sich durch einen
rechtmässigen Kampff seiner zu entledigen, ob es gleich ihrem
H. Vater nicht allerdings mit währe[2] ...

Ladisla hatte sich zu seinem Herkules verfüget, zeigete ihm
Fulvius Ansuchen an, und daß allem Ansehen nach er ihn mit
dem Schwerte würde abweisen müssen; welches er ihm hefftig
wiederriet; er solte der Vernunfft gebrauchen, und durch morden
und todschlagen ein Gemahl zu erwerben sich nicht unterfangen;
Es währe wider die Erbarkeit, welches Gott nicht gut heissen,
viel weniger Glük und Segen darzu verleihen könte, insonderheit wo Fulvius mit ihr schon solte versprochen seyn. Ladisla
taht ihm der Fräulein Widerwillen zu wissen, und daß sie diesem

---

[1] sich heute schon melden
[2] obgleich ihr Herr Vater nicht damit einverstanden wäre

ihr Herz zuzuwenden nie währe bedacht gewesen, noch ihres Vaters Vorhaben gewust hätte. Worauff ihm Herkules antworten wolte, sahe aber den Stathalter zur Tühr hinein treten, und gaben diesem Gespräch Anstand, weil ohn das derselbe sie erinnerte, daß des Arztes Wolmeynung müste in Obacht genommen, und H. Herkules in der Ruhe gelassen werden. Also muste nur sein Leibknabe bey ihm bleiben, da im hingehen der Stathalter zu Ladisla sagete: es tuht mir sehr leid, mein Herr, daß sein Freund meiner Tochter wegen in diese Schwacheit gerahten ist; jedoch hoffe ich zu den Göttern, es werde sich mit ihm bald zur Besserung schicken; bitte unterdessen fleissig, sie wollen bey mir sich aller Freyheit gebrauchen, als ob sie bey den Ihren daheim währen. Und weil mir heut ein fremder Gast von Rom, Herr Fulvius zusprechen wird, ich aber wegen einer Unpäßligkeit, und das wegen eines entstandenen Eckels vor der Fleischspeise, der Maalzeit nicht beywohnen kan, wolle mein Herr neben andern Eingeladenen sich bey derselben frölich erzeigen, ich wil nach abgetragenen Speisen mich bey ihnen einstellen, und gebührliche Gesellschafft leisten.

Angenehmere Zeitung hätte unserm Ladisla nicht vorkommen mögen, und gedauchte ihn, als sähe er seinen Mitbuhler schon zu seinen Füssen liegen, welches doch zu verhehlen, er antwortete: Hochwerter Herr, als Vater; ob zwar wegen Schwacheit meines Freundes ich nicht wenig bestürtzt bin, und schlechte Lust habe zu frölicher Gesellschafft, wil ich doch in diesem und allem, was mir möglich seyn wird, meinem Herrn gerne und willig gehorsamen, wünsche nicht mehr, als daß meine geringe Dienste euer Gn. nur können behäglich seyn, und mit solchem väterlichen Herzen angenommen werden, als sie auß kindlichem herrühren. Mein Herr, und geliebter Freund als Sohn, antwortete er, ich nehme diß hohe Erbieten mit solchem Herzen auff, welches sich überall vergnüget befindet, erinnere mich wol, wie hoch ich ihm verpflichtet bin, und bitte die Götter, mir Krafft und Freyheit zu verleihen, sein gutes Herz und Gewogenheit ersetzen zu können. Der junge Fabius kam darzu, und nam der Alte einen Abtritt nach seinem geheimen Zimmer ...

Kaum wahr er hinweg gangen, da stellete Fulvius sich ein,

hatte sich statlich herauß geputzet, und sechs wolbekleidete Diener hinter sich her treten, deren Mantel mit Sammet durchfüttert wahren, wiewol er leyden muste, er hätte sie von andern entlehnet. Er wahr groß und starker Gliedmassen, hatte ein schwarz dicke Kraußhaar, welches er selten zu kämmen pflegete, schwarzgelbe Farbe, magere Backen und lange Habichsnase, wuste sich zimlich höfflich anzustellen, aber man merkete, daß es gezwungen Ding wahr. Als dem Stathalter seine Ankunfft vermeldet ward, ging er ihm entgegen, nam ein fröliches Gesicht an, und hieß ihn wilkommen seyn. Ladisla und der junge Fabius traten auch zu ihm hin, und empfingen ihn nach Wirdigkeit, wiewol Ladisla über Gewonheit sich gar ernsthafft und mit kurzen Worten vernehmen ließ.

Die Stathalterin kam mit ihrer Tochter, den Gast zu wilkommen, welches die Mutter mit guter Freundligkeit, die Tochter aber so kaltsinnig und mit gezwungenem Hochmuth verrichtete, daß ihr Bruder bald merkete, es müste ein angelegtes Spiel seyn, sonderlich, weil er vor wenig Tagen in Erfahrung kommen wahr, daß sein Vater mit dieser Heyraht umbginge, in welchem Wahn er durch dessen Rede gestärket ward, da derselbe, wie er der Tochter Entführung vernahm, also loßbrach: O daß nun H. Fulvius verhanden währe, und die Rettung selbst verrichten möchte. Nun wahr diesem das Geschrey seiner Untugend wol bewust, nahm ihm auch vor, die Heyraht nach allen Kräfften zu hindern, insonderheit als er zu der Schwägerschafft mit Ladisla Hoffnung hatte.

Fulvius, so bald er das Fräulein sahe, befand er sich verliebet, redete, ungeachtet ihrer Ernsthafftigkeit sie freundlich an, und gab ihr sein grosses Mitleyden wegen gestriger Gefahr zu vernehmen, mit Bezeugung, wie bereit und willig er seyn wollen, sie loßzumachen, da er dessen einige Wissenschafft gehabt hätte. Sie bedankete sich des Erbietens gar nicht, sondern sagete: Die Götter behüten mich vor dergleichen Gefahr, und daß ich ja nimmermehr wieder in Tugendloser Leute Gewalt fallen möge; Daß ich aber bey Ehr und Leben erhalten bin, habe ich diesem meinem höchstwerten Herren und unvergleichlichen Helde zu danken, dem ich mich daher in Ehren ganz verpflichtet weiß und wissen muß...

Fulvius wahr so grobes Verstandes nicht, daß er der Fräulein gute Gewogenheit gegen Ladisla nicht solte gemerket haben; Er verließ sich aber auf des Alten so münd- als schrifftliche Verheissung, und entschuldigte sie in etwas, daß sie ihn als ihren Erretter zu Ehren gehalten währe; daß sie aber gegen ihn so freundlich sich nicht bezeigete, hätte er jungfräulicher Blödigkeit[1] gerne zugelegt, und daß sie so gar seiner keine Kundschafft hatte; blieb also anfangs ohn sonderlichen Eifer, welchen ihm doch sein argwöhnisches Herz alle Augenblik mehrete, daß er bald hernach vornam, ihr dieses, so bald er sie in seiner Gewalt haben würde, rechtschaffen einzukerben.

Die Nöhtigung sich zu setzen, ging an, und stellete der junge Fabius, diesen beyden Herren frey, einen Siz nach Belieben zu erwählen. Ladisla wolte keine Unhöfligkeit gebrauchen, und nöhtigte den Fremden, die Oberstelle zu nehmen, der gleichwol auch scheinen lassen wolte, daß er nicht unter den Bauren auffgewachsen währe, wegerte sich fast, und baht endlich, daß H. Ladisla ihm zugefallen den Obersiz bekleiden möchte, welches er dann, unter der Vorschützung eines willigen Gehorsams höflich annahm, da dieser doch einer weiteren Wegerung ihm vermuhten wahr[2], und ihn nicht wenig verdroß, daß er dieses Streichs sich selber nicht gebrauchet hätte; ließ auch seinen Stolz in dem sehen, daß er Ladisla nicht folgen wolte, sondern umb Freyheit, einen annehmlichen Siz zu wählen, anhielt, auch bald darauff sich auff des Stathalters seinen Wirtsstuel, gerade gegen Ladisla über setzete ...

Frl. Sophia nam auff ihres Bruders Vermahnung das Vorschneideramt über sich, und reichete Ladisla das erste; welches er der Stathalterin gab. Sie boht ihm das ander und dritte, aber die beyden Fräulein musten es von ihm nehmen. Als sie ihm nun das vierde zuhielt, baht sie ihn, es ohn fernere Wegerung zu behalten; worauff er gehorsamete. Das fünffte übergab sie Frl. Helenen, mit Bitte, es H. Fabius zu reichen.

Dieser hatte sich inzwischen eines andern bedacht, und den äusserlichen Zorn sinken lassen, weil er Ladislaens freymühtigkeit sahe, und ward die halbe Maalzeit ohn denkwirdiges verrichtet,

[1] Schüchternheit   [2] von ihm erwartete

nur, da Fulvius Frl. Ursulen ein Glaß mit Wein einreichen, und die zierliche Höfligkeit gar zu groß machen wolte, schüttete er ihr solches unversehens in den Busem, daß ihr der Wein am Leibe gar hinunter biß auff die Knie lief, und sie sich des Schrekschreyens nicht enthalten kunte. Frl. Sophia hatte dieses Plumpstükchen nicht gesehen, erschrak daher über ihrem ruffen, und fragete ängstig, was ihr gebräche? Sie aber antwortete: mir gebricht nichts, Herzen Schwester, nur daß ich gar zu viel bekomme. Ladisla hätte diesen Grobrunk[1] nicht umb viel gemisset, taht doch, als sähe ers nicht, und blieb in seinem Gespräch mit Frl. Helenen, welche fleissig nachfragete, warumb Herr Herkules nicht zu Tisch kommen währe, und als sie seiner Unpäßligkeit bericht einnahm, ward sie dessen leidig.

Der junge Fabius nam hieselbst Gelegenheit, dessen Tugend zu rühmen, wünschend, daß er den Kampf mit Orgetorix[2] hätte mögen ansehen; welches Fulvius also beantwortete: Zwar den besten sihet man nicht, massen ein jeder, wann er in der Welt umsuchet, allemahl seines gleichen findet; jedoch möchte ich eines solchen Ritters Kundschafft, wie dieser beschrieben wird, wol haben, dem das Glük sehr günstig muß gewesen seyn, daß er dem jeztgedachten guten Fechter hat ansiegen können, welches ich mit rühmen wil, weil ich nicht zweifele, es werde im Kampffe auffrichtig zugangen seyn.

Ladisla hörete den Spot und Beschimpffung mit grosser Empfindlichkeit, begriff sich aber[3], und antwortete: Herr, dieses Ritters Kundschafft, der nie als auffrichtig gekämpffet, und sich mehr auff seine Tugend als auff das blinde Glük verlassen hat, wird euch unversaget seyn, so bald er Schwachheit halber das Lager wird angeben[4] können. Dieser aber, weil er Ladislaen biß auff den Tod gehässig wahr, sagte nichts darauf, sondern stellete sich, als hörete ers nicht; welches jener zwar mit brennendem Zorn auffnam, und es doch verschmerzete, weil er bequemere Gelegenheit sich zu rächen hoffete.

Herr Kornelius, der Fulviussen am nähesten saß, wolte ihn mit freundlichem Gespräch unterhalten, ... in dem er ihn fragete,

---

[1] Grobian   [2] Name eines Räubers   [3] faßte sich aber   [4] aufgeben

ob nicht neulicher Zeit zu Rom sich etwas denkwirdiges zugetragen hätte; wodurch er ihm die Tühr zu seinen Lügen auffsperrete, daß er bald von hier, bald von dar, ohn Ordnung und Außführung etwas hervor brachte, und allemahl seinen eigenen Ruhm einmischete, wiewol mit so handgreiflichen Lügen, daß Ladisla, der von vielen, guten bescheid wuste, sich der Unwarheit sehr verwunderte. ...

Herr Emilius ... fragete darauff, ob die Ritterlichen Übungen zu Rom stark im schwange gingen, und die Strassen sicher zu reisen währen. Welches er beantwortete: Man hätte eine Zeither nichts von Mordtahten vernommen, ohn daß ohngefehr vor acht oder neun Wochen vier statliche Ritter gutes Römischen Adels von vier verwägenen Strassenräubern überfallen, ermordet, und nacket außgezogen währen; nennete sie auch bey Nahmen, daß Ladisla eigendlich hörete, er redete von denen, welche er und Herkules im Kampff nidergelegt hatten, gedachte demnach, dieses fügen die Götter also zu des Lügeners Straffe; gab ihm auch diese Antwort: Der Herr verzeihe mir; ich komme auch von Rom, und weiß sehr wol umb diese Begebnis, daß gedachte vier Ritter nicht von vier Räubern oder Mördern, sondern von zween fremden Rittern im auffrichtigen Kampffe, durch eine rechtmässige Nohtwehr erleget sind, weil sie diese mit räuberischer Faust angriffen, und ihnen eine Beute abzujagen sich unterstunden.

Fulvius antwortete: Er währe ganz unrecht berichtet; die Sache währe ihm gar zuwol bewust, hätte auch der Ermordeten gute Kundschafft gehabt, und würde es nimmermehr gutheissen, so jemand, wer der auch währe, solche ehrliche Ritter vor Strassenräuber außruffen wolte; wüste aber ungezweifelt, daß sie von solchen unredlichen Buben schelmischer Weise ermordet währen.

Herr, bedenket euch, was ihr redet, sagte Ladisla, es könte etwa einer in dieser ehrlichen Geselschafft seyn, der von diesen vier Räubern angefallen, und ihnen ihren Lohn erteilet hätte.

Wann ich solches wissen könte, antwortete Fulvius, müste der bübische Mörder den Seelen der Erschlagenen zum Versöhnopffer mit meinem Schwerte abgeschlachtet werden.

Ladisla kunte den Zorn nicht länger verbergen, und sagte: Höret Fulvius, gedenket ihr dieses zuhandhaben? ja, antwortete er, gegen jederman den es gelüstet. Ey wolan, sagte jener, so gestehe ich vor dieser löblichen Geselschafft, daß mein Freund Herkules und ich, von diesen vier Räubern auff freier Strasse ohn alle gegebene Ursach überfallen sind, und wir ihnen den Lohn ihres Frevels in einem offenen Kampffe zugestellet haben, welchen sie billiger von des Büttels Hand empfangen hätten. Weil ihr dann Fulvius meinen Freund und mich ohn alle Ursach vor Räuber, Schelmen und Buben scheltet, wil ich unser beyder Ehre, dafern ihr keinen Wiederruff thut, wieder euch handhaben, schiebe die Schmach in euren eigenen Busem, sage euch auff Leib und Leben ab, und fodere euch zum offentlichen Kampff aus, auff daß ihr sehen lasset, ob ihr so wol Fechten als Schänden könnet.

Das anwesende Frauenzimmer erschrak über die masse, als sie Ladisla so reden höreten, und seine feurige Augen sahen, die ihm im Häupte funkelten; keiner aber von den Anwesenden kunte ihm solches vor übel halten, daß auch der junge Fabius zu Fulvius sagete: Herr ihr handelt nicht ritterlich an diesem Helden, welches ich mit meinem Schwerte behäupten wil.

Dieser antwortete mit greßlichem Gesichte: Ey so wapnet euch ihr junge Bratvögel, daß ich bald prüfen möge was ihr auff der Schuele gelernet habet, nur ist mir leid, daß mein sieghafftes Schwert ich auf solche Laffen zücken sol.

Hunde können nichts als rasen; und Narren, als großsprechen, sagte Ladisla; biß[1] aber versichert, daß ich dessen eine Reue in dich bringen werde. Frl. Sophia redete mit ein, und sagte zu Fulvius; O ihr boßhaffter ehrendiebischer Ritter, was vor Unglük richtet ihr mit eurem Lügenmaule an.

Der Stathalter hatte sich in seinem nahen Zimmer biß daher stille gehalten, und alles angehöret, als er aber den Aufflauff vernam, sprang er in den Saal, und geboht Friede zuhalten, oder er würde sich seines Haußrechts nebest habender Römischer Gewalt zu gebrauchen wissen.

Ladisla lieff ihm entgegen, und gab zur Antwort: Mein hochwerter Herr als Vater, ich beruffe mich auff diese ehrliche Gesel-

[1] sei

schafft, daß ich gezwungen werde, mit der Götter Hülffe darzu-thun, daß mein Geselle und ich des Lasters unschuldig seyn, deß uns dieser Verleumbder zeihet, oder eines ehrlichen Todes zu-sterben. Ihr könnet nicht wol anders, sagte der Stathalter, dem-nach ichs selber angehöret, wie nahe mans euch geleget hat, zweiffele nicht, die Götter werden der Unschuld beystehen ...

So bald Ladisla und Fabius gewapnet wahren, nahmen sie feste Speere zu sich, zeigeten ihren Reutern die Ursach ihres Streites an, und bahten im fall der Noht ihnen beyzustehen, welches von ihnen mit darbietung Leib und Lebens versprochen ward. Frl.Sophia wolte diesem Streit zusehen, setzete sich mit den bey-den Fräulein auff eine Gutsche, und fuhr hin nach einem hohen Zwänger[1], von welchem sie die Streitbahn[2] übersehen kunten, da das Fräulein sich gänzlich ergab, im fall ihr Ladisla das Leben verlieren würde, sich da herunter zu stürzen, und ihm im Tode Gesellschafft zu leisten.

Fulvius hielt schon draussen vor dem Tohr mit seinen Leuten, und befand sich so gar erbittert, daß er vor Rachgier fast blind wahr. Ladisla und Fabius folgeten ihm bald mit ihren Reutern in zierlicher Ordnung, da Ladisla ädler Knecht Markus vorhin rei-ten, und Fulvius in seines Herren Nahmen auf Speer und Schwert außfodern muste; oder da er so kühn nicht seyn würde, sich Mann an Mann zu wagen, stünde ihm frey sich seiner Leute zu-gebrauchen, denen gebührlich solte begegnet werden; die Wahl-stat währe der grüne Anger, recht an dem Stadgraben, woselbst die Tugend den Frevel abstraffen solte. Fulvius gab ihm zur Ant-wort: Reite hin und sage den beyden Laffen, daß sie sich nur ge-fasset halten, ich werde jezt da seyn, und ihnen die Milchzähne beklopffen.

Du schändest diese Ritter, sagte Marx, als ein Verleumder, welches ich an dir behäupten wolte, da ich meinem Herrn vor-greiffen dürffte. Dieser sahe sich nach seinen Leuten umb, und fragete; ob nicht einer Lust hätte XX Kronen zu verdienen, und diesem Elenden das Fell zu krauen. Bald taht sich einer hervor, rante und rieff Markus nach (weil er schon hinritte, die Antwort zu bringen) er solte die Antwort zuvor recht einnehmen. Nun

[1] Turm [2] Turnierplatz

meynete dieser, es würde Fulvius etwas nachbieten wollen, hielt stille, und ließ ihn näher kommen; der aber an stat der Worte ihn mit dem Schwerte überfiel, daß er kaum Zeit hatte, das seine zu entblössen; da er dann, wie er zum Gewehr kam, einen hefftigen Kampff mit ihm hielt, schlugen verwägen auff einander loß, und gaben mit wenig Streichen ihrem erhitzten Blute Lufft, daß sie beyderseits hart verwundet wurden, biß endlich Marx mit einem Stosse, den er seinem Feinde durch die Gurgel gab, den vollen Sieg davon brachte, und seinen Weg mit verhängtem Zaume vornam, weil er merkete, daß etliche sich loß gaben, ihn anzugreiffen.

Ladisla sahe ihn so blutig daher rennen, und sagte zu Fabius: das muß ein verwägener Schelm seyn, der eines Abgesandten Werbung solcher gestalt beantwortet, welches ich ihm wieder hoffe einzubringen.

Als er aber von ihm alles Verlaufs berichtet ward, lobete er seine Mannheit, die er unvergolten nicht lassen wolte; stellete seine Leute in eine zierliche Ordnung, mit Befehl, kein Gewehr zu zücken, biß Fulvius Hauffe sich regen würde, und setzete er sich auf die Bahn, seines Feindes mit Verlangen erwartend; welcher auf einem grossen schwarzen Hengste daher trabete, und seinen Reutern geboht, sich des Streits nicht anzunehmen, es währe dann, daß sie darzu gefodert oder gezwungen würden. Er aber schickete sich zum Treffen, und begegnete ihm Ladisla sehr eifrig; hielten doch so feste, daß keiner den andern im Sattel bewägen mochte, ungeachtet die Speere in Stücken zersprungen, und Fulvius schon erkennete, daß er kein Kind vor sich hatte.

Sie nahmen neue Speere zur Hand, wiewol Fulvius das Schwert lieber gebraucht hätte, mit welchem er rechtschaffen zu wüten pflegete, weil es ihm weder an Verwägenheit noch Leibeskräfften mangelte. Aber der andere Rit muste gewaget seyn, da sie als Blinde allerseits neben hin stachen, und doch mit Pferden und Leibern einander dergestalt rüreten, daß Roß und Mann beyderseits übern Hauffen fiel, und alle Zuseher meyneten, es währe unmöglich, daß sie unbeschädiget blieben währen, dann ihre Pferde zappelten und verschieden in weniger Zeit. Sie aber arbeiteten sich ungeseumet hervor, dann sie wahren unverletzt blieben, wiewol sie des harten Falles beyde wol empfunden, nahmen Schwert und Schild zur Hand, und hoffeten beyde den Sieg zu erstreiten, der nur einem zu theil werden kunte.

Es wahr ein grausamer Kampff anzusehen, massen sie einander zuhämmerten, daß es Funken bey hellem Tage gab; dann Fulvius wahr in Waffen lange Zeit geübet, und wolte seinem Feinde keinen Fuß weichen, sondern da er über Vermuhten dessen festen Stand sahe, mehrete er seine Wuht je länger je hefftiger. Ladisla hingegen ging im Anfange behutsamer, dann er merkete, daß hinter seinem Feinde Kräffte stecketen, auf welche er die seinen sparen muste; schützete deswegen sich mehr, als er seinen Feind verletzete, der ihm solches vor eine Zagheit außlegete, da er zu ihm sagete: Gilt mein Kerl, es ist sicherer spielen unter den Metzen, als unter dem Schwerte; über welchen Schimpf[1] er sich dergestalt eiferte, daß er seiner Behuhtsamkeit vergaß, und so hefftig auff ihn ging, daß wie ungerne Fulvius wolte, er ihm etliche Schritte weichen muste, und darüber eine zimliche Wunde in die linke Schulder bekam.

Das Fräulein war anfangs sehr traurig auff der Zinnen; als sie aber Ladisla vermehrete Kräffte spürete, ward sie von Herzen froh, und empfing Hoffnung zum Siege; wiewol Fulvius, ungeachtet seiner Wunde, sich bald wieder erhohlete, und mit solchem Nachdruk anfiel, daß Ladisla hernach offt gestund, ihm währen seines gleichen wenig vorkommen.

Sie trieben dieses eiferige Gefechte eine halbe Stunde ohn auffhören, biß sie genöhtiget wurden Odem zu schöpffen; stunden und sahen einander mit verwunderung an, und wie hefftig Fulvius die Wunde schmähete, so höchlich frewete sich Ladisla derselben.

Nach kurzer Erhohlung munterten sie ihre Fäuste wieder auff, und sagte Fulvius: Mein Kerl, was wird die Metze sagen, wann sie dich todt vor ihren Füssen sehen wird? Je du Schänder, antwortete er, hastu dann schon so grossen Fortel erstritten, daß du mir den Todt ansagen darffst? fielen hiemit auffs neue an einander, ob[2] hätten sie noch keine Arbeit verrichtet; aber Ladisla brauchte sich der Vorsichtigkeit, und ließ jenen sich abmatten,

[1] Spott   [2] als

dessen unerhörtes Wüten doch so viel durchdrang, daß jener eine Fleischwunde ins rechte Oberbein bekam, welches das Fräulein sehend, vor Angst den Nahmen Ladisla überlaut rieff. Er vernam ihre Stimme gar eigen, schämete sich fast, und in dem er seine Hiebe verdoppelte, sagte er: Ich werde ja dein Rasen endlich brechen, wo mir sonst die Götter nicht ungnädig sind, brachte ihm auch mit dem Worte einen Streich über das linke Bein, daß er strauchelte, und keinen festen Tritt mehr setzen kunte; worüber niemand so hoch, als das Fräulein erfreuet ward.

Fulvius sahe nunmehr, daß er dem Tode nicht entgehen würde, worin er sich unwillig gab, meynete auch aufs wenigste seinen Bestreiter mitzunehmen, und warff ihm seinen Schild wider die Brust, daß er zurük prallete, und des Falles sich kaum enthalten kunte; jedoch erhohlete er sich, und sagte: Bistu Bösewicht ein Ritter, und wirffst den Schild mutwillig von dir? trat ihm ein[1], und nach etlichen Hieben, deren er keinen außnehmen[2] kunte, schlug er ihn mit vollen Kräfften über das Helmgesichte, daß es sich aufftaht, ... und er alsbald todt zur Erden stürzete, da ihm Ladisla mit einem bittern Spotte zurieff: Höre nun auff zu rasen und zu buhlen. Das Fräulein, solchen Fall ersehend, sprang vor Freuden auff, und sagte: Ey dem Himmel sey Dank, daß ich von diesem grimmigen Bähren erlöset bin; ließ auch alsbald einen Diener hinlauffen, ihren Eltern des Kampfs Außgang anzumelden.

Ladisla und Fabius nehmen an zwei weiteren Kämpfen teil, aus denen sie als Sieger hervorgehen. Die Reiterschar des Fulvius tritt nun in Fabius' Dienste ein.

Die unsern kehreten wieder umb mit dem hocherfreueten Frauenzimmer nach des Stathalters Hofe, welcher von Herzen betrübt wahr, daß wegen seiner unbedachtsamen Zusage Fulvius das Leben einbüssen müssen; erkennete doch Gottes Versehung, und sagte zu seinem Gemahl[3]: Dieser Römische Herr und erster Bräutigam unser Tochter ist nun dahin, und hat umb

---

[1] trat auf ihn zu [2] parieren [3] seiner Gemahlin

ihret willen, man kehre es wie man wil, unter Feindes Hand er-
liegen müssen, da hingegen ich gemeynet wahr, ihm mein Kind
diesen Abend beyzulegen. Jedoch wil ich gleichwol in diesem
Stük meinen freyen Willen haben, und ihr noch vor Morgen
einen, den ich mir dieses Augenblik in meinem Herzen erkohren,
an die Hand geben, und Ehelich zuführen, damit ich des Un-
wesens abkomme, und weitere Unlust verhütet werde; ich erinnere euch aber, so lieb euch meine Huld ist, daß ihr mir im geringsten nicht dawider redet, dann ich wil, wie gesagt, durchauß meinen Willen haben.

Sie erschrak zwar dieser Rede auffs hefftigste, durffte aber nicht
widersprechen, nur daß sie zur Antwort gab: das Fräulein währe
seine Tochter, und würde er nach seiner Weißheit und angebohrnen Güte wol mit ihr verfahren.

*Sophia gesteht ihrem Vater ihre Liebe zu Ladisla. Der Statthalter be-
harrt auf seinem väterlichen Recht, einen Mann für seine Tochter zu
wählen, verrät aber, daß er Ladisla ohnehin für sie bestimmt habe. Er
verbietet Sophia, ihrem Geliebten von seiner Einwilligung zu sagen
und befiehlt gleichzeitig, die Vorbereitungen zur Hochzeit fortzusetzen.
Der Statthalter beschäftigt sich dann mit Staatsangelegenheiten, besonders mit der Aufgabe, die Feinde Roms, die sich in Padua versteckt
haben, auszurotten, was jedoch bei Ladisla die Furcht eines Komplotts
gegen ihn und Herkules erweckt.*

Inzwischen hatte die Mutter ihre Tochter als eine Fürstl.
Braut außgeputzet, daß sie wie ein gemahletes Bildichen glän-
zete. Ihr langes gelbes Haar hing ihr auff dem Rücken nieder;
oben auff dem Häupte hatte sie einen grünen Kranz mit schönen
Blumen und köstlichen Kleinoten durchsetzet: ihr Oberkleid
wahr ein schneweisses Silberstük, mit eingewirketen Blumen;
der Unterrok ein Tyrischer Purpur mit einer Perlenschweiff, und
forne herab mit vierdoppelten Reihen Demanten verbremet;
aber das scheinbahreste[1] an ihr wahren die verliebten Äugelein,
welche die übermachte[2] Herzens Freude dannoch so völlig nicht

[1] das prächtigste [2] übermäßige

entwerffen[1] kunten, wie sehr auch die lebhaffte Farbe des nach
Wunsch gebildeten zarten Angesichts sich bemühete, ihnen die
hülffliche Hand zu bieten. In beyden Ohren hatte sie zwo Perlen
hangen als eine grosse Haselnus, die auff 6000 Kronen geschätzet wurden. Ihr Halsketchen wahr von eingefasseten Demanten
fünffdoppelt umb den Halß, und hing zu unterst dran recht
zwischen ihren Brüsten ein Kleinot in Gestalt des kleinen Liebes-
gottes, grosses werds. Auff dem Daumen trug sie einen grossen
güldenen Ring mit einem Demant, der seiner grösse und reinig-
keit wegen hoch geschätzet wahr, mit welchem sie ihrem Liebsten solte vermählet werden. ...

Der Stathalter wahr kaum mit Ladisla auff das zierliche Gemach getreten, da kam ein kleines Mägdelein, und zeigete an,
man wartete auff nichts, als auff seinen Befehl; da er alsbald Ladisla also anredete: Mein hochgeliebter Herr und Freund; billig
müste ich von den Göttern gehasset, und von allen redlichen
Menschen geschändet werden, wann ich unbemühet bliebe, etwa
eine Gelegenheit zu ergreiffen, wodurch die treflichen Dienste,
unter Lebensgefahr mir und den meinen erzeiget, in etwas
erkennet würden. Nun weiß ich schon vorhin wol, daß mein Geld
und Gut, ob ich dessen gleich, den Göttern sey Dank, zur zeitlichen Notturfft übrig habe, der Gültigkeit eurer Woltahten die
Wage nicht halten kan; ja von meinen Herren und Freunden
nicht eins wil angenommen werden, wie insonderheit sein Freund
Herr Herkules sich dessen am meisten wegert; so habe ich doch
unter andern ein mir sehr beliebtes, bißher wol verwahrtes, und
meinem bedünken nach, zimlichen werdes Kleinot, welches ich
vielleicht auß sonderlicher Neigung höher als ein ander schätzen
mag; Dieses meinem Herrn, als der insonderheit sich meiner
Tochter angenommen, einzuliefern, habe ich mir gänzlich vor-
gesetzet der Hoffnung gelebend, er werde mir solches nicht, wie
das gestrige, verächtlich außschlagen, sondern von meiner Hand
unwegerlich annehmen.

Ladisla antwortete ihm: Mein hochwerter Herr; ich bitte sehr,
meine geringschätzigen Dienste nicht so gar über ihre Wirdigkeit zu erheben, als die gestriges Tages mit wenigen Schwert-

[1] ausdrücken

schlägen verrichtet sind, und mein Freund Herkules mehr als ich dabey geleistet hat. Wie solte dann mit gutem Gewissen, und ohn Verletzung meines Ritterstandes ich davor so hohe Belohnung annehmen, und ein so liebes hochwertes Kleinot ihm abhändig machen können? gnug ist mirs, und über gnug, daß ich die Ehre gehabt, den unschuldigen hochbetrübten Fräulein in ihrer Gefahr beyzuspringen, als durch welches Mittel ich in meines Herrn Kundschaft gerahten bin. Dafern nun mein Herr einigen guten Willen zu mir träget, bitte ich von Herzen, mich mit weiterer Nöhtigung das Kleinot anzunehmen, günstig zu verschonen.

Nun mein Herr, sagte der Stathalter, so schlaget ihr mir auch dieses mein Erbieten vor der Faust rein abe? wol dann, so muß ich gleichwol versuchen, ob meiner Tochter Hände geschikter und glükseliger sind, euch solches beyzubringen. Ladisla wollte nochmahls umb verzeihung seines wegerns anhalten; aber das Fräulein trat gleich zur Tühr hinein, welche diesen Weg mit so erschrockenem Herzen ging, als solte sie einem ganz Unbekanten zugeführet werden, daß sie schier nicht wuste, ob sie gehen oder verzihen[1] solte; ... Es schwebeten aber so viel und mannicherley Gedanken in ihrem Gehirn umher, daß sie als eine trunckene wankete, und mit dem Fusse, da sie ins Gemach trat, wieder die Unterschwelle sties, daß der Kranz auff ihrem Häupte loß ward, und sie denselben herunter nehmen, und in der Hand tragen muste.

Ihr Vater stellete das kleine Mägdlein ihr an die Seite, und redete sie also an: Geliebtes Kind; die Vergeltung so ich Herren Ladisla heut, wie du weist, vor seine hohe Dienste zugedacht habe, kan ich ihn nicht bereden, daß ers annehme ... Nun wolan Herr Ladisla, es haben gewißlich ihrer wenig sich zu rühmen, daß ich ihnen gegenwärtiges mein liebstes Kleinot angebohten; weil er mir aber solches lieber, als ihm selber gönnet, wil ich ihn weiters nicht bemühen, sondern es einem andern vorbehalten ...

Wem wahr lieber als Ladisla, daß er wieder seinen Willen nichts nehmen solte? er fing an sich zu bedanken, daß er der Anmuhtung mit gutem Willen überhoben währe, hoffete auch

[1] säumen

sein hochgewogenes Fräulein, welche vielleicht seine Gedanken nicht recht möchte gefasset haben, würde ihm solches zum ärgesten nicht außdeuten, weil er sich einer so teuren Vergeltung unwirdig schätzete, er auch seine Dienste nicht in solchem Vorsatze angewendet hätte; und währe ihm lieb daß dieselbe einem wirdigern vorbehalten würde, er hätte an der blossen Gutwilligkeit und angebohtenen Ehre übrig gnug; jedoch, wann er die Kühnheit brauchen dürffte; wolte er umb die freye Wahl eines Geschenks bitten, da[1] es sonst zugleich mit der Fräulein Willen geschehen könte.

Der Stathalter sagete; ... Mein Herr, er weiß ja ohn das, welche Freyheit ich ihm zugestellet, nach seinem Willen zu fodern und zu begehren; daher mir nichts liebers seyn kan, als wann er sich dessen kühnlich gebrauchen würde; weil ich aber befürchten muß, daß er umb ein so geringes anhalten möchte, welches ohn meine Beschimpffung den Nahmen eines Geschenks nicht haben könte, wird er mir verzeihen, daß ich biß auff das ergangene Anheischen die Einwilligung auffschiebe.

Ich wil nicht hoffen, antwortete er, daß ich meinem Herren zuwieder etwas wählen werde, sondern meine Bitte reichet nur biß an das köstliche Kränzlein, welches mein Fräulein auff ihrer Hand träget, und ich auf Einwilligung vor eine mehr als überflüssige Belohnung meiner geringfügigen Dienste rechnen würde; trat hiemit zu ihr hin, in Hoffnung, den Kranz ohn Wegerung von ihr zu empfangen. Aber er ward heßlich betrogen; massen sie auff seine Näherung zurük trat, und mit verächtlicher Rede sagete: O nein ihr falscher Ladisla, ist es euch so ein geringes, Götter und Menschen zu täuschen, und eine Kunst, ein einfältiges Fräulein aufzuzihen, werdet ihr trauen von mir unwirdig geschätzet, die geringste Blume, ich geschweige diesen Kranz zu erhalten.

Der arme Ladisla erschrak über ihren unfreundlichen Anblicken und sauerer Rede so hart, daß ihm unmöglich wahr, ein Wörtlein vorzubringen, oder einen Fuß aus der Stelle zusetzen; endlich fing er an: Nun nun mein Fräulein, hat euer gehorsamster Knecht, welches er doch nicht weiß, sich an euch versündi-

[1] wenn

get, so nehmet, zur Bezeugung seiner Unschuld diese letzte Entschuldigung von ihm an. Er wolte weiter reden, aber die Zunge
versagete dem Willen weitern Gehorsam, und suchte die Ohnmacht das übrige zu volstrecken; welches der Stathalter ersehend,
ihn bey dem Arme schüttelte, und zu ihm sagte: Nicht also mein
geliebter Herr, nicht meiner Tochter Kranz, sondern wer denselben, weil es ihr Brautkranz ist, von ihr begehret, muß sie darzu nehmen; und zwar diese meine liebste einige Tochter ist eben
das Kleinot und Geschenk, welches ich ihm zu lieffern willens
bin, und er mir solches, ohn zweiffel auß Irtuhm und Unwissenheit außschläget, und nichts mehr als diesen elenden Kranz an
ihre Stat fodert.

Dieses nun brachte ihm eine so gehlinge[1] Verenderung, daß er
vor Freuden sein selbst vergaß. O mein hochgeneigter Herr und
Vater, sagte er; ich verfluche meiner Tugend Tohrheit, in dem
ich unbedachtsamer Weyse mich eines dinges wegere, das mir
lieber als meine Seele ist; küssete ihm die Hände aus grosser
Liebe, und fuhr also fort; Ich hätte nimmermehr gedacht, daß so
grosse Hulde euer Vaterherz eingenommen, die dieses vol-
kommene Frl. mir zur Vergeltung würde folgen lassen; sonsten
müste ich schandwirdig seyn, wann ich mich hierzu solte lassen
bitten, warumb ich so inständige Ansuchung getahn; Es ist aber
meine Vergnügung viel grösser, als daß ich sie mit Worten oder
Geberden solte können an den Tag geben, daher mein Herr und
Vater keiner andern Danksagung gewärtig seyn wolle, als welche
in steter Bereitwilligkeit stehet, dessen Gebohten und Befehlen Tag und Nacht zu gehorsamen, als lange meine Seele in
mir wird rege seyn.

Geliebter Herr und Sohn, antwortete er; mein Wort ist gesprochen, weil ich in heimliche Erfahrung, nicht ohn sonder-
bahre Herzensfreude kommen bin, daß mit dieser Vergeltung ich
euch den angenehmsten Willen erzeigen würde, wie ihr dessen
nicht allein würdig seyd, sondern ich auch erkennen muß, daß
ihr sie gedoppelt mit dem Schwerte gewonnen, ihre Ehre und
Leben gerettet, und durch eure herrliche Tugend sie euch verbunden gemacht; daher mirs billich zum höchsten Unglimpff

[1] jähe

müste außgeleget werden, wann ich sie seinem Willen eine Stunde vorenthielte; Ist demnach mein ganzer Vorsaz, daß sie diesen
Abend meinem Herrn Sohn ehelich vertrauet und beygelegt
werde, welches die Götter mir zur Freude auff meinen Geburts-
tag also schicken; und kan das HochzeitFest nach Belieben erstes
Tages folgen, so bald Herr Herkules völlig wird genesen seyn.
Da ging nun Ladisla verliebte Seele in vollen Sprüngen, als er
hörete, daß er seiner Liebe den freyen Zaum dürffte schiessen
lassen.

Das Fräulein hatte sehr ungleiche Gedanken von ihm ge-
schöpffet, vernam aber nunmehr den Irthum, und hermete sich
überauß sehr wegen der außgestossenen Reden, daß sie weder
ihren Vater noch Liebsten ansehen durffte. So hatte auch Ladisla
das Herz nicht, zu ihr hinzutreten, biß der Vater zu ihm sagete:
Ich weiß nicht, Herr Sohn, warumb er anjetzo weniger, als vorhin sich zu meiner Tochter nahet, da sie doch schon seine ist?
Worauff er antwortete: Seine Liebe währe zwar im höchsten
Gipfel, aber die Glükseligkeit so groß, daß sie von seinen Gedanken nicht könte abgefasset werden. Ey, sagte der Vater, so
wil ich durch meinen Abtrit euch Raum geben, eure Gedanken
recht zu samlen. Du aber, sagte er zu der Tochter, schicke dich[1]
auf eine gebührliche Abbitte, deiner begangenen Grobheit; ging
also davon, und ließ H. Kornelius und H. Emilius mit ihren Ge-
mahlen und Töchtern anfodern, auf sein GeburtsTages-Fest in
feyerlicher Kleidung zu erscheinen, wie sie darzu schon erbehten
waren.

Nach seinem Abtritt umfieng Ladisla sein Fräulein gar lieblich,
und rühmete sein Glük, daß er nunmehr die Freyheit haben
würde, sich an seiner Hochgeliebten zu ergetzen.

*Alle Vorbereitungen zur Vermählung von Ladisla und Sophia sind nun
getroffen, und die Hochzeit findet unter allgemeinem Jubel statt. Nachher
gibt es ein festliches Essen, Musik und Tanz. Am Ende des Tages,* „als
die Zeit zur Ruhe verhanden, wurden die neuen Eheleute zu
Bette geführet, da Ladisla den mehrenteil der Nacht mit seinem
Fräulein in freundlichem Gespräch zubrachte, biß sie gegen der
_____
[1] bereite dich

Morgen einschlieffen". *Am nächsten Tag erhält das Ehepaar zwei Hochzeitsgedichte von Herkules, der noch krank zu Bett liegt. Er erholt sich aber in ein paar Tagen und bald* „erlanget er die völlige Gesundheit und ergetzet sich mit der Gesellschafft".

HANS JAKOB CHRISTOFFEL VON GRIMMELSHAUSEN

1621–1676

Den autobiographischen Wert des *Simplicissimus* hat man lange überschätzt. Im ganzen gesehen besteht jedoch eine gewisse Ähnlichkeit zwischen Grimmelshausens Lebenslauf und dem seines Helden. Auch er wuchs mitten im Krieg auf und erlebte schon als Dreizehnjähriger die Plünderung seiner Heimat. Auch er wurde von seinen Eltern getrennt und in die Wirbel des Krieges hineingezogen. Die letzten Jahre des Krieges verbrachte er zuerst als Musketier und später als Regimentsschreiber im Dienste der kaiserlichen Armee. In diesen Lebensabschnitt fiel wohl auch seine Bekehrung zum Katholizismus. Nach dem Krieg heiratete er (1649) und wurde in Gaisbach im Schwarzwald als ‚Schaffner‘ (Gutsverwalter) der Freiherren von Schauenburg angestellt. Von 1662 bis 1665 diente er dem wohlhabenden Straßburger Dr. Küffer als Burgvogt. Zwei Jahre lang versuchte er dann, sich als Gastwirt durchzuschlagen, mußte aber zur Feder greifen, um seine ständige Geldnot zu lindern. Seine erste Veröffentlichung, *Der Satyrische Pilgram*, und sein Roman, der *Keusche Joseph*, erschienen 1667 und *Simplicissimus* 1668–9. Seine letzte Stellung als Schultheiß des Städtchens Renchen im Dienste des Bischofs von Straßburg gewährte ihm offenbar Zeit genug, um seine literarische Tätigkeit fortzusetzen.

Wahrscheinlich erhielt Grimmelshausen die erste Ausbildung in einer Lateinschule. Bedeutsamer für seine persönliche Entwicklung und für seine Romane waren jedoch seine Erlebnisse im Dreißigjährigen Krieg und seine Bemühungen, durch umfangreiches Lesen sich selbst weiterzubilden. Gerade weil er nicht der Gelehrtenschicht angehörte, fiel es ihm leichter als manchem seiner Zeitgenossen, ein breites Publikum zu erreichen. Nach dem Grundsatz „wer vieles bringt wird manchem etwas bringen" schöpfte er Material aus den verschiedensten Quellen – aus Volksbüchern, Reisegeschichten, Anekdotensammlungen, Pikaroromanen und populär-wissenschaftlichen Handbüchern. Allem, was er entlehnte, gab Grimmelshausen jedoch das Gepräge seines sehr individuellen Stils, der seine Ironie und seine Einbildungskraft, seinen Wirklichkeitssinn und seine Pietät spiegelt. Trotz seiner Toleranz und seiner überkonfessionellen religiösen Haltung ist sein Christentum eher konservativ und traditionsgebunden als fortschrittlich oder etwa ‚aufgeklärt‘ im Sinne des 18. Jahrhunderts. Charakteristisch für seine Zeit war sein Aberglaube wie auch seine asketische Einstellung zum Leben. Das Finale ‚Adieu Welt‘, am Ende des 5. Buches des *Simplicissimus* klingt auch in den Schlußkapiteln des 6. Buches *(Continuatio)* nach. Daß diese Kapitel zum Teil auf Quellen beruhten, die auch Daniel Defoe bei der Abfassung von *Robinson Crusoe* benutzte, erklärt die nicht ganz glückliche Bezeichnung dieses Werks durch die Forschung als einer ‚Robinsonade‘. Man darf nicht vergessen, daß Grimmelshausen ungefähr ein halbes Jahrhundert vor Defoe schrieb, und daß Crusoe nie die Hoffnung aufgab, eines Tages von einem Schiff gerettet und zur Zivilisation zurückgebracht zu werden, wogegen Simplicius vor dem Gedanken an eine Rückkehr nach Europa zurückschreckt.

Continuatio des abentheurlichen Simplicissimi

(1669)

Simplicius hat seine Einsiedelei im Schwarzwald verlassen, und zieht als Pilger durch die Schweiz und Italien in der Absicht, nach dem Heiligen Land zu fahren. Unterwegs erlebt er mehrere Abenteuer, und in Ägypten wird er von einer Räuberbande gefangen und als ‚wilder Mann‘ öffentlich zur Schau gestellt. Einige Europäer, die ihn sehen, kaufen ihn frei, und er entschließt sich, mit einem portugiesischen Schiff vom Roten Meer nach Portugal zu segeln, um dann eine Pilgerfahrt nach Sankt Jakob zu Compostella zu unternehmen. Auch dieser Plan kommt jedoch nicht zur Verwirklichung.

Als wir nun zu Schiff gangen, vom *Sinu Arabico* oder Rothen Meer auff den *Oceanum* kommen und erwünschten Wind hatten, namen wir unsern Lauff das *Caput bonæ speranzæ* zu *passirn*, segelten auch etliche Wochen so glücklich dahin, daß wir uns kein ander Wetter hätten wünschen können; da wir aber vermeinten, nunmehr bald gegen der Insul *Madagascar* über zu seyn, erhube sich gehling eine solche Ungestümme daß wir kaum Zeit hatten

Aus *Abentheurlicher Simplicissimus*
(Exemplar des British Museums London)

die Segel einzunehmen; solche vermehrte sich je länger je mehr, also daß wir auch die Masst abhauen und das Schiff dem Willen und Gewalt der Wellen lassen musten, dieselbe führten uns in die Höhe gleichsamb an die Wolcken, und im Augenblick senckten sie uns widerumb biß auff den Abgrund hinunder, welches bey einer halben Stund wärete und uns trefflich andächtig betten lernet, endlich warffen sie uns auff eine verborgene Stein Klippe mit solcher stärcke, daß das Schiff mit grausamen Krachen zustücken zerbrach, warvon sich ein jämmerliches und ellendes Geschrey erhub, da wurde dieselbe Gegent gleichsamb in einem Augenblick mit Kisten Ballen und Trümmern vom Schiff überstreut; da sahe und hörete man hie und dort oben auff den Wellen und unten in der Tieffe die unglückseelige Leut an den jenigen Sachen hangen, die ihnen in solcher Noth am allerersten in die Hände gerathen waren, welche mit ellendem Geheul ihren Untergang bejammerten, und ihre Seelen GOtt befohlen; ich und ein Zimmerman lagen auff einem grossen Stück vom Schiff, welches etliche Zwerch-Höltzer[1] behalten hatte, daran wir sich fest hielten und einander zusprachen; mithin legten sich die grausame Wind allgemach, davon die wüttende Wellen deß zornigen Meers sich nach und nach besannftigten und geringer wurden; hingegen aber folgte die stickfinstere Nacht mit einem schröcklichen Platz-Regen, daß es das Ansehen hatte, als hätten wir mitten im Meer von oben herab ersaufft werden sollen; das währete biß umb Mitternacht, in welcher Zeit wir grosse Noth erlitten hatten; darauff wurde der Himmel wider klar, also daß wir das Gestirn sehen kondten, an welchem wir vermerckten, daß uns der Wind je länger je mehr von der seiten *Africæ* in das weite Meer gegen *Terram Australem incognitam* hinein triebe, welches uns beyde sehr bestürtzt machte, gegen Tag wurde es abermal so dunckel, daß wir einander nicht sehen kondten wiewol wir nahe beyeinander lagen; in dieser Finsternus und erbärmlichen Zustand trieben wir immer fort, biß wir ohnversehens innen wurden, daß wir auff dem Grund sitzen blieben und stillhielten; der Zimmermann hatte ein Axt in seinem Gürtel stecken, damit *visitirt*[2] er die Tieffe deß Wassers und fande auff

---

[1] Querhölzer [2] sondierte

der einen Seiten nicht wol Schuh tieff Wassers, welches uns hertzlich erfreute und ohnzweiffeliche Hoffnung gabe, GOtt hätte uns
jrgends hin an Land geholffen, daß uns auch ein lieblicher Geruch zuverstehen gab, den wir empfanden, als wir wieder ein
wenig zu uns selbst kamen; weil es aber so finster und wir beyde
gantz abgemattet zumahlen deß Tags ehistes gewertig waren,
hatten wir nicht das Hertz sich ins Wasser zulegen und solches
Landt zusuchen, ohnangesehen wir allbereit weit von uns etliche
Vögel singen zuhören vermeinten, wie es dann auch nicht anders
war; so bald sich aber der liebe Tag im Osten ein wenig erzeigte,
sahen wir durch die Düstere ein wenig Land mit Böschen bewachsen allernechst vor uns liegen, derowegen begaben wir sich
alsobalden gegen demselbigen ins Wasser, welches je länger je
seichter wurde, biß wir endlich mit grossen Freuden auff das
truckene Land kamen; da fielen wir nieder auff die Knie, küsten
den Erdboden und danckten Gott im Himmel, daß er uns so
Vätterlich erhalten und ans Land gebracht; und solcher gestalt
bin ich in diese Insul kommen.

Wir kondten noch nicht wissen ob wir auff einem bewohnten
oder unbewohnten: auff einem festen Land: oder nur auff einer
Insul waren; Aber das merckten wir gleich, daß es ein trefflicher
fruchtbarer Erdboden seyn müste, weil alles vor uns gleichsamb
so dick wie ein Hanff-Acker mit Büschen und Bäumen bewachsen war, also daß wir kaum dardurch kommen konden; als es
aber völlig Tage worden, und wir etwann ein viertel Stundt
Wegs vom Gestadt an durch die Büsche geschloffen[1], und der
Orten nicht allein keine eintzige Anzeigung einiger Menschlichen Wohnung verspüren konden, sonder noch darzu hin und
wieder viel frembde Vögel, die sich gar nichts vor uns scheuten,
ja mit den Händen fangen liesen, antraffen, kondten wir ohn-
schwer erachten, daß wir auff einer zwar ohnbekandten: aber
jedoch sehr fruchtbaren Insul seyn müsten; wir fanden Citronen,
Pomerantzen, und *Coquos*, mit welchen Früchten wir sich trefflich wohl erquickten, und als die Sonne auffgienge, kamen wir
auff eine Ebne, welche überall mit Palmen (davon man den *Vin
de Palm* hat) bewachsen war; welches meinen Cammerrathen, der

[1] geschlüpft

denselbigen nur viel zu gern tranck, auch mehr als zuviel erfreute; daselbsthin setzten wir sich nieder an die Sonne, unsere
Kleyder zutrücknen, welche wir außzogen: und zu solchem
Endt an die Bäum auff hänckten, vor uns selbst aber im Hemb-
tern herumb spacierten; mein Zimmerman hieb mit seiner Axt in
einem Palmiten Baum, und befande das sie Reich von Wein
waren, wir hatten aber drumb kein Geschirr solchen auffzu-
fangen, wie wir dann auch beyde unsere Hüt im Schiffbruch ver-
lohrn;

Als die liebe Sonne nun unsere Klayder wieder getrücknet,
zogen wir selbige an, und stiegen auff das Felsechtige hohe Gebürg so auff der rechten Hand gegen Mitternacht zwischen dieser Ebne und dem Meer liegt, und sahen sich umb: befanden auch
gleich daß wir auf keinen festen Landen sonder nur in dieser Insul waren welche im Umbgraiß über anderhalbe Stund gehens[1]
nicht begriffe; und weil wir weder nahe noch fern keine Landt-
schafft; sonder nur Wasser und Himmel sahen, wurden wir beyde
betrübt, und verluhren alle Hoffnung ins künfftig wiederumb
Menschen zusehen; doch tröstete uns hinwiederumb, daß uns
die Güte GOttes an diesen gleichsamb sichern: und allerfrucht-
barsten: und nicht an einen solchen Ort gesändet hatte, der
etwann unfruchtbar: oder mit Menschen-Fressern bewohnet gewesen wäre; darauff fiengen wir an zugedencken was uns zuthun
oder zulassen seyn möchte; und weil wir gleichsamb wie Ge-
fangne in dieser Insul beyeinander leben musten, schwuren wir
einander beständige Treu; das besagte Gebürg sasse und flohe
nicht allein voller Vögel von underschiedlichen Geschlechten,
sonder es lag auch so voll Nester mit Eyern, daß wir sich nicht
genugsamb darüber verwundern kondten; wir trancken deren
Eyer etliche auß, und namen noch mehr mit uns das Gebürg
herunter, an welchem wir die Quell deß süssen Wassers fanden,
welches sich gegen Osten so starck, daß es wohl ein geringes
Mühl-Rath treiben köndte, in das Meer ergeust, darüber wir
abermal eine neue Freud empfiengen, und miteinander beschlossen, bey derselbigen Quell unsere Wohnung anzustellen.

Zue solcher neuen Haußhaltung hatten wir beyde keinen

---

[1] einen anderthalbstündigen Spaziergang

andern Hauß-Rath als eine Axt, einen[2] Leffel, drey Messer eine
Piron oder Gabel, und eine Scheer, sonst war nichts vorhanden,
mein Cammerrath hatte zwar ein Ducat oder dreysig bey sich,
welche wir gern vor ein Feurzeug gegeben wann wir nur ein
darvor zu kauffen gewüst hätten; aber sie waren uns nirgends zu
nichts nutz, ja weniger werth als mein Pulver-Horn, welches
noch mit Zintkraut gefüllt, dasselbe dürrete ich (weil es so weich
als ein Brey war) an der Sonnen, zettelte[1] davon auff einen Stein,
belegte es mit leichtbrennender *Materia* deren es von Mos und
Baumwoll von den *Coquos*-Baumen genugsamb gab, strich darauff mit einem Messer durchs Pulver und fieng also Feur, welches
uns so hoch erfreute, als die Erlösung auß dem Meer; und wann
wir nur Saltz Brod und Geschirr gehabt hätten, unser Getränck
hinein zufassen, so hätten wir sich vor die allerglückseeligste
Kerl in der Welt geschätzt, obwohl wir vor 24. Stunden unter
die unglücklichste gerechnet werden mögen, so gut Getreu und
Barmhertzig ist GOtt, dem sey Ehr in Ewigkeit, Amen.

Wir fiengen gleich etwas von Geflügel, dessen die Mänge bey
vns ohne scheu herumb gienge, rupftens, wäschtens, und steck-
tens an ein höltzernen Spiß; da fieng ich an braten zuwenden,
mein Cammerrath aber schaffte mir indessen Holtz herbey und
verfertigte eine Hütte, uns, wann es vielleicht wider regnen
würde, vor demselben zubeschirmen weil der Indianische Regen
gegen *Africa* sehr ungesund zuseyn pflegt, und was uns an Saltz
abgieng, ersetzten wir mit Citronen-Safft, unser Speisen ge-
schmacksamb zumachen.

Dises war der erste Imbs, den wir auff unserer Insul ein-
nahmen; und nach dem wir solchen vollbracht, thäten wir nichts
anders, als dörr Holtz zusammen suchen unser Feur zu unterhalten; wir hätten gern gleich die gantze Insul vollents besich-
tigt, aber wegen überstandener Abmattung trengte uns der
Schlaff das wir sich zur Rhue legen musten, welche wir auch *con-
tinuirten* biß an den lichten Morgen; als wir solchen erlebt,
giengen wir dem Bächlein oder *refier*[2] nach hinunter, biß an
Mund da es sich ins Meer ergeüst, und sahen mit höchster Verwunderung, wie sich eine unsägliche Mänge Fische in der grösse

---

[1] streute   [2] = *rivière*, Fluß

als müttelmässige Salmen oder grosse Karpffen dem siessen Wasser nach ins Flüsslein hinauff zoge, also das es schiene, als ob man eine grosse Härdt Schwein mit Gewalt hinein getriben hette; und weil wir auch etliche *Bonanas Battades*[1] antraffen so treffliche gute Früchten seyn, sagten wir zusammen, wir hetten Schlauraffenland genug, (ob zwar kein vierfiessig Thier verhanden) wann wir nur Gesellschaft hätten, beydes die Fruchtbarkeit: als auch die vorhandene Fisch und Vögel diser edlen Insul geniessen zuhelffen; wir konten aber kein eintzig Merckzeichen spiren, das jemahlen Menschen daselbst gewesen wären.

Eine dritte Person – die abessinische Magd einer portugiesischen Dame – hat sich vom Schiffbruch gerettet und wird von den Wogen an den Strand der Insel geworfen. Sie erklärt sich bereit, für die beiden Männer hauszuhalten, versucht aber durch List, den jungen Zimmermann für sich zu gewinnen und ihn zu überreden, Simplicius zu töten. Als jedoch Simplicius sich vor dem Essen bekreuzigt, löst sie sich ins Nichts auf! Von Reue ergriffen, gesteht der Zimmermann den ganzen teuflischen Plan und fleht um Verzeihung. Die zwei Schiffbrüchigen errichten dann drei große hölzerne Kreuze, um die Insel vor dem Teufel zu schützen.

Die weil wir nun sahen daß wir verbleiben musten wo wir waren, fiengen wir auch unsere Haußhaltung anderst an; mein Cammerad machte von einem schwartzen Holtz, welches sich beynahe dem Eysen vergleicht wann es dürr wird, vor uns beyde hauen und schauffelen, durch welche wir erstlich die obgesetzte[2] drey Creutz eingruben, zweytens das Meer in Gruben laiteten, da es sich, wie ich zu Alexandria in *Ægypten* gesehen, in Saltz verwandelt, drittens fiengen wir an einen lustigen Garten zumachen, weil wir den Müssiggang vor den Anfang unsers Verderbens schetzten, viertens gruben wir das Bächlein ab, also daß wir dasselbe nach unserm belieben anderwerts hinwenden: den alten Fluß gantz trucken legen: und Fisch und Krebs so vil wir wolten, gleichsamb mit trucknen Handen und Füssen darauff auffheben konten; fünfftens fanden wir neben dem besagten Flüss-

---

[1] Bananen und Kartoffeln   [2] obenerwähnte

lein ein überauß schöne Haffner Erde[1]; und ob wir zwar weder
Scheiben noch Rath: zumalen auch kein Bohrer oder andere
Instrumenten hatten, uns dergleichen etwas zuzurichten, umb
uns allerhand Geschirr zu trehen, ob wir wol das Handwerck
nicht gelernet; so ersonnen wir doch einen Vortel[2], durch welchen wir zuwegen brachten was wir wolten, dann nach dem wir
die Erde geknettet und zubereittet hatten wie sie seyn solte,
machten wir würst darauß in der dicke und lenge wie die Eng-
lische Tabacks Pfeiffen seyn, solche kleibten wir schneckenweiß
auffeinander und *formir*ten Geschirr drauß wie wirs haben wolten, beydes groß und klein, Häffen[3] und Schüsslen, zum kochen
und trincken; wie uns nun der erste Brand geriethe, hatten wir
keine Ursach mehr, uns über einigen Mangel zubeklagen, dann
ob uns wol das Brod abgieng, hatten wir jedoch hingegen dürre
Fisch vollauf, die wir vor Brod brauchten, mit der Zeit gieng uns
der Vortel mit dem Saltz auch an, also daß wir entlich gar nichts
zu klagen hatten; sonder wie die Leut in der ersten güldenen
Zeit lebeten; da lehrten wir nach und nach wie wir auß Eyern,
dürren Füschen und Citronen Schälen, welche beyde letztere
Stück wir zwischen zweyen Steinen zu zartem Meel rieben, in
Vögel Schmaltz, so wir von den Walchen[4] so genanten Vögeln
bekamen, an statt deß Brods wolgeschmackte Kuchen bachen
solten; so wuste mein Cammerad den Palmwein gar artlich in
grosse Häffen zugewinnen, und denselben ein par Tag stehen
zulassen biß er verjoren, hernach soffe er sich so voll darin, das
er dorckelte, und solches thät er auff die letzte gleichsamb alle
Tage, Gott geb was ich darwider redete; dann er sagte, wann
man ihn über die Zeit stehen liesse so würde er zu Essig, welches
zwar nit ohn ist; antwortet ich ihm dann, er solte auff einmal nit
so vil sonder die blosse Notdurfft gewinnen, so sagte er hingegen, es seye Sünd, wann man die Gaben GOttes verachte; man
müsse den Balmen beyzeiten zu aderlassen, damit sie nit in ihrem
aignen Blut erstickten; also muste ich seinen Begirten den Zaum
lassen, wolte ich anderst nit mehr hören, ich gönnete ihm nit
was wir die völle umbsonst hätten.

Also lebten wir, wie obgemeldet, als die erste Menschen in

[1] Töpfererde [2] Kunstgriff [3] Töpfe [4] Dronte, Dodo

der güldenen Zeit da der gütige Himmel denselbigen ohne einige
Arbeit alles guts auß der Erden hervor wachsen lassen; gleich
wie aber in diser Welt kein Leben so süß und glückseelig ist, das
nit bißweilen mit Gall deß Leydens verbittert werde, also geschahe uns auch; dann umb wie vil[1] sich täglich unser Kuch und
Keller besserte, umb so vil wurden unsere Kleydungen von Tag
zu Tag je länger je plöder[2], biß sie uns entlich gar an den Leybern
verfaulten; das beste vor uns war dises, das wir bißhero noch
niemal keinen Winter: ja nicht die geringste Kälte innen worden,
wiewol wir damal als wir anfiengen nackent zu werden, meinen
Kerbhöltzern nach bereits über anderhalbe Jahr auff diser Insul
zugebracht, sonder es war jederzeit Wetter wie es bey den *Euro-*
peern in *May* und *Iunio* zuseyn pflegt, ausser das es ungefähr im
Augusto und etwas Zeit zuvor gewaltig starck zu regnen und zu
wittern pflegt, so wird auch alhier von einem *Solstitio* zum
andern Tag und Nacht nicht wol über 5. virtel stund länger oder
kürtzer, als das andermal. Wiewol wir nun allein sich auff der Insul befanden, so wolten wir doch nicht wie das unvernünfftige
Vihe nackent: sonder als ehrliche Christen auß *Europa* beklaidet
gehen; hetten wir nun vierfüssige Thier gehabt, so wäre uns
schon geholffen gewesen, ihre Bälg zu Kleidung anzuwenden;
in Mangel derselbigen aber, zogen wir dem grossen Geflügel, als
den Walchen und Pingwins die Häut ab und machten uns Niderkleider drauß, weil wir sie aber auß Mangel beydes der Instrumenten und zugehörigen *Materialien* nicht recht auff die Taur be-
raiten konten, wurden sie hart, unbequem und zerstoben uns
von Leib hinweg, ehe wir sich dessen versehen; die *Coquos*
Baume trugen uns zwar Baumwol genug, wir konten sie aber
weben noch spinnen, aber mein Cammerad, welcher etliche Jahr
in *Indien* gewesen, wise mir an denen Bletern fornen an den Spitzen ein Ding wie ein scharffer Dorn, wann man selbiges abbricht
und am Grad deß Blats hinzeugt, gleichsamb wie man mit den
Bohnen-Scheffen, Phaseoli[3] genant, umbgehet, wann man selbige
von ihren Gräthen reinigt, so verbleibt an dem selbigen spitzigen
Dorn ein Faden hangen, so lang als der Grad oder das Blad ist,
also das man dasselbige an statt Nadel und Faden brauchen kan;

[1] je mehr [2] fadenscheiniger, dünner [3] = *phaseli* (Bohnenart)

solches gab mir Ursach und Gelegenheit an die Hand, daß ich uns auß denselben Blettern Niderkleider machte, und solche mit obgemelten Faden ihres aignen Gewächs zusammen stach[1].

In dem wir nun so mit einander hausten, und unser Sach so weit gebracht, das wir keine Vrsach mehr hatten, uns uber einige Arbeitseeligkeit[2], Abgang, Mangel oder Trübsal zubeschwern, zechte mein Cammerad im Palm Wein jmmerhin täglich fort wie ers angefangen: und nunmehr gewohnt hatte, biß er entlich Lung und Leber entzüntete und ehe ich michs recht versahe, mich, die Insul und den *Vin de Palm* durch einen frühzeitigen Todt zugleich quittirte; ich begrube ihn so gut als ich konte, und in dem ich deß Menschlichen Wesen Unbeständigkeit und anders mehr betrachtete, machte ich ihm folgende Grabschrifft.

Daß ich hier: und nicht ins Meer bin worden begraben,
Auch nit in d'Höll; macht daß umb mich gestritten haben,
Drey Ding! das erste der wüthende *Ocean!*
Das zweit: der grausamb Feind! der höllische *Sathan;*
Diesen entranne ich durch GOttes Hülff auß mein Nöthen
Aber vom Palmwein, dem dritten, ließ ich mich tödten.

Also wurde ich allein ein Herr der gantzen Insul, und fieng widerumb ein Einsidlerisches Leben an, warzu ich dann nit allein mehr als genugsame Gelegenheit: sonder auch ein steiffen Willen und Vorsatz hatte; ich machte mir die Güter und Gaben dises Orts zwar wol zunutz, mit hertzlicher Dancksagung gegen GOtt, als dessen Gütte und Almacht allein mir solche so reichlich bescheret hatte; beflisse mich aber darneben, das ich deren Uberfluß nicht missbrauchte, ich wünschte offt daß ehrliche Christen Menschen bey mir waren, die anderwerts Armut und Mangel leyden müssen, sich der gegenwertigen Gaben GOttes zugebrauchen; weil ich aber wol wuste, daß GOtt dem Allmächtigen mehr als müglich (dafern es anders sein Göttlicher Will wär) mehr Menschen leichtlicher und wunderbarlicher Weiß hieher zuversetzen, als ich hergebracht worden; gab mir solches offt Ursach, ihme umb seine Göttliche vorsehung: und daß er mich so Vätterlich vor andern vil 1000. Menschen ver-

[1] nähte [2] Mühsal

sorgt, und in einen solchen geruhigen fridsamen Stand gesetzt hatte, demütig zudancken.

Mein Cammerad war noch keine Woch Todt gewesen, als ich ein Ungeheur umb meine Wohnung herumb vermerckte; nun wolan, gedachte ich, *Simplici* du bist allein, solt dich nicht der böse Geist zu vexirn unterstehen? vermeinestu nicht diser Schadefro werde dir dein Leben saur machen; was fragstu aber nach ihm, wann du GOtt zum freünde hast? du must nur etwas haben das dich übet, dann sonst würde dich Musiggang und Uberfluß zu fall stürtzen; hastu doch ohne disen sonst niemand zum Feind als dich selbsten und dieser Insul Uberfluß und Lustbarkeit, drumb mach dich nur gefast zu streitten mit dem jenigen der sich am allerstärcksten zu seyn bedunckt, wird derselbige durch GOttes Hilff überwunden, so würdestu ja ob GOtt will vermittelst dessen Gnad auch dein aigner Meister verbleiben;

Mit solchen Gedancken gieng ich ein par Tag umb, welche mich umb ein zimliches besserten und andächtig machten; weil ich mich einer *Rencontra* versahe, die ich ohnzweiffel mit dem bösen Geist außstehen müste, aber ich betrog mich vor diß mal selbsten, dann als ich an einem Abend abermal etwas vermerckte, das sich hören liesse, gieng ich vor meine Hütte, welche zu negst an einen Felsen deß Gebürgs stunde, warunder die haubt Quel deß süssen Wassers, das vom Gebürg durch dise Insul ins Meer rinnet, da sahe ich meinen Cammeraden an der steinen Wand stehen, wie er mit den Fingern in deren Spalt grübelte; ich erschrack wie leicht zugedencken, doch faste ich stracks wider ein Hertz, befahle mich mit Bezaichnung deß heiligen Creutzes in GOttes Schutz, und dachte es muß doch einmahl seyn; besser ists heut als morgen, gieng darauff zum Geist, und brauchte gegen ihm die jenige Wort die man in solchen Begebenheiten zureden pflegt; da verstunde ich alsobalden, daß es mein verstorbener Cammerad war, welcher bey seinen Lebzeiten seine Ducaten dorthin verborgen hatte, der Meinung wann etwan über kurtz oder lang ein Schiff an die Insul kommen würde, daß er alßdann solche wider erheben: und mit sich darvon nehmen wolte; er gab mir auch zuverstehen, daß er auff diß wenige Geld, alß dardurch er wider nach Hauß zukommen verhoffet, sich mehr als auff GOtt

verlassen, wessentwegen er dann mit solcher Unruhe nach seinem
Todt büssen: und mir auch wider seinen Willen Ungelegenheit
machen müssen; ich namb auff sein begehren das Geld herauß,
achtete es aber weniger als nichts; welches man mir desto ehenter
glauben kan, weil ichs auch zu nichts zugebrauchen wuste; dieses nun war der erste Schröck den ich einnamb seit ich mich
allein befande; aber nachgehends wurde mir wol von anderen Geistern zugesetzt als dieser einer gewesen; darvon ich aber weiters
nichts melden, sonder nur noch dieses sagen will, daß ich vermittelst Göttlicher Hülff und Gnad dahin kam, daß ich keinen
eintzigen Feind mehr spürrete, als meine aigne Gedancken, die
offt gar *variabel* stunden, dann dise seynd nit zollfrey vor GOtt,
wie man sonst zusagen pflegt, sonder es wird zu seiner Zeit
ihrentwegen auch Rechenschafft gefordert werden.

Damit mich nun dieselbige destoweniger mit Sünden beflecken
solten, beflisse ich mich nit allein außzuschlagen was nichts
taugte, sonder ich gab mir selbst alle Tag ein leibliche Arbeit
auff, solche neben dem gewöhnlichen Gebett zuverrichten; dann
gleich wie der Mensch zur Arbeit wie der Vogel zum fliehen geboren ist, also verursacht hingegen der Müssiggang beydes der
Seelen und dem Leib ihre Kranckheiten, und zuletzt wann mans
am wenigsten warnimbt, das endlich Verderben, derowegen
pflantzte ich einen Garten dessen ich doch weniger als der Wagen
des fünfften Raths bedorffte, weilen die gantze Insul nichts
anders als ein lieblicher Lustgarten hette genat werden mögen;
meine Arbeit taugte auch zu sonst nichts, alß daß ich eins und
anders in ein wolständigere Ordnung bracht, obwol manchem
die natürliche Vnordnung der Gewächse wie sie da untereinander stunden, anmuthiger vorkommen seyn möchte: und dann
daß ich wie obgemelt, den Müssiggang abschaffte; O wie offt
wünschte ich mir, wann ich meinen Leib abgemattet hatte und
demselben seine Ruhe geben muste, geistliche Bücher, mich
selbst darinn zutrösten, zuergötzen und auffzubauen, aber ich
hatte solche drumb nit; Demnach ich aber vor diesem von
einem heiligen Mann gelesen, daß er gesagt, die gantze weite
Welt sey ihm ein grosses Buch, darinnen er die Wunderwercke
GOttes erkennen: und zu dessen Lob angefrischt werden möchte;

Alß gedachte ich demselbigen nachzufolgen, wiewol ich, so zusagen, nit mehr in der Welt war; die kleine Insul muste mir die
gantze Welt seyn, und in derselbigen ein jedes Ding, ja ein jeder
Baum! ein Antrieb zur Gottseligkeit: und eine Erinnerung zu
denen Gedancken die ein rechter Christ haben soll; also! sahe
ich ein stachelecht Gewächs, so erinnerte ich mich der dörnen
Cron Christi, sahe ich einen Apffel oder Granat, so gedachte ich
an den Fall unserer ersten Eltern und bejammert denselbigen;
gewanne ich ein Palmwein auß einem Baum, so bildet ich mir
vor, wie mildiglich mein Erlöser am Stammen deß H. Creutzes
sein Blut vor mich vergossen; sahe ich Meer oder Berg, so erinnerte ich mich des einen oder andern Wunderzeichens und
Geschichten, so unser Heyland an dergleichen Orthen begangen; fande ich einen oder mehr Stein so zum Werffen bequem
waren, so stellte ich mir vor Augen, wie die Juden Christum
steinigen wolten; war ich in meinem Garten, so gedachte ich an
das ängstig Gebett am Oelberg, oder an das Grab Christi und
wie er nach der Aufferstehung Mariæ Magdalenæ im Garten erschinen, 2c. Mit solchen und dergleichen Gedancken hanthierete
ich täglich; ich asse nie daß ich nicht an das letzte Abendmahl
Christi gedachte; und kochte mir niemahl keine Speiß, daß mich
das gegenwertige Feur nicht an die ewige Peyn der Höllen erinnert hätte.

Endlich fandt ich, daß mit Præsilien Safft[1] deren es vnder-
schiedliche Gattung auff dieser Insul gibt, wann solche mit
Citronen-Safft vermischt werden, gar wol auff eine Art grosser
Palmblätter zuschreiben seye, welches mich höchlich erfreute,
weil ich nunmehr ordenliche Gebett *concipirn* und auffschreiben
kondte; zuletzt als ich mit hertzlicher Reu meinen gantzen geführten Lebens-Lauff betrachtete, und meine Bubenstück die ich
von Jugend auff begangen, mir selbsten vor Augen stellte, und
zu Gemüth führete, daß gleichwohl der barmhertzige GOtt un-
angesehen aller solchen groben Sünden, mich bißher nit allein
vor der ewigen Verdambnuß bewahrt, sondern Zeit und Gelegenheit geben hat mich zu bessern, zubekehren, Ihn umb Ver-
zeyhung zu bitten, und umb seine Gutthaten zudancken, be-

[1] aus Brasilienholz gezogene Farbe

schriebe ich alles was mir noch eingefallen, in dieses Buch so ich
von obgemelten Blättern gemacht, und legte es sambt ob-
gedachten meines Cammeraden hinderlassenen Ducaten an diesen Orth, damit wann vielleicht über kurtz oder lang Leuth hieher kommen solten, sie solches finden und darauß abnehmen
könten, wer etwan hiebevor diese Insul bewohnet; wird nun
heut oder Morgen entweder vor oder nach meinem Todt jemand diß finden und lesen, denselben bitte ich, dafern er etwann
Wörter darinn antrifft, die einem, der sich gern besserte, nit zureden geschweige zuschreiben wohl anstehen, er wolle sich darum nit ärgern; sondern gedencken, daß die Erzehlung leichter
Händel und Geschichten auch bequeme Wort erfordern solche
an Tag zugeben; und gleich wie die Maur-Rauth[1] von keinem
Regen leichtlich naß wird, also kan auch ein rechtschaffnes gott-
seliges Gemüth nicht so gleich von einem jedwedern *Discurs*, er
scheine auch so leichtfertig als er wolle, angesteckt, vergifftet
und verderbt werden; ein ehrlich gesinnter Christlicher Leser,
wird sich vilmehr verwundern und die Göttliche Barmhertzigkeit preysen, wann er findet, daß so ein schlimer Gesell wie ich
gewesen, dannoch die Gnad von GOtt gehabt, der Welt zu
resignirn, und in einem solchen Standt zuleben, darinnen er zur
ewigen Glory zukommen, und die seelige Ewigkeit nechst dem
heiligen Leyden deß Erlösers zu erlangen verhofft, durch ein
seeligs E N D E.

[1] Mauerraute

ANTON ULRICH VON BRAUNSCHWEIG

1633–1714

Anton Ulrich war von Natur aus sehr begabt, energisch und ehrgeizig. Sein Talent sowie sein Interesse für Literatur reiften unter der Führung des Sprachgelehrten J.G. Schottel und des Dichters Sigmund von Birken. 1650 bezog er die Universität Helmstedt. Hier besuchte er die Vorlesungen des liberalgesinnten Theologen Calixtus und schrieb eine Anzahl religiöser Lieder, die 1655 veröffentlicht wurden. Mit seinem älteren Bruder Rudolf machte er eine grosse Tour durch Italien, Holland und Frankreich, wo der Pariser Hof auf ihn einen großen Eindruck machte. Nach seiner Rückkehr nach Deutschland (1656) verfaßte er mehrere Bühnendichtungen im französischen Stil. Im Jahre 1659 wurde er zum Mitglied der Fruchtbringenden Gesellschaft erwählt. Nach seines Vaters Tode (1666) teilte Anton Ulrich mit seinem Bruder die Herrschaft des Landes. Seine politische Erfahrung, seine Vertrautheit mit dem Hofwesen und seine strikte Auffassung der Herrscherpflichten fanden Ausdruck in zwei Romanen: *Aramena* (1669–73) und *Octavia* (1685–1707). Die vor einem biblischen oder römischen Hintergrund spielenden Gestalten dieser Romane benehmen sich völlig als Menschen des siebzehnten Jahrhunderts. Nach dem Tode seines Bruders (1704) übernahm Anton Ulrich die Alleinherrschaft des Landes und verwickelte sich ohne Erfolg in verschiedene politische Abenteuer. Aus politischen Gründen trat er 1709 zum Katholizismus über. Als er aber im Sterben lag, berief er sowohl einen protestantischen als auch einen katholischen Geistlichen zu sich.

In allem, was Anton Ulrich schuf, ist der französische Einfluß zu erkennen, z.B. in seinen Opern und Balletten, oder in dem nach dem Muster des Chateau Marly erbauten Schloß Salzdahlum, wo er eine Zeit lang Hof hielt. Auch seinen schlichten, mitunter eleganten Prosastil verdankte er vielleicht zum Teil seiner Kenntnis der französischen Sprache und Literatur. Ihm eigen war jedoch ein in der damaligen Romanliteratur charakteristisch deutscher Zug – nämlich der Ernst, mit dem er Probleme der Politik und Religion behandelte. Das Geschehnis, das unten erzählt wird, soll sich vor vielen Jahrhunderten im Morgenland abgespielt haben. Man könnte es auch als eine moderne Rechtfertigung der Gewissensfreiheit betrachten, oder als Huldigung für jene, die für ihren Glauben zu sterben bereit sind.

Die Durchleuchtige Syrerin Aramena

(1669–73)

Der Roman spielt im Morgenland des biblischen Patriarchats ab. Eine Inhaltsangabe und Analyse der sehr verwickelten und vielsträhnigen Handlung gibt Cholevius (SS. 178–230). Die Hauptereignisse reihen sich um die schwierige Lage der syrischen Prinzessin Aramena, die in Gefahr steht, die Krone Syriens ihrem tyrannischen Onkel Belochus, dem Herrscher des großen assyrisch-babylonischen Reiches, aufopfern zu müssen. Nach manchen Rückschlägen wird ihre Standhaftigkeit von der Vorsehung belohnt und ihre Feinde werden überwunden. Aramena behält die Krone und heiratet ihren Geliebten, Marsius, den heldenhaften keltisch-deutschen König von Trier.

Ehe der Roman diesen glücklichen Ausgang erreicht, befindet sich Aramena in Damascus als Gefangene des Belochus und des tückischen Prinzen Mamellus, der den Syrern den babylonischen Kult von Isis und Osiris aufzwingen will. Die Unterjochung der Syrer soll durch die Einweihung des Isistempels und durch die Zwangsheirat der Aramena mit Belochus gefeiert werden. Zwei andere Prinzessinnen werden gleichzeitig gezwungen, sich mit Verbündeten des Belochus zu vermählen – die Prinzessin Ahalibama mit Beor, König in Canaan, und die ägyptische Prinzessin Amesses, nach Sitte des ägyptischen Herrscherhauses, mit ihrem Vater Pharao.

Man hörte nun in Damasco von keinem kriege mehr, und ertönete allein auf allen gassen die freudenstimme über die bevorstehende Königliche heuraten, wie auch über die einweihung des großen Isis-tempels: der dan hinkünftig, neben der Egypter götzendienste, die richtschnur seyn solte, wornach man in Syrien den glauben von den himlischen dingen, und ihre geistliche satzungen und gebräuche, richten müste. Es ware dem blinden volke fäst eingedrucket, daß sie nun den rechten reinen gottesdienst überkommen, und solcher allein segen über ihr land und stadt bringen würde: welche vorbildung[1] künftiger glückseligkeit iederman munter und wacker machte. Gegen die nacht, sahe

[1] Vorstellung

man auf allen gassen lustfeuer leuchten, die freude über des Mamellus erwehlung zum hohenpriester, zu bezeugen. ...

Wie demnach solcher grosser tag erschienen, sahe man, bei herfürbrechender sonne, auf allen gassen, von dem Königlichen schloßplatz bis an den Isis tempel, die häuser mit den herrlichsten teppichen behänget, und stellten sich die soldaten, so in Assyriern, Niniviten, Sabeern, Egyptern, Canaaniten und Arabern bestunden, an beiden seiten in ordnung, mit ihrer rüstung und gewehr. Es waren auch sonst alle plätze, wie auch alle thore, so wol mit manschaft besetzet, daß man keiner gefahr sich zu besorgen hatte. Viel tausend menschen von beiderlei geschlecht, erfüllten den vördersten platz vor den Isis-tempel, und war kaum soviel raum gelassen, daß die Königliche gesellschaft herdurch kommen konte. Wie nun etliche stunden in dieser zubereitung verstrichen, hörte man endlich, den thon der trommeten und anderer seitenspiele, in unzehlicher mänge erschallen, und zoge hierauf dieser ansehnliche haufe der grösten und schönsten gesellschaft von der welt, vom Königlichen schloßplatze nach dem tempel, in nachfolgender ordnung.

Zu erst ritten dreitausend wolgewaffnete männer von der leibwacht der drei Könige, der Königin von Saba und Tyro, und des Prinzen von Arabien, welche der Fürst Abdeel fürete. Hierauf kame, nach einer starken musik von mehr den huntert jungen leuten, die ganze geistlichkeit der alten priester vom Isistempel: denen der Prinz Mamellus auf einem wagen nachfolgte, von vielen edlen aus Damasco begleitet, die auf das herrlichste sich gekleidet hatten. Seine leibwacht von tausend pferden, ritte nächst hinter dem wagen, und an beiden seiten desselben ließen sich zu pferd sehen, der Prinz Bildat von Chaldea, des Mamellus bruder, und der Prinz Sinear dessen sohn, die als nächste befreundte des neu-erwehlten hohenpriesters, denselben begleiteten. Hierauf folgte der Prinz Mardocentes, und der Hemor, zu pferde: deren der erste ein so unruhig betrübtes wesen fürete, daß alle welt solches an ihm warnemen kunte; doch riete niemand auf die eigentliche ursache dessen, welche war, das große misfallen, die schöne Königin von Syrien in solchem zwang zu wissen, und daß er, seinen fürsatze nach, da alles dieses so schleunig gekommen, ihr nicht helfen kunte. Es ümgabe sie beide ein schöner ansehnlicher haufe von Arabern und Canaaniten, und ließe sich darauf eine herrliche musik von trommeten hören. Diesen folgte der Belochus, in seinem Königlichen schmuck auf einem wagen sitzend: der, wegen der vergnügung seines gemütes, alle seine sonst-erweisende[1] strengheit abgeleget, also daß man sein angesicht sonder furcht betrachten kunte. Der wagen war mit sechzig knaben umgeben, welche alle in gold gekleidet gingen. Nach ihm fuhre der König von Egypten, gleichfalls in seinem Königlichen schmuck, aber, bei aller dieser seiner vergnügung die augen niemals aufschlagend: weil er sich selbst vor der that schämte, die er ietzt beginge. Seinen, wie auch des verliebten Beors wagen, der zunächst folgte, ümgabe eine gleiche anzahl knaben, wie bei des Belochus seinem sich sehen lassen.

Alles volk warfe nun begierig seine augen auf das, so hernach folgte. Dieses war der aufzug der drei Königlichen bräute, die beisammen auf einem erhobenen wagen saßen. Vierhundert knaben mit körben voll früchte, wie auch fackeln und allerhand rauchwerk, gingen vorher; und an beiden seiten begleiteten sie alle jungfrauen aus Damasco, die mit instrumenten und gesänge sich auf das lieblichste hören ließen; jedannoch der zuschauenden ohren nicht also einnamen, wie deren augen, durch den wunderglanz der schönen Königin von Syrien[2] und ihrer beiden beisitzerinnen, bezaubert wurden. Diese Königin saße in der mitten, eben also gekleidet, wie sie in Damasco am tag ihrer mit dem Abimelech angestellten trauung, gefangen angelanget war. Und ob man ihr wol ansahe, daß sie betrübt war, so leuchtete doch ein solcher glanz von ihr, daß ein großes wundergeschrei überall erscholle, wie sie daher gefahren kame. Ihre schönste augen, die stäts nach dem himmel gerichtet stunden, bezeugten das sehnen ihres herzens, und zoge der alle ihre gedanken so gar an sich, daß sie fast aus sich selbst entzückt war[3], und nicht beachtete, was mit ihr sich begabe.

Die beängstigte Prinzessin Amesses, so ihr zur rechten saße, fande so wenig ursach, ihre tränen zu bergen, daß sie solche ungescheut über ihre wangen herab laufen ließe: und seufzete sie

[1] übliche [2] Aramena [3] fast außer sich war

vergeblich nach ihrem Armizar, daß der kommen und sie erlösen solte. Ahalibama auf der andern seite, lehnte sich an der
Königin linken arm und stellte ihr alle ihre wunderbegebnisse
für, da es ihr ehmals schon so nahe wie nun gewesen, und sie
dannoch davon gekommen wäre, womit sie sich in etwas tröstete:
wiewol, das verlangen nach ihrem Elieser, solchen zeitlichen
befreiung-wunsch ihr sofort wieder bename und gedachte sie
deshalben mehr, sich zum tod zu fördern, als von dem Beor erlöset zu werden. Eine starke wacht von zweitausend Assyriern,
die der Laristenes fürete, folgete diesem wagen, üm alle feindliche anschläge abzuwenden. Hiernächst kamen die Königinnen
von Saba, Tyro, Elam und Ninive, wie auch die Prinzessinnen
Tharasile, Milcaride, Indaride und Orosmada, neben allen Syrischen Fürstinnen, und dem sämtlichen frauenzimmer aller dieser Königinnen, auf wägen hernach gefahren: und wurde endlich dieser prächtige einzug mit einer ansehnlichen reuterei von
vielen tausenden beschlossen.

Sie zogen in solcher schönen ordnung, durch die stadt, bis sie
den tempel der Isis erreichten: da der Mephres, in seinem priesterlichen zierat, an der äusseren pforte die ankommende ent-
fienge, insonderheit aber, mit seinen priestern von allen sieben
orden, den Prinzen Mamellus aufname, und ihn in den hohen-
priester-tempel begleitete. Es waren alda, für alle Königliche
personen, herrliche trone aufgerichtet, üm von dar zuzusehen,
was bei einfürung des hohenpriesters vorgehen würde. Sobald
dieselben von den Königen, Königinnen und Prinzessinen bekleidet worden, fürete man den Prinzen Mamellus für einen
altar, da er das erste opfer anzünden, nachgehends den gewön-
lichen eid ablegen, und ferner den purpur umhängen muste, der
ihme, als einem hohenpriester, zu tragen gebürete. Hierauf salb-
ten sie ihn mit dem heiligen öle, welches bis dahin der König von
Egypten in verwarung gehabt, und durch den Epha den priestern überantworten ließe. Auf dieses, brachten sie ihm die
hohepriesterliche krone, und sobald er dieselbe aufgesetzt,
huben sie ihn empor, und trugen ihn auf einen tron, der für ihn
zubereitet stunde: da sie alle vor ihm niederfielen, und den eid
des gehorsams ablegten. Nach diesem traten die anwesende Sy-

rische fürsten, auch alle ratsherren und alle fürnemste aus Damasco hinzu, und beglückwünschten den neuen hohenpriester: inzwischen die saitenspiele laut ertöneten.

Man fürete hierauf den neuen hohenpriester in die capelle, woselbst die bilder des Osiris und der Isis, seit daß sie aus Egypten hergewandert, und mitlerweile man am tempel gebauet, aufbewaret gestanden. Diese wurden, mit großer verehrung, von ihm geküsset, und folgends, auf sein geheis, von acht fürnemsten unter den priestern aufgehoben und unter einem köstlichen himmel fortgetragen: da er mit einem rauchfaß voran und nach dem innern tempel ginge, alwo ihnen eine stelle verordnet war, da sie künftig solten stehen bleiben. Im fürübertragen fielen die Könige, wie auch alle anwesende, auf ihr angesicht zur erden, und verehrten also diese neue götter: denen aber die Königin von Syrien und die andere zwei bräute nicht die geringste ehrerbietung erwiesen, welches zwar von ihrer wenigen gesehen, und folgbar weder beachtet noch geantet[1] worden. Es folgten aber die Könige und jederman diesen bildern nach, in den heiligsten tempel: da erstlich, durch die hierzu verordnete priester, viel opfer geschlachtet wurden, die alle der hohepriester auf dem großen altar anzündete. Wie diß geschehen, trat der weiße Mephres auf, und hielte eine herrliche rede zum volk, von dem lobe dieser beiden Egyptischen götter, und von den fürnemsten geheimnissen ihres gottesdienstes. Der beschluß seiner rede war eine vermanung an seine zuhörer, die ihme mit heller stimme nachruffen musten: wie daß Osiris und Isis die heiligste und gröste götter der welt wären!

Wie nun alle anwesende, auser den dreien schönen bräuten, solches mit großem getöne verrichtet, rieffen etliche königliche herolde, in- und auser dem tempel, mit heller stimme dieses gebot aus, daß jederman in Damasco, wan sie würden trommeten hören, bei lebensstraffe, auf sein angesicht niederfallen solte: weil alsdan, wie sie fäst glaubten, die beide götter hernieder kommen und diese ihre bildnise beziehen würden. Jederman richtete sich nach diesem gebot, und wie die junge priester von der heiligsten ordnung in die trommeten stießen, fiele alles, so

[1] geahndet

Aus *Aramena*
(Exemplar des British Museums London)

wol in- als auser dem tempel, wie auch auf allen gassen, nieder, und hießen also die Isis und den Osiris willkommen. Weil nun hierbei die Königin von Syrien, wie auch die Prinzessin Amesses und Ahalibama, auf ihren tronen sitzen blieben, entstunde darüber ein großes entsetzen im tempel, und ginge der hohepriester, auf anregen der andern priestere, zu diesen dreien bräuten, sie ihrer gebür zu erinnern: da dan die drei bestürzte Könige nicht wusten, was sie hiervon gedenken solten. Wie sie nun also mit unverwandten augen auf sie schaueten, wurden sie gewar, daß sie alle dreie dem altar zu-eilten, das darauf befindliche rauchopfer, so für das allerheiligste gehalten wurde, und erst angezündet war, herunter rissen, und mit den bränden des heiligen holzes auf die Isis zu warfen, endlich sie gar von ihrer seule herab stießen, daß sie auf den boden fallend, in stücken zerbrache.

Diese unvermutete that, sezte alles anwesende volk in solchen schrecken, daß ein allgemeines geheule und zettergeschrei entstunde, sonderlich unter den priestern, die ihre kleider zurissen, ihre haare ausrauften, sich an die erde wurfen und so übel gehuben, daß nichts erbärmlichers konte gesehen werden. Der hohepriester, so im herzen sich ja so sehr hierüber freute, als er äuserlich sich betrübt anstellte, befahle seinen priestern, sich dieser unsinnigen zu bemächtigen, ehe sie sich noch weiter auch an des Osiris bilde vergriffen. Wie nun also diese drei schönheiten von den Isispriestern, wiewol mit aller ehrerbietung, gehalten wurden, drunge die junge Königin von Ninive[1], und die Prinzessin Indaride von Ophir, durch das volk, und rieffen überlaut: wiedaß sie auch den Gott der Königin von Syrien bekenten, und deme zu ehren, die Isis und den Osiris, als abgötter, verfluchten. Hiermit ergriffen sie der Isis abgefallenes haubt, und warfen dasselbe, mit aller stärke, mitten unter das volk. Diese verdoppelten den ersten schrecken, und fehlte es wenig, daß nicht der ergrimte pövel, sonderlich die vergiftete Egypter, hinzu gedrungen, und selbst hand an diese schöne zerstörerinnen ihres neuen götzendienstes geleget. Mamellus und Mephres, samt den obersten unter den priestern, eine größere entheiligung dieses ihres heiligsten ortes zu verhüten, ließen, die beide Königinnen, neben

[1] die ,jüngere'Aramena, Schwester der Titelheldin.

den dreien Prinzessinnen, in ein gewölbe bringen, in welches man gleich neben dem altar kommen kunte: und weil selbiger ort mit eisernen flügeln wol verwahret war, als wurden die gleich fürgeschlossen, und damit der pövel zurücke gehalten. Die verliebte Könige wusten hierbei nicht, wie ihnen geschahe, und waren eben also aller sinne, gleichwie ihre götter ihrer ehren beraubet: weil sie, da sie in dem augenblicke die allerglückseligsten in ihrer liebe zu werden gehoffet, durch ein so unerhörtes grausames mittel sich aller hoffnung entsetzet sahen, worüber sie schier hätten verzweiflen mögen. Belochus, wie auch der Pharao, die sehr der abgötterei ergeben waren, entfanden diese beschimpfung ihrer götter so übel, daß ihr eifer anfänglich alle liebe aus ihren sinnen verbannte, und sie auf nichts als auf rache gedenken machte. Der Beor aber, der weder einen, noch viel götter glaubte, achtete nicht so gros der Isis entheiligung, als seiner Ahalibama beständigen vorsatz, lieber zu sterben, als ihn zu ehlichen: daher auch dieser verliebte der erste war, der sich bei diesem schrecken erholte, und den andern beiden zusprache, dahin zu sehen, daß von der ergrimten priesterschaar ihren schönen kein leid noch gewalt zugefügt würde. Demnach rieffe Belochus, gleich als aus einem traum erwecket, seinem haubtman von der wacht, dem Nechias, und ließe dem hohenpriester sagen, bei seinen priestern darvor zu seyn, daß der Königin und den andern kein leid wiederfüre. Mamellus verfügte sich hierauf selbst zu den Königen, und äuserst betrübt sich anstellend, daß bei seiner einweihung ein so großes und frömdes unglück sich zugetragen, und ihm die ehre, die Syrische Königin an den Assyrischen Monarchen zu trauen, so plötzlich benommen worden. Er versicherte auch, daß diesen tempelstürmerinnen von den priestern nichts hartes begegnen solte: doch wäre hochnötig, daß sich die Könige bald aus dem tempel begäben, üm den pöbel, der immer mehr und mehr zu wüten anfinge, solchergestalt auch herauszubringen.

Diesemnach eileten die betrübte Könige, und begaben sich aus diesem tempel in ein nebengemach, dahin allbereit die erschrockene Königin von Tyro, neben der Petasiride und den andern, dem tobenden pövel, der nun auf das ganze frauenzimmer übel zufrieden war, und rache an allen üben wolte, üm des willen, was nur etliche unter ihnen begangen hatten, entflohen waren. Als Belochus die Delbois, seine Schwester, weinen sahe, kunte er auch die lang-verbissene tränen nicht weiter aufhalten, sondern ließe denen den freien lauf, und mit ihr in ein fenster allein tretend, sagte er ganz wehmütig zu ihr: Bin ich nicht unglücklich, liebste schwester! daß auch Aramena muß tugendhaft zu seyn aufhören, üm mich zu quälen? Wer hätte sollen gedenken, daß, bei aller meiner habenden macht, mir dannoch diese so boshaftige als schöne entgehen solte. Als er in dieser seiner klage fortfaren wolte, trate der Prinz Bildat hinein, anmeldend: wie der pöbel sich noch nicht wolte bändigen lassen, da fürnemlich die Araber und Egypter das gewölbe zu stürmen sich bemüheten, darin die Königin und Prinzessinnen verschlossen waren. Was ist dan hier zu thun? fragte der erschrockene Belochus? Mein bruder hält für ratsam (gabe Bildat zur antwort) wan E. Maj. sich selbst vor dem volk sehen ließen, und sie vertrösteten, daß das, so an dem heiligen bilde der Isis begangen worden, ernstlich solte gerochen werden. Wolan! (antwortete Belochus) so lasset uns dan gehen, und thun, was unser grausames verhängnis erfordert.

Wie er diß gesagt, name er den Pharao und Beor bei der hand, und begabe sich auf einen gang oben im tempel, als eben das volk die eiserne türen aufbrechen wolte: die dan von dem Prinzen Mardocentes hierzu angefrischet[1] wurden, als welcher durch solches mittel diese Königinnen und Prinzessinnen heimlich davon zu bringen suchte. Haltet ein! haltet ein! (rieffe Belochus) ihr edle eiverer der großen Isis! und entheiliget diese nicht noch mehr mit eurer unzeitigen rachgirde. Seit aber versichert, unsere göttin sol gerochen werden, so wahr ich diese gottheit verehre, und so lieb mir meine königliche würde ist, die der himmel mir zugewendet. Bei sprechung dieser lezten worte, ließe Mamellus und die gesamte priesterschaar sich auch sehen, und den König bei diesen gethanen eide fassend, sagte er zu dem volke: Nun der große weltmonarch euch diese versicherung gethan, daß er unsere beleidigte Isis rächen wolle, so fallet nicht in ein frömdes

[1] angespornt

amt, sondern seit damit vernüget, daß ihr bald die jenige sollet im feuer aufgehen sehen, die euch und uns heute so schmerzlich betrübet haben. Diese harte worte, an welchen die Könige sich ärgerten, stillten der Egypter ihren eifer, daß sie abzogen. Die Araber konten auch nichts mehr fürnemen, weil ihr Prinz hierauf sein heimliches vorhaben einstellen muste.

Also wurde der tempel vom volke geraumet, den der Mamellus alsofort verschließen ließe: doch blieben sie ausen rund üm den tempel, üm acht zu haben, daß die Königinnen und Prinzessinnen nicht entkommen möchten. Wie nun hierauf das gerüchte von dieser begebnis, durch ganz Damasco, sich ausgebreitet, verwandelte sich dadurch die allgemeine freude in ein klägliches winseln und wehklagen, und stritten die Syrer in ihrem gemüte, ob sie mehr liebe gegen ihrer Königin, als gegen ihrer angenommenen göttin, erweisen solten: doch ward endlich diese that von allen für so greulich angesehen und gehalten, daß sie zwar ihre Königin beklagten, aber sie zu retten, unmüglich fanden, weil das verbrechen zu gros war und sie unter der Assyrischen gewalt lebten. Demnach überfiele sie alle eine tödliche traurigkeit, solcher gestalt ihre große hofnung sterben zu sehen, und an beiden töchtern ihres großen Aramenes diesen erbärmlichen untergang zu erleben. Der alte Hus, wie auch der Zophar, und der getreue Thebah, waren hiebei nicht zu trösten, und hätten gern entschuldigt, was geschehen war, wan es ihnen, bei diesem ihrem glauben, (wiewol sie es ehedessen bäßer gewust) wäre möglich gewesen.

Die Königliche personen befanden sich indessen noch im tempel, und verlangten ihre drei bräute zu sprechen, üm die ursach dieser ihrer begangenen freveltat von ihnen zu erfragen. Mamellus widersezte sich zwar diesem beginnen, muste es aber, wie er ihren ernst sahe, geschehen lassen. Demnach wurde von den priestern das gewölbe geöffnet, und die drei Könige samt der Königin von Tyro eingelassen. Sie fanden sie alle fünfe ganz unerschrocken beisammen sitzen, da sie einander zur beständigkeit, den tod beherzt anzustehen, vermaneten[1]: und war die Königin von Syrien über der grosmütigen bekehrung ihrer schwester so erfreut worden, daß ihr keine größere erquickung, bei

[1] ermahnten

ietzigem zustand, hätte wiederfahren können. Die Isis-priestere, die mit ihnen in diß gewölbe gegangen waren, stunden von ferne, und waren so vergaffet in ihre schönheiten, daß fast die verwunderung die betrübnis überstiege, die sie wegen entheiligung ihres tempels bei sich entfanden.

Wie nun Belochus seine schöne Königin erblicket, eilte er auf sie zu, sie anzusprechen. Sie aber, ihme den rücken zukehrend, brache ganz verächtlich in diese worte heraus: Wie, tyrann! wonet dan so wenig grosmut bei dir, daß du gegen mir üm das nicht eifrest[1], was ich deinen vermeinten göttern hab zuwider gethan? Ich komme, (antwortete er ganz sanftmütig) alhier zu vernehmen, ob keine reue über diese begangene erschreckliche that vorhanden sei? Nimmermehr (wieder antwortete sie) sol mich dessen gereuen, was ich mit so gutem vorbedacht gethan hab. Ach Aramena! (sagte die Königin von Tyro, und wolte zugleich, den König von Assyrien anzusehen, sie bewegen) ihr werdet ja nicht also der wahren vernunft widerstreben! Was ich thue, (antwortete die Königin von Syrien) ist der wahren vernunft so gemäs, daß ich würde sündlich handlen, wan ich anderst täte. Hiemit begabe sie sich nach einer tür, die in ein andres gewölbe hinein ginge, des willens, vor dem da hinein zu entweichen, der aber nun selber, über ihr verächtliches beginnen zum eifer bewogen, nicht länger sich aufhalten wolte, sondern voll zorns mit beiden Königen und der Delbois, die nicht weniger als er verbittert waren, wieder hinaus eilte. Also wurden diese schöne gefangenen, dem Mamellus und den gesamten Isis priestern, zur verwarung im tempel hinterlassen, und das, was mit ihnen fürzunemen, auf reifere beratschlagung verschoben.

So ordentlich und freudenvoll nun der hinzug nach dem tempel gewesen, so verwirrt erfolgte nun die rükkehr nach den Königlichen palästen: und wolten die Könige den tag sich nicht ferner sprechen lassen, sondern ein ieder, sich verschließend, schüttete alles das gegen die götter und wider ihr grausames verhängnis aus, was ihnen ihre große ungedult in den sin gabe. Ihrem beispiel zu folge, waren auch ihre hofleute ganz bestürzet, also daß jeder den kopf hängen ließe, und keiner wuste, was bei

[1] daß du gegen mich nicht zornig wirst wegen dem

so-gestalten sachen fürzunemen wäre. Unter allen in Damasco, war der einige Mamellus in seinem gemüte wol zu frieden, und hätte er es nicht bäßer, als wie es nun kame, erwünschen können. Er ginge, sobald die große unordnung in tempel gestillet war, mit dem Mephres allein in ein zimmer, als mit dem er, eine zeit her, große vertreulichkeit gepflogen, auch ihm alle seine geheimnisse und angelegenheiten entdecket hatte, und ihn ganz freudig ümarmend, sagte er zu ihm: Welch ein unverhoftes glück ist mir doch heut erschienen, das mich von allen den sorgen los zehlet[1], die ich eine geraume zeit her bei mir entfunden. Wie, mein Prinz! (antwortete der bestürzte Mephres) kan dieses große unglück, so unsren tempel betroffen, euch noch also reden machen? Findet ihr dan nicht (fragte Mamellus) was dieses für großen nutzen nach sich ziehen wird? Noch zur zeit (gabe Mephris zur antwort) sehe ich keinen.

Ihr wisset (finge hierauf Mamellus an, sich ihme zu erklären) wie besorgt ich bisher gewesen, mein amt, auch meine große macht und gewalt, die ich so lange zeit in Syrien ruhig besessen, zu verlieren, durch die ungunst der wieder gefundenen Königin von Syrien: die nimmermehr, wan sie an meinen König wäre verehlicht worden, mir dieses würde gelassen haben, was ich bislang genossen; und ist mir der weiber heimliche macht viel zu bekant, als daß ich hoffen können, daß mein König beständig in der alten gnade gegen mir würde verharret seyn, wan Aramena in seine arme gekommen wäre. Solches vorstehende unglück zu verhüten, habe ich nach dem hohenpriester-amte getrachtet: das mir auch angegangen, und zeiget mir das glück, daß ich für meine einige göttin halte, eben an dem tage meiner krönung, daß mein wolstand nun auf alle weise und wege sol beständig bleiben. Aramena ob sie schon Königin ist, hat durch die an der Himmelskönigin begangene freveltat den gewißen tod verdienet: den auch bereits der König über sie beschlossen, indem er, auf mein anstiften, diese böse that hart abzustraffen, dem volke versprochen hat. Er hat solches beschworen, und kan nun nicht zurücke: weil die gesetze, das ganze volk, und sein eid, ihn dazu verbinden. Wan demnach Aramena und ihre schwester todt

[1] befreit

sind, habe ich ferner nichts mehr zu fürchten, sondern kan versichert leben, daß Syrien, nach wie vor, mich als seinen König, wo nicht im namen, iedoch in der tat, verehren werde; und komme ich dadurch der sorge ab, eine schimpfliche veränderung meiner so lang genossenen würde in meinem alter zu erleben. Muß auch schon hierbei meine schwester-tochter, die Ahalibama, den tod mit leiden, so wächset mir, bei so geringem verlust, ein weit größerer gewinn zu: indem der Prinz Hemor, mein tochterman, einer mächtigen und schädlichen stiefmutter dadurch erlediget wird, die ihme in ererbung des Canaanitischen trones viel ungelegenheit hätte erwecken mögen. Endlich, mit einem wort zu sagen, so ist dieses für mein ganzes haus so vorteilhaftig, daß ich greiflich sihe, die göttin Gad sei hierin meine fürsorgerin gewesen.

Der Mephres, welcher, durch des Mamellus geld geblendet, alles billigte, was derselbe wolte, ließe sich dieser antwort vernemen: Ich habe dieses werk also, wie ich es nun erkenne, noch nicht überleget; wiewol ich, wan es ohn so große beschimpfung unsres tempels hätte zugehen mögen, hierbei ruhiger seyn wolte. Wie könte größere ehre (versezte Mamellus) dem tempel wiederfahren, als das ihme, zur aussönung, das blut sovieler Königlicher personen sol geopfert werden? Wan es nur gewiß wäre, (gabe Mephres zur antwort) daß die liebe der Königin dieses zulassen wolte? Dahin müßen wir, (sagte Mamellus) gleichwie es in unserem vermögen ist, uns eifrigst bearbeiten, und sollen die Assyrier und Araber, fürnemlich aber die Egypter, uns hierzu merklich dienen.

Indem sie also zusammen redten, kamen etliche von den priestern, sich befehls von dem hohenpriester zu erholen, wie sie sich, in bewirtung der gefangenen Königinnen und Prinzessinnen, fürnemlich aber mit ihrer so schrecklich zernichteten und zerbrochenen göttin, verhalten solten. Wie nun dieses zweierlei fragen waren, als verordneten Mamellus und Mephres auch zweierlei art priestere dazu, und befahlen, daß die jenigen, so mit weltlichen händeln zu schaffen hatten, die versorgung der Königlichen personen übernemen solten. Also kamen sie in eben selbige gemächer, darinn beide Aramenen vordessen von dem Ab-

dastartus waren bewirtet worden: und weil man einer ieden eine
aufwarterin gönnte, als wurden Siringe, Tirza, Astale, Zamede
und Melinde, zu ihnen hinein gelassen, üm ihnen die benötigte
handreichung zu thun. Wegen des zerfallenen Isis-bildes, aber
begabe sich Mamellus selber, mit den allerheiligsten unter den
priestern, in den tempel: da dan, mit großer ehrerbietung, das
zerstümmelte bild aufgenommen, und etlichen priestern zur
wieder-ergänzung übergeben wurde. Hierauf stellten sie besondere klag-opfer an, denen der Mamellus bis fast üm mitternacht in person beiwonete: wornach er sich wieder nach seinen
palast begabe, welchen er, als stathalter von Syrien, ferner zu
bewonen sich entschlossen hatte.

  Er verbrachte aber das übrige der nacht, sonder zu schlaffen,
und sahe sobald den tag nicht wieder herfür kommen, da be-
schiede er zu sich den Petosiris, wie auch den Egypter Busiris,
der bei dem volke viel vermochte, und stellte ihnen mit großem
klagwesen vor, wie schmerzlich er es entfünde, daß ihren göttern
eine so große beschimpfung widerfahren wäre, die nicht allein
durch ganz Egypten, sondern durch die weite welt erschallen,
und eine unausleschliche verachtung zu wege bringen, wan
nicht nach gebür die göttin gerochen, und diese unthat bestra-
ffet, würde. Darüm solten sie ja, mit ihnen den priestern, beständig darauf beharren, daß man, da[1] es die ehre der großen Isis
erforderte, kein Königliches geblüt ansehen[2] müße, und auf allen
besorglichen fall, wan die verliebte Könige hinternis hierein
bringen wolten, fäst zusammen halten, daß der eid, den der
König von Assyrien gethan, nicht gebrochen, sondern erfüllet
würde. Petosiris und Busiris, welche eiferer üm ihre götter
waren, ließen sich leicht von dem Mamellus bereden, als ohnedas
hierzu mehr als geneigt, und namen über sich, sowol das volk,
als ihren König, zu vermanen, daß sie die Ehre der Isis allen betrachtungen in der welt fürziehen solten. Mamellus, nachdem er
diese von sich gelassen, redte eben dergleichen mit den Assyrischen hohen kriegsbedienten, dem Laristenes, Eldaa, Abdeel,
Oneballus und mehr andren: welche gegen seine gründe nichts
einzuwenden wusten. Ascrasapes der fürnemste unter den Ara-

[1] wie [2] berücksichtigen

bern, ließe sich auch beschwatzen, sein volk, des Mamellus
wunsche nach, zu der Isis rache zu bewegen.

Wie er nun also dreier völker gemüter auf seine meinung gebracht, welche auch beständig den Isis-tempel bewacheten, verfügte er sich wieder nach demselben, und mit den angefangenen
klag-opfern fortfarend, hielte er folgends raht mit der gesamten
priesterschaft, und ward also beschlossen, durch eine ansehliche
abschickung bei den Königen anzuhalten[1], daß mit volziehung
der zum tode verdamten übeltäterinnen geeilet würde. Indem
nun Mephres mit mehr den huntert ansehnlichen priestern, diese
gesandschaft abzulegen, in trauriger gestalt den Königlichen
pälasten zugingen, winselten und klagten die einwonere in allen
häusern der stadt Damasco, über dieses unglück ihrer Königinnen, und konten, die Isis-priester ersehend, leicht erraten, was
diese begehrten: das dan ihr leiden vermehrte, weil sie für billig
ermessen musten, daß ein so nie-erhörtes verbrechen abgestra-
ffet würde. Es waren aber auch die Syrische Fürsten, neben etlichen Ratsherren der stadt, auf des getreuen Thebah anstiften,
dieserwegen am morgen zusammen gekommen, und hatten in
ihrem raht beschlossen, bei den Königen für die beide durchleuchtige Aramenen, wie auch für die andere Prinzessinnen, dergestalt bitte einzulegen, daß, wan sie durch buße und verehrung
der großen Isis, ihr verbrechen erkennen und bässern würden,
ihnen das leben geschenket, und diese ihre reue für eine aussönung der großen Isis angenommen werden möchte. Demnach
ordneten sie aus ihren mittel, beide Fürsten den Hus und Zophar, samt dreißig ratsherren ab, die fast zugleich mit dem Mephres ankamen, und die Könige, in des Belochus palast geheimen raht
haltend, antraffen.

Diesen verliebten ware der erste eiver nunmehr vergangen,
und fületen sie bei sich mehr liebe als zorn: daher ihre beratschlagung dahinaus ginge, wie man die schöne Syrerin und die
anderen von dem tobenden volk erretten möchte. Der Prinz
Mardocentes Bildat, Hemor, Sinear und der Fürst Baracheel, so
alle mit dabei waren, fielen solchem vorhaben der Könige gleich
bei, und schlugen vor, daß man die gesamte Isis-priesterschaft

[1] durch eine ansehnliche Deputation bei den Königen zu beantragen

zu einer vorbitte bereden solte. Der Bildat, wolte eben, solches
bei dem hohenpriester, seinem bruder, in die wege zu richten,
sich abfärtigen lassen, als zugleich der Mephres mit seiner priesterschaar, und die abgeordnete von den Syrern, sich anmelden ließen. Wie man nun den Mephres fürgelassen, begunte der den
Königen beweglich fürzustellen, daß ihre göttin, die große Isis,
müste gerochen werden, weswegen er, in aller priestere namen,
der beiden Syrischen Aramenen, wie auch der Amesses, Indaride
und Ahalibama blut hiemit fordere, üm ihren tempel wieder
auszusönen. Wie man nun den Mephres und die seinen, sonder
ihnen einige erklärung zu geben, abtreten lassen, wurde der alte
Hus mit den bei sich habenden fürgefodert: der dan etwas weit-
angenemers begehrte, und fanden die Könige für billig, daß,
nach solcher bekehrung des frauenzimmers, die Isis sonder blut
könte ausgesönet werden. Man färtigte demnach die Syrische
abgeordnete mit guter vertröstung ab, und gabe den Isis-priestern keinen andern bescheid, alsdaß der Prinz Bildat und der
Fürst Baracheel solten abgeordnet werden, der Könige erklärung
so wol dem hohenpriester als dem volke anzusagen: Wie dan
alsofort Baracheel nach dem volke, und Bildat zu den Mamellus
nach dem tempel, in botschaft abgingen.

Dieser erriete gleich, was sein bruder ihm anbringen würde,
verstellte und erklärte sich auch, als er es vernommen, daß er
seines ortes diesen Königinnen und Prinzessinnen das leben
gern gönne, auch vielleicht erhalten könne, wan sie ihre begangene unthat erkennten, dafür öffentliche buße täten, und also
die Isis und ihren tempel wieder heiligten. Soviel erbote sich
Mamellus, weil er nicht gläubte, daß sie hierzu sich verstehen
würden. Um aber die sache etwas schwer und ungewiß zu
machen, musten die stimmen nicht nur von allen Isis-priestern,
sondern auch von den andren geistlichen in der stadt, hierüber
eingeholet werden: die dan endlich dahin schloßen, wie es die
verliebte Könige und die Syrer verlangten, daß nämlich diesen
schönen verbrecherinnen, weil sie Königliche personen, das
leben endlich könte gelassen werden, wan sie öffentlich, im tempel der Isis, ihre begangene that bereuten, und allen irrtumen
absagend, sich anheisig machten, ihre lebtage, durch stäte ver-

ehrung dieser göttin, ihre aussönung zu suchen. Die aufgewigelte
Egypter, Assyrier und Araber musten, auf Baracheels zu reden,
hiermit auch friedlich seyn, weil dieser fürschlag von den geistlichen kame. So sehr aber die verliebte Könige wünschten und
fleheten, daß ihre schönen sich bekehren möchten, so gewiß
hoffete Mamellus, daß sie beständig bleiben, und den einmal er-
kieseten tod nicht verabscheuen würden. Seinem wunsche und
verlangen nach, fiele die wahl auf ihn, daß er dem gefangenen
frauenzimmer diese ihre erlösung, mit erwehnten ümständen,
antragen solte: worbei er dan nicht die kräftigste bered-gründe
vorzubringen gesonnen war, ob er gleich solches den Königen,
die selbst zu ihm in den tempel gekommen, teur versprochen
hatte.

Mitlerweile nun dieselbe den opfern beiwoneten, welche wegen dieser bekehrung angestellt waren, ginge Mamellus zu den
Königinnen und Prinzessinnen hinein: welche, ihn ersehend,
verhoffeten, er würde ihnen die zeit zum sterben ankündigen,
wornach nun ihr höchstes verlangen stunde. Er aber, sagte zu
ihnen: Ich komme, als abgesandter der dreien Könige, und des
ganzen geärgerten volkes, die ihre beständigkeit im lieben noch
hierinn zu erweisen begehren, indem sie gewillet sind, mit den
beschlossenen heuraten fortzufaren, wan zuvor die verübte that
öffentlich in der Isis tempel zubereuen, und einen widerruff zu
thun, von der Königin und den Prinzessinnen allhier wird beliebet werden. Wie, Mamellus! (antwortete die schöne Syrerin)
stehet das auch eurem jetzigem amte wol an, daß ihr eurer Isis
abgesagten feinden solche worte fürbringet? Als Mamellus noch
mein vatter hieße (fügte die Aramena hinzu) lehrte er mich viel
ein anders, als solcher gestalt sich wankelmütig zu erweisen. Ist
dieses meinem hohenpriesterlichen amt entgegen, (gabe Mamellus zur antwort) so rede ich hier, als stathalter von Syrien und
ein diener des großen Belochus, deme und seinen bunds-
verwandten in seiner liebe beförderlich zu seyn, ich meine
schüldigkeit zu seyn ermesse. Wan ihr dan dieses (erwiderte die
Syrische Königin) für eure schüldigkeit achtet, so wollen wir
euch hinwieder die unsrige eröffnen: welche darin bestehet, daß
wir nimmermehr von dem einmal-erkanten wahren Gotte ab-

setzen, sondern dessen namen einig und allein zu verehren werden gesonnen bleiben, und soll uns weder noht noch tod von uns-
rem glauben abbringen, noch die lust zu leben uns verleiten,
euren falschen göttern nachzuhängen. Die ungereimte liebe der
Könige, machet uns den tod süße, den wir allein, als ein gnaden-
zeichen, von unsern tyrannen anzunemen verlangen. Ist das
(fragte Mamellus, eine nach der andren ansehend) euer aller
meinung? Wie sie nun sämtlich ja gesaget, ginge er von ihnen
wieder hinaus: bliebe aber, üm die Könige in den wahn zu setzen, das er eine lange zeit, sie zu bereden, verwendet hätte, noch
etliche stunden in dem nebengebäude.

Endlich, wie es fast wolte abend werden, kame er wieder hervor, und fande die Könige, die augenblicklich seine wiederkunft
verlangten, in des Beors palast, da ein frömder allein bei ihnen
im cabinet ware ... da kamen sie alle dreie üm ihn her,
seine verrichtung zu vernemen. Wie stehet es, mein vetter!
(fragte Belochus) dörfen wir hoffen, das unsere schönen sich bekehren werden? Es ist sonst hohe zeit, hiermit zu eilen, weil dieser Canaanite uns iezt die zeitung bringet, daß der König von
Basan mit einem mächtigen heer im anzuge sei, die Königin von
Syrien zu befreien, und besorglich[1] innerhalb zwei tagen hier vor
den toren stehen möchte. Diese zeitung, deren sich Mamellus
nicht versehen, machte ihn so eifrig, als bestürzt, mit desto
größerm nachdrucke zu reden, und sagte er: Wan deme also ist,
muß man keine zeit versäumen, die große Isis zu rächen, wofern
wir deren beistandes wider die feinde uns getrösten wollen.

Ja gnädigste Könige! (fuhre er fort, ihre entsetzung warnemend) es ist zeit, daß man hier alle liebesentfindlichkeit ablege,
und königlich, das ist, gerecht handele, damit wir nicht selbst
unglück auf unsren hals laden. Was für greuliche gottslästerung
und nie-erhörte hartnäckigkeit sich bei denen findet, die ich
amtshalber nicht anders als die allerverfluchteste weibsbilder
nennen kan, solches lässet sich nicht aussprechen: und wird man
müßen hier wehlen, ob man lieber mit land und leuten untergehen, oder ein unnützes blut von der erden vertilgen wolle.
Mitlerweile Mamellus also redte, stunden die drei Könige solche

1 wie zu befürchten sei,

qual aus, die unvergleichlich viel größer war, als die vorige, da sie diese ihre liebsten für todt gehalten hatten. Ihre tränende augen redten vor sie, und nachdem sie den Canaaniter, mit ernstlichem verbot, die zeitung von ankunft des Königs Marsius, niemanden zu sagen, üm keine furcht in der stadt zu erwecken, von sich gelassen, behielten sie allein den Mamellus bei sich: welcher ihre unschlüßigkeit warnemend, alle seine beredsamkeit herfür suchte, ihnen das beizubringen, was sein glücke befästigen solte.

Wollen dan E. Maj. (sagte er zu ihnen) dieses nicht zu herzen nemen, daß die große Isis beleidigt worden? welche, wan wir sie nicht völlig versönen, uns weder glück noch segen forthin wird erleben lassen. Wollen sie die gefahr nicht achten, die ihnen die übelzufriedenheit des ganzen volks androhet? welche, von göttlichem eifer getrieben, die verlezte ehre der Isis gerochen sehen wollen. Oder wollen sie wenigst nicht erwägen, daß ihrer liebe damit gar nicht wird geholfen seyn, wan sie schon diesen unwürdigen wolten das leben lassen. Dan wie könten E. Maj. von denen sich etwas gutes versehen, die den göttern nicht treu verblieben, und aus unmenschlicher künheit so ein großes wagen dörfen, welches nicht wird geschehen seyn, solang die welt gestanden? Welchen tag, welche stunde werden E. Maj. ihres lebens versichert seyn können, bei solchen weibspersonen, die aus einem angebornen haß und widerwillen lieber vor aller welt die schändlichste creaturen heißen, als ihre ehliche liebe annemen wollen. So begehren sie dan (fragte Pharao) sich gar nicht zu bequemen? Keine ist widerspänstiger, (antwortete Mamellus) als die Prinzessin Amesses, und sagte sie: Man möchte nur von ihr gläuben, daß, üm ihres vatters liebe zu entgehen, sie fähig wäre, nach verrichtung der gestrigen that, alles in der welt, auch das allerunmügligst-scheinende, zu verüben. Also wird aber (versezte der König von Canaan) die Ahalibama nicht geredet haben? Die bereits einmal (antwortete Mamellus) dem großen Beor dörfen ein messer an die gurgel setzen, gibt leicht von sich zu urteilen, was sie ferner zu thun fähig sei.

Wan ja, die große Isis zu versönen, (sagte Belochus) blut muß vergossen werden, wäre es dan nicht genug an einer person?

Lasset uns die Indaride von Ophir verdammen, üm die andern zu erretten. Wofür sol aber (erkünete Mamellus hierwieder einzuwenden) diese rettung nützen, wan sie schon thunlich wäre, da die Königin von Syrien so wenig, als die andren, zu leben begehren, und ihr leben blos zu schaden ihrer Könige, von denen sie angebetet werden, anwenden würden? Wie wan man noch einmal versuchte, (wandte Belochus hiergegen ein) sie auf einen bäßern weg zu bringen. Um zu weisen, (antwortete Mamellus) wie gern ich E. Maj. vergnügung möchte befördert sehen, so wil ich meiner eignen tochter erlauben, bei der Königin und den Prinzessinnen sich hierunter zu bemühen: die vielleicht, als ein weibsbild, mehrern zutritt bei ihnen finden, und ein geneigters gehör erlangen möchte. Dieses erbieten namen die drei Könige für bekant[1] an: wiewol der Pharao in seiner liebe sehr zu wanken anfienge. Hierauf wurden der Bildat und Baracheel beruffen, und mit ihnen abgeredet, daß man den verbrecherinnen noch den morgenden tag, sich zu bedenken, überlassen wolte. Inmittels solte, üm das volk zu stillen, alle opferbereitschaft im tempel färtig gehalten werden, üm unzweifelich übermorgen mit der hinrichtung, oder mit den trauungen, fortzufaren, ehe der König von Basan mit seiner macht dazu kommen, und es hintern möchte.

Diesem neuen feinde einhalt zu thun, riete der Prinz Bildat, daß man ihm ein ansehnliches heer entgegen schicken, und es auf eine schlacht ankommen lassen, ingleichen die ledige schanzen der Syrer besetzen, und also den feind von der stadt abhalten solte. Dieses werkstellig zu machen, wurde dem ratgeber anbefohlen: welcher auch die ganze nacht mit kriegsverfassung[2] zubrachte, und muste der Prinz Sinear, mit dem Zalmon und Epha, vierzig tausend man aus Damasco füren, die niemand als die dreie wusten, daß es dem Marsius gälte. Inzwischen wurde, die widerspänstigkeit der Königinnen und Prinzessinnen, durch ganz Damasco ruchtbar: darein dan niemand sich zufinden wuste, und verlangte jederman, was nun die Prinzessin Milcaride bei diesen verstockten ausrichten, und wie dieser lezte streich gelingen würde.

[1] billig   [2] Kriegsrüstung

Diese kame nun, bei anbrechendem morgen, neben dem
Mephres und sechs andren priestern, zu den fünf schönen in den
tempel: da Mephres ihnen allen den tod des feuers, wan ihre
beständige verhärrung erfolgen solte, ankündigte, und hierauf
die Milcaride, sie eines bäßern zu erinnern, allein bei ihnen ließe.
Diese mitleidige Prinzessin, finge nun an, viel ernstlicher, als ihr
der Mamellus ihr herrvatter anbefohlen, ihre im tempel erlernte
gründe, die vielheit der götter betreffend, herfür zu suchen, und
solche den Königinnen und Prinzessinnen fürzuhalten. Diß ware
der gottseligen Aramena keine verdriesliche unterredung, weil
sie dadurch gelegenheit überkame, ihren glauben zu schärfen,
und sowol sich als die andern zu erbauen. Alles, was sie iemals
aus des so liebgewesenen Abimelech und der werten Cölidiane
gesprächen, auch aus des Henochs und Abrahams schriften von
ihrem glauben, erlernet hatte, das brachte sie mit so süßer wol-
redenheit herfür, und bewiese die einige Gottheit so statlich, daß,
durch sonderbare himmelsschickung, die Milcaride diese kräf-
tige gründe annahme, und an stat der göttin Isis etliche zuzuführen,
selbst von derselben und von ihrem heidnischen glauben ab-
trate, und zu dem wahren Gott himmels und der erden sich bekante. Dieser erlangte sieg, machte die schöne Syrerin in ihrem
geiste ganz freudig, und sprache sie dieser neuen rechtgläubigen
eiferigst zu, daß sie keine furcht noch liebe der welt sich solte
schrecken lassen, diesen glauben öffentlich zu bekennen: massen
sie selbst befände, daß sie sich damit versündigt, indem sie, üm
zeitlicher ursachen willen, bisher verschwiegen hatte, was ihre
glaubens-bekäntnis gewesen.

Milcaride, dieser lehre nach zu kommen, begehrte nicht wieder
aus dem tempel, sondern wolte gleiches glück und unglück
mit den andern anstehen: und wiewol die Königin ihr hierinn
gewaltig abriete, ihr die lebensgefahr fürstellend, darein sie sich
stürzen würde, achtete sie doch solches nicht, sondern beteurete
hoch, daß sie ohne das des lebens satt und überdrüßig wäre. Bin
etwan ich hieran schuldig (sagte die Königin von Ninive) weil
es geschienen, als ob des Prinzen Hemors ehmalige liebe gegen
mir wieder anglimmen wollen. Dieses thut zwar etwas (antwortete Milcaride) zu meinem sterbensverlangen: das fürnemste

aber mag ich nicht melden, da ich mich vor mir selbst entsehe[1], daß ich solches weiß. Weil nun ferner keine hierüm fragte, da ihre gedanken auf kein irdisches mehr sinnen wolten, geschahe nichtes mehr mit der Milcaride, als daß sie von den anderen willigst in ihre todten-gesellschaft aufgenommen worden.

Wie nun der Mephres nachmittag mit seinen priestern wiederkame, üm ihre endliche erklärung zu vernemen, wornach die Könige und das volk so sehr verlangte, bestürzte er nicht so sehr, als er der beiden Aramenen, und der andern drei Prinzessinnen beharrlichen sterbvorsatz vername, als über die schleunige änderung der Milcaride, die ganz verächtlich ihn ansehend, ihm ankündigte, wiedaß sie der andern ihr beginnen billigte, und als eine verächterin der Isis mit ihnen zu sterben verlangte. Weil in den gesetzen der Isis enthalten, daß, wan in dem geschlechte der priestere, sonderlich des hohenpriesters, eine person gefunden würde, die wider die ehre dieser göttin handelte, dieselbe ohn alle gnade zum feuer solte verdammet werden: als konte ihm[2] der Mephres leichtlich fürstellen, wie es dieser tochter des hohenpriesters ergehen, und welche herzensqual ihr vatter darüber anstehen würde. Demnach begabe er sich betrübt von dannen, und mit dem wagen der Milcaride, der vor dem tempel aufwartete, nach des Mamellus palast eilend, verschwiege er unterwegs gegen dem volke nicht, wie es im tempel stunde: dadurch alles in neuen lärmen geriete.

Mamellus fülete nicht geringen schrecken, wie er den Mephres so allein und so beängstigt ankommen sahe. Sein herz, das ihme sein unglück ankündigte, machte ihn ganz kraftlos, den Mephres zu fragen: und dieser hatte auch den muht nicht, das bewuste anderst, als durch stätes seufzen, fürzubringen. Endlich kame die Tharasile dazu, und diese beide also stum findend, fragte sie, was die Prinzessin, ihre tochter, im tempel ausgerichtet hätte? Mamellus sahe nun den Mephres stark in die augen, und dieselben voller tränen findend, schluge er in die hände, und rieffe überlaut: Ach! meine tochter ist verloren! Mein unglück wil, (sagte Mephres) daß ich der bote seyn muß, der diese zeitung bekräftige. Nun hab ich genug, (antwortete Mamellus) und sehe,

[1] da ich mich schäme zu gestehen [2] also konnte sich

was alle list und ränke mir geholfen. Wie er diß gesagt, eilte er, gleich einem unsinnigen, von ihnen, und verschloße sich allein in sein cabinet: worauf die erschrockene Tharasile von dem Mephres ümständlicher vername, was sich mit der Milcaride begeben hatte. Weil sie deren todesgefahr nicht für so gewiß hielte, wie es ihr gemal und der Mephres wusten, als vergliche sich auch ihre unruhe nicht, mit des Mamellus angst: den sie mit gewalt aus seiner einsamkeit brachten, als die Könige von Abdeel nach ihm schickten, und nachricht haben wolten, wie es im tempel stünde. Sie fanden ihn auf einer ruhebank ligen, da er das gesicht gegen der wand gekehret, und mit beiden händen in den haaren seines haubtes tobete. Als er den Abdeel vernommen, ließe er ihm keine zeit zu reden, sondern kame ihm zuvor, und sagte: Entschüldigt mich bei den Königen, daß ich nicht selber kommen kan. Ich weiß nun ferner keinen raht zu geben, und verlange selber nichtes, als zu sterben. Weiter konte man kein wort von ihm bringen. Abdeel, als er von dem Mephres eigentlich vernommen, wie es stunde, ginge mit demselben nach den Königen: alda dieser alte ümständlich erzelte, was der schönen gefangenen im tempel endliche erklärung wäre, auch wie des hohenpriesters tochter sich ebenfalls verfüren lassen, und mit den andern sterben wolte.

Die drei Könige schauten einander hierauf eine gute weile an, ehe einer ein wort herfürbrachte. Letzlich brache der Pharao dieses schweigen und gar zornig sich gebärdend, sagte er: Wolan dan, weil Amesses meine liebe verachtet, so sol sie meinen haß fülen, und wil ich morgen meine lust daran sehen, wan ihr die flammen über dem kopfe zusammen schlagen. Wiewol nun Belochus und Beor dergleichen haß gegen ihre geliebten nicht in sich entfanden, so ergaben sie sich doch auch darein, weil es anderst nicht seyn konte, und wolten lieber deren tod, als ihre fernere verachtung, und die gefahr, sie in andere hände geraten zu sehen, erleben. Und in diesem fürsatze, den sie unümgänglich fassen musten, wurden sie noch gestärket, durch die zeitung, die ihnen in dem augenblick der Sinear, durch den Dercylus, aus dem lager entbote: daß sie nemlich bereits auf das vörderst heer des Königs von Basan gestoßen, und es sich, allen ümständen

nach, zu einem blutigen treffen ansehen ließe[1]. Dercylus berichtete daneben, wie sie in erfarung gebracht, das von Aroer der
große Edom mit einen heer sich herzu näherte, auch der König
Armizar von Ophir im anzug wäre. So wollen wir dannoch,
(sagte der ergrimte Belochus) ungeacht aller drohenden gewalt,
den grausamen sieg über diejenige erhalten, üm deren befreiung
willen alle diese große macht uns überziehet. Und sollen Esau
und Armizar, (sezte Pharao hinzu) vergebens kommen, mit
ihrem geliebten über uns den spott zu treiben.

Hierauf färtigten sie den Mephres wieder ab, und verwillig-
ten[2], daß man auf morgen zum rach-opfer der grossen Isis, alle
bereitschaft machen solte.

[1] allem Ansehen nach zu einer blutigen Schlacht kommen würde
[2] willigten ein

CHRISTIAN WEISE

1642–1708

Christian Weise wurde als Sohn lutherischer Eltern zu Zittau in Sachsen geboren. Wie sein Vater wählte er eine pädagogische Laufbahn. Seinen außerordentlichen Fleiß und Wissensdurst ließ er schon als Kind erkennen, und mit acht Jahren stand er seinem Vater als Lehrgehilfe zur Seite. Als er 1659 die Universität Leipzig bezog, hatte er bereits beträchtliche Kenntnisse in der Theologie und den klassischen Sprachen. Während seiner Studienjahre erteilte er Privatunterricht und schrieb Gedichte auf Bestellung, um Geld zu verdienen. Gleichzeitig widmete er sich dem Ideal des Polyhistors und studierte eifrig Philosophie, Theologie, Geschichte und Politik. Im Jahre 1663 erhielt er den Magistergrad. Ungefähr zwei Jahre (1668–70) verbrachte er als Sekretär des Grafen von Leiningen, worauf er 1671 als Professor der Politik, Eloquenz und Poesie an das Weißenfelser Gymnasium berufen wurde, wo er sich bald großes Ansehen als Lehrer erwarb. In den siebziger Jahren erschienen seine vier ‚politischen' Romane satirisch-didaktischen Inhalts, von denen *Die Drei Ärgsten Erznarren* (1672) und *Die Drei Klügsten Leute* (1675) eine breite Leserschaft erreichten. Nach dem Tod seiner Frau kehrte er 1678 als Rektor des Gymnasiums nach Zittau zurück und verblieb in diesem Amt bis ans Ende seines Lebens. Trotz seiner schwachen Gesundheit war Weise äußerst energisch als Lehrer und schonte sich nicht bei der Ausbildung seiner Schüler. Sein Hauptbeitrag zur deutschen Literatur war gewissermaßen ein Nebenprodukt seiner Lehrtätigkeit – ungefähr fünfzig Dramen, die er seine Zöglinge aufführen ließ, um ihnen Selbstvertrauen im Sprechen und in ihren Manieren einzuflößen. Manche der Gespräche, die er in seine Romane und Dramen einflocht, sind noch heute unterhaltend durch ihren Humor und die frische Natürlichkeit des Stils.

Die Drey Klügsten Leute
in der gantzen Welt
(1675)

Florindo, ein junger Edelmann, scheint glücklich verheiratet zu sein, bis er eines Tages seine Gattin der Untreue verdächtigt. Trostbedürftig besucht er seinen Freund Lysias, entdeckt aber, daß auch er zur Eifersucht Anlaß zu haben scheint. Um ihren, wie sie meinen, treulosen Frauen zu entfliehen, begeben sich die beiden Freunde auf eine Reise ins Blaue auf der Suche nach den drei klügsten Leuten in der Welt. Zwei Freunde, Sigmund und Polemon, und ihre Diener begleiten sie. Gerade wie in Weises Drei Ärgsten Erznarren treffen sie nur Prahler, Stutzer, Sonderlinge und andere asoziale Typen. Nach einigen Tagen rasten sie in einem Wirtshaus, wo sie eine Mahlzeit bestellen, um sich für die nächste Etappe ihrer Reise vorzubereiten.

Er hätte mehr geredet, so kam eine Kutsche vor das Hauß gefahren, und machte alle aufrührisch, in dem ein jeder wissen wolte, was vor Gäste bey so später Abendzeit kommen würden. Doch vernahmen sie von dem Wirthe, es wäre der Postwagen, der würde über eine halbe Stunde nicht verziehen, und damit wieder fortgehen. *Lysias* sagte, er hätte nicht anders gemeinet, die Post käme erst in zwey Tagen, ob es auch möglich sey, daß sie mit reisen könten. Der Wirth versetzte, es wären schon etliche Personen auf dem Wagen, doch ihrer vier könten zur Noth noch darauff kommen, so wären sie künftigen Mittag in einer vornehmen Stad. *Lysias* fragte hierauff, wenn er sich mit etlichen auf den Weg machte, ob auch die Diener mit Gelegenheit nachfolgen könten. Der Wirth sagte, es gebe sich fast alle Tage zufällige Fuhre an, wenn nur etliche auf des Schusters-Rappen neben hin reiten[1] könten. Auf dieß Wort bezahlten sie den Wirth, und nahm *Lysias* seinen *Polemon*, *Florindo* seinen Sigmund mit, die andern[2] ließen sie zurück, mit dem Befehl, bey erster Gelegenheit halb zu Pferde, halb zu Wagen, halb zu Fuße nachzufolgen.

[1] zu Fuße gehen   [2] d. h. die Diener

Aber ach! was zu einer unglückseligen Stunde, hatten sich die
guten Leute auff die Post verdingt. Denn als sie umb Mitternacht durch einen wüsten Wald reisen musten, und ein jedweder
mit verschloßenen Augen eine *Comœdie* von den Sieben-Schlä-
ffern spielte, weil absonderlich ein ungestümer Regen die Augen
nicht gar weit ließ von einander kommen, sihe da, so fanden sich
etliche Schnaphähne, welche im Sinne hatten die Post abzu-
setzen[1]. Sie schliechen im Gepüsche neben her, und wusten
nicht, ob sich so viel Personen leicht ergeben würden. Endlich
kam das hinterste Rad an ein Stück holtz aufzusitzen, daß der
Knecht vom Pferde absteigen muste: da schliechen sich ein
paar Diebsvogel an den Knecht, drückten ihm Maul und Nase
zu, daß er kein Zeichen geben kunte, und bohrten ihm unterdessen nach der Brust, daß er gantz stillschweigend dahin fiel.
Gesetzt auch, er hätte noch etliche mahl gestrampft, so würde es
niemand bey dem Gereusche des Regens in acht genommen
haben. Hiermit nahm einer die Peitsche, und setzte sich auf die
Pferde, die andern verschleppten den todten Cörper; Nun saßen
die Leute auf dem Wagen in guter Ruh, und meinten, sie kämen
auf der ordentlichen Landstrasse gar köstlich fort: Allein der
Fuhrman hatte einen Holtzweg gefunden, da eilte er hin, und
brachte sie mitten im Walde in ein rechtes Raubnest. Es war von
unterschiedenen Räubern unlängst angeleget worden, und war
von aussen mit so dickem Buschwerck umbgeben, daß kein
Mensch sich dergleichen versehen kunte. Inwendig aber lieffen
die Sträucher in einen tieffen Thal, da war ein anmuthiger Platz,
gegen welchem etliche Losamenter[2] mit beqvemen Fenstern heraus giengen. Im übrigen war das meiste Theil morastisch, daß,
wer den rechten Furt nicht wuste, leichtlich im Wege wäre stek-
ken blieben. In solche *Residenz* wurden unsere Reisende wieder
ihr Wissen eingeführet, und als sie mitten in der Falle stacken,
præsentirten sich etliche mit Fackeln, die sagten, sie solten sich ergeben, oder es würde ihrer übel gewartet werden. Sie erschracken über diesem Ansinnen, und hätten ihr Gewehr lieber zur
Hand genommen: doch als sie aus einem jedweden Winckel
etliche Mörder ruffen hörten, welche sich vermaßen Feuer zu

[1] zu entwenden   [2] Logements, Wohnungen

geben, wofern sie nicht absteigen würden, musten sie aus der
Noth eine Tugend machen, und sich gefangen geben. Der Postilion that sehr kläglich, als die Strauchdiebe sein Post-
Packet mit des Röm. Reichs. Haupt-Schlüßel eröffneten. Die
andern drey Kaufleute waren auch übel zufrieden, das sie ihre
Sachen einbüßen solten. Aber unsere vier Cameraden sagten
gleich zu, sie solten höflich mit ihnen umbgehen, wolten sie eine
Zehrung oder sonst einen *recompens* haben, so solten sie an ihrer
höfligkeit gleichfals nicht zweifeln. Zwar anfänglich wolten sie
schlechte Ohren darzu haben: Als sie aber von einer ansehnlichen *Ranzion*[1] schwatzten, waren die Mörder noch so *discret,*
und führten sie mit in ein liechtes Losament. Wo die andern
blieben, darumb mochten sie sich nicht bekümmern. Hier hatten
die Schelmen nun das Post-Packet, und rissen alle Brieffe auf,
fanden sie Geld darinne, so nahmen sie es heraus, die Brieffe
aber schmissen sie auf die Erde, und als sie davon giengen, sagten sie zu ihren Gefangenen, sie solten unterdessen die Brieffe
lesen, und die Zeit damit vertreiben: vor Eßen und Trincken
solten sie nicht sorgen, doch mit dem Bedinge, daß sie innerhalb
acht Tagen einen Vorschlag thäten, wie die *Ranzion* zu bezahlen.
Solte auch solches nicht erfolgen, so würde ihre höfligkeit auch
ein Ende haben. Also blieben sie allein, und nachdem sie etliche
Stunden Unglück beklaget, wolten sie den vergebenen Grillen
nicht länger nachhängen, sondern huben etliche Briefe auf, in
der Meinung, etwas neues darinn anzutreffen. Und allhier wird
es sich nicht übel schicken, wenn wir die nachfolgende Begeben-
heit in etlichen Gesprächen vorstellen zwischen *Lysias, Florindo,*
Polemon und *Sigmund.*
    Lysias.
Ihr Herren, das heist kluge Leute gesucht, und Schelmen gefunden.
    Flor. Sie sind auf ihren Nutzen klug genung.
    Pol. Aber der Hencker hohle sie mit ihrer Klugheit.
    Sigm. Es ist nur niemand da, der den Hencker bestellen wil.
    Flor. Ach! wären wir aus diesem Neste, ich wolte mich nicht
viel umb den Hencker bekümmern.

[1] Lösegeld

Sigm. Was hilffts, wir sind in einem Zustande, da wir etliche
Proben von unsrer Klugheit ablegen sollen. Im Glücke kan ein
jedweder klug seyn: Izt ist es eine Kunst.

Lys. Es wäre viel davon zu reden, wer alles sagen solte. Es ist
am besten, daß wir nicht daran gedencken. Wir wollen die Briefe
ansehen, sie kommen doch ihren rechten Herren nimmermehr in
die Hände.

Flor. Sigmund mag die Müh auf sich nehmen, und die Briefe
laut lesen.

Sigm. Ich bin es zu frieden.

Der erste Brief

HochEdelgebohrner.

DEssen höfligkeit verbindet mich meine Antwort zu beschleunigen, absonderlich weil mein *discurs* jüngsthin nicht allerdings
verstanden worden. Ich lebe nochmahls in diesen Gedancken, es
sey kein beßer Glaube auf der Welt, als RELIGIO PRUDEN-
TUM. Zuförderst darumb, weil ich lieber auf der klügsten ihrer
Seite stehe, als daß ich bey den Einfältigen Stümpern solte betrogen werden.

Was aber die gedachte *Religion* an sich selbst betrifft, so hat sie
kurtze *principia* und kan sehr leicht begriffen werden. Es heist
*(1) De omnibus dubita, (2) nihil temerè crede, (3) ex omnibus Reli-
gionibus elige qvod optimum est.* Denn warumb wäre uns die Vernunfft gegeben worden, wenn wir solche in dem wichtigen
Werck von unserer Seligkeit nicht gebrauchen solten? Ich be-
finde mich wohl dabey, und wolte wünschen, mein Herr möchte
der Sache besser nachsinnen.

Bey künftiger Gelegenheit berichte ich etwas mehr. Erwarte
zuvor dessen Befehl, und verbleibe *ꝛc.*

Lys. Sieh da, kommen wir doch in diesem Gefängniß hinter
eine Klugheit.

Sigm. Ich wolte nicht gern mit dieser Klugheit viel zu thun
haben.

Pol. Ist aber der Vorschlag nicht gut genung?

Sigm. Der Teuffel hat seine gröste Lust daran.

Pol. So sprechen die Geistlichen, die meinen, es gienge zwey

Loth an ihrer *Autorit*ät ab, wenn ein *Politicus* in ihren Glaubens Artickeln stören solte.

Sigm. Ich weiß nicht, ob etliche ihre *Autorit*ät verstehen. Ich halte, sie können ihr Gewissen anders nicht *salvi*ren.

Pol. Ich sehe aber keine *absurdität, de omnibus dubita,* das heist, Prüfet die Geister.

Sigm. Aber es heist, vergeßet das rechte Scheidewasser nicht, dadurch die Geister geprüfet werden.

Pol. So muß ich alles glauben?

Sigm. Ich muß nicht alles glauben: Gleichwohl muß ich auch meiner Vernunft nicht alles heimstellen.

Pol. Wie kan ich aber meiner Sachen besser rahten, als wen ich aus allen das beste auslese?

Sigm. Das sind die Leute, welche weder kalt noch warm sind, welche GOtt aus seinem Munde ausspeyen wil.

Pol. Gleichwohl sol der Gerechte seines Glaubens leben.

Sigm. Ja, er sol seines rechten Glaubens leben: Aber eine jedwede Einbildung der vorwitzigen Vernunft heißet kein Glauben.

Pol. Der Apostel Paulus ist selbst allen alles worden.

Sigm. Nicht in Glaubens Sachen: sondern in eußerlichen Ceremonien.

Pol. So müssen so viel kluge Leute Narren seyn?

Sigm. Ich gebe es zu, viel Weltkluge Leute, sind in himmlischen Sachen Narren.

Pol. Das ist etwas hart geredt.

Sigm. Unser Heyland freuet sich, daß GOtt das jenige den Klugen und Weisen verborgen hat, welches den unmündigen offenbahret ist.

Pol. So ist ein kluger Mensch unglückselig?

Sigm. Ja, wenn er seine Klugheit mißbrauchet, und nicht bedenckt, daß die göttliche Thorheit weiser ist, als die Menschliche Klugheit.

Lys. Ihr Herrn vertiefft euch nicht zu sehr in der Schrifft. Es ist genung, daß wir in dieser Einsamkeit einen gefunden haben, der vor Klug wil gehalten seyn. Hat er gefehlt, so sol er auch nicht unter denen Drey klügsten Leuten stehen.

Flor. Ich gebe mein *Votum* darzu, *Religio Prudentum est Religio stultorum*[1]. Und damit wollen wir weiter in die Briefe.

Sigmund
Das ist ein Kauffmans-Brieff, da wird nicht viel zu lesen seyn.
Flor. Wer weiß, ob es nicht was neues giebt: Laßet ihn hören.
Sigm. So wil ich ihn lesen

Laus Deo &c.

Berichte hiermit, daß mit nechster Post gewiß *avisiret* worden, als solten die Schiffe mit *Indigo* alle untergangen seyn, daher große Theurung dieser Wahre zu besorgen. Mein Rath wäre, bey allen HandelsLeuten solche auf zukauffen, ehe es laut wird: Es solte etliche tausend Reichsthaler *Interesse* tragen. Verbleibe Ec.
Lys. Das ist ein kluger Vorschlag.
Flor. Aber es geschicht mit des Nechsten Schaden.
Lys. Wer die Augen nicht aufthun wil, der thue den Beutel auf.
Flor. Hier aber kan ein ehrlicher Mann seine Augen nicht aufthun.
Lys. So ist er darzu *prædestinirt*, daß er sol betrogen werden.
Flor. Ich wolte die Reden nicht gerne führen.
Lys. Ohne Schertz, ich halte, daß dergleichen kluge Griffe so groß nicht können getadelt werden.
Flor. Ich habe einmahl das siebende Gebot hören auslegen, entweder der Priester hat es nicht recht verstanden, oder das ist Sünde.
Lys. So darf kein Handelsman seinen Vorthel suchen?
Flor. Die Vorthel gehen wol hin, wenn sie ehrlich sind; allein wer seinem Nechsten die Wahre abschwatzt, da er weiß, daß derselbe seinen bessern Nutzen darbey machen könte, der läst klärlich sehen, daß die Christliche Liebe bey ihm entweder gestorben ist, oder doch in den letzten Zügen liegt.
Lys. Wäret ihr an der Stelle, ihr würdet es genauer geben.
Flor. Thäte ichs, so wäre es nicht recht. Doch wer bekümmert sich umb den *Causen*macher[2]. Weiter in den Text...

---

[1] ‚Die Religion der Weltklugen ist die Religion der Narren'   [2] Plauderer

Mon frere

Mit diesem Postilion bitte ich dich, mir etwas von neuen Französischen Zeugen zu schicken, auch zu berichten, was izt vor Band[1] am angenehmsten sey. Ich habe eine Hochzeit vor mir, da wolte ich gerne das Ansehn vor andern haben; derhalben wirstu auch desto williger seyn, mir zu *gratificir*en. Hastu noch etwas von dem Buder, so laß mir ein Pfund zukommen, ich wil das Geld ehestes mit dem andern übermachen. Vor die neulichste *Tour* und *Manchett*en[2] bedancke ich mich, ich wolte du hättest mich auch berichtet, wie oft man izt nach der Mode das Hembde am Ermeln knüpfen müste. Ich bitte gar sehr, vergiß nichts: Seze auch darzu, wie das Band auf dem Hute, in der Krause, und umb die Knie am besten geknüpft wird. Ich verschulde alles mit meinen Diensten biß aufs Blut. Verbleibe etc.

Lys. Dieses ist ein kluger Kerle.

Flor. Und ich möchte die Klugheit sehen.

Lys. Er *desperi*rt an seinen andern *Qvalit*äten: drumb weil die Kleider Leute machen, so hat er auch seine Zuflucht dazu.

Flor. Er hat seine Zuflucht in das *Asylum stultitiæ*[3], wie der Esel, der sich in die Löwenhaut verstackte.

Lys. Der ist aber klug, der sich bey Ehren erhält, so gut er kan.

Flor. Doch die Ehre, welche durch Kleider erhalten wird, ist nicht weit her. Sie hilft nur den ersten Anblick.

Lys. Es mag helffen so viel es kan. So lange die Welt den Frantzösischen Narren gefressen hat, ist alles wohl gethan.

Flor. Ja wohl haben die Leute den Narren gar zu sehr gefreßen.

Pol. Ich dachte aber, man reisete darum in Franckreich, daß man wolte klüger werden.

Flor. Es solte freylich so seyn; doch ich wundere mich, daß so viel Millionen in Franckreich verzehret worden, da gleichwol keiner die Frantzösische Klugheit mit heraus gebracht hat.

Pol. Worinn bestehet diese Klugheit?

Flor. Ich weiß nicht, ob ich sie umbsonst weggeben darf, da

---

[1] Was für Band   [2] Kragen und Ärmelaufschläge   [3] Zufluchtsort der Torheit

die Frantzosen solche vor so viel Geld noch nicht verkauft haben.

Pol. Izt im Gefangniß können wir nicht handeln.

Flor. So wil ich es auch sagen. Dieses ist der Frantzosen Klugheit, daß sie in frembden Ländern nicht viel Geld verzehren, sondern vielmehr dahin bedacht seyn, wie sie andern Nationen ihr Geld abnarren können. Ist dieß nun nicht lächerlich. Ich ziehe in Franckreich, und wil was lernen. Ich sehe daß die Frantzosen andere *Nationes* nicht achten: Warumb lerne ich das nicht, und verachte die Frembden *Nationes* auch? Ich sehe daß sie ihre eigene Sprache hochhalten: Warumb thue ich solches nicht nach, und bilde mir nicht bey meiner Muttersprache eben so viel ein? Ich sehe daß sie lauter innländische Zeuge zum Kleidern brauchen. Warumb sind mir denn meine Landes Leute unter den Zeugmachern zugeringe? Heist das nicht, ich ziehe in Franckreich, und wo ich werde eine Klugheit sehen, da wil ich in Deutschland das wiederspiel thun, und die Leute sollen doch meine Klugheit rühmen.

Sigm. Diese Rede wäre etwas wehrt, wenn wir dadurch das Geld wieder in Deutschland reden könten, welches die Franzosen hinaus *parlirt* haben ...

So weit kamen sie in dem Lesen, und hätten gewünscht... fortzufahren ... doch die Räuber kamen ihnen über den Hals, und fragten, was sie zu ihrer Ranzion geben wolten; und nach wenigem Wortwechsel blieb es darbey, sie solten zusammen 12 000. Thaler willigen, so möchte einer aus ihrem Mittel fortreisen, und Geld holen, mit diesem Bedinge, daß wo er über vierzehn Tage außbleiben würde, sie, die Räuber, alsdenn nicht verbunden seyn solten, ihnen die geringste Freundschaft zu beweisen. Ja sie führten sie zu besserer Bekräftigung in etliche finstere Kammern; Hiermit beschlossen sie nun, Sigmunden abzufertigen, und auf der nächsten Stadt bey einem bekanten Kauffmanne das Geld zu erheben: weil sie doch aus zween Ubeln das kleinste erwehlen musten.

JOHANN BEER

1655–1700

Johann Beer war Sohn eines Wirts zu St. Georgen im Attergau in Oberösterreich. Als Kind besuchte er die Schule des Benediktinerklosters Lambach, wo unter anderem auch Musikunterricht erteilt wurde. Im Jahre 1670 übersiedelten seine protestantischen Eltern nach Regensburg, und Beer trat in das dortige Gymnasium ein. Schon während seiner Regensburger Schuljahre entfaltete sich sein Talent als Erzähler, indem er seine Mitschüler mit phantastischen, aus dem Stegreif erfundenen Geschichten unterhielt. Seine innere Berufung war aber die Musik. Die theologischen Studien, die er 1676 auf der Universität Leipzig begann, gab er nach wenigen Monaten auf, um als Altist in den Dienst des Herzogs von Sachsen-Weißenfels zu treten. Im kultivierten Milieu des herzoglichen Hofes in Halle und später in Weißenfels fanden Beers vielseitige Talente als Musiker, als Theatermann und als Schauspieler reichlichen Spielraum. Im Dienst des Herzogs fand er auch Zeit, zwanzig Romane zu schreiben, die er nach 1677 unter verschiedenen Decknamen veröffentlichte. Beruflich glücklich und erfolgreich, wurde er schließlich zum herzoglichen Konzertmeister und Bibliothekar befördert. Sein lebhafter Tätigkeitsdrang bei ungeschwächter schöpferischer Kraft läßt es umso tragischer erscheinen, dass er mit 45 Jahren bei einem Vogelschießen Opfer eines Unfalls wurde.

Die literarische Qualität von Beers Romanen ist unterschiedlich. In den meisten erweist er sich als bewundernder Nachahmer von Grimmelshausen oder Weise. Formal betrachtet sind seine Romane als episodenreiche, locker gebaute Selbstbiographien abgefaßt. Ihnen fehlt die Tiefe und der Ernst Grimmelshausens. Doch findet man nirgends in der Romanliteratur des 17. Jahrhunderts einen so sprudelnden Humor und eine so lebhafte Phantasie. Seine besten Romane, z. B. *Teutsche Winternächte* (1682) oder *Die kurzweiligen Sommertäge* (1683), stellen den letzten Ausklang der deutschen Pikarotradition dar.

Des Abentheuerlichen
Jan Rebhu Artlicher Pokazi

(1679–80)

Im folgenden Abschnitt seiner Lebensgeschichte erzählt Pokazi, wie sein Vater sein Brot verdiente, wie er zur Schule ging, und wie er von zu Hause entführt wurde und in die Hände eines Musikanten kam.

Damit aber der begierige Leser wissen möge, wer? Was? Wo? Von wannen? Und woher ich bin? So muß ich demselben gleich Anfangs gestehen, daß ich bin entsprossen in einem Bauren-Dorffe nicht weit von dem Thüringer-Wald. Mein Herr Vater und um den Wald-Gott *Pan extraordinar-meritir*ter Minister, ernehrete sich mit Holtzhauen und Köleriren. Ihr müsset aber nicht meinen als sey er deßwegen ein Musicant gewesen. Nein, sondern er brennete Kolen vor die Schmiede, Schlösser, Schwerdtfeger, Gold-Arbeiter und dergleichen. Der Religion nach war er ein recht eyveriger und frommer Arminianer[1]: Dann ich kan schweren, daß ich innerhalb vier Wochen kaum einen Bissen Brodt, geschweige einen Pfennig im Hause gesehen. Dem nach ich nun in dieser schlimmen Religion biß ins siebende Jahr meines Alters zugebracht, schwange sich mein Herr Vater in seinem Religions-Fehler ein wenig empor, also, daß er mich konte zur Schule gehen lassen. Nun muß ich gleich heraus bekennen, daß der Schul-meister, zu welchem ich über ein gut Feldweges geführet wurde, auch ein rechter Ertz-Arminianer und Pauperteter[2] dazu wahr, hatte also das Ansehen, als würde ich mit diesem schädlichen Gift recht jämmerlich angestochen werden, wie mir dann noch ziemliche große Brocken im Magen liegen, die ich die Zeit meines Lebens schwerlich verdauen werde, es sey dann, daß *Doctor* Beutet und *Licentiat* Zahlaus das Beste bey der Sache thun.

So bald ich nun zu diesem Arminianer in die Schul verdinget worden, truge sich eine artliche Geschicht mit mir zu, welche ich

[1] Arminianer: Mitglied einer religiösen Sekte des 17. Jahrhunderts.

[2] Verarmter

in aufzeichnung meines wunderlichen Lebens nicht kan un-
berühret lassen, derohalben bitte ich um *Audientz*. Mein Vater
vermochte nicht eine eigene Magd zuhalten, welche mich über
das Feld hätte in die Schule führen oder leiten können, muste er
also in der erste selbsten der Wegweiser seyn, in dem er mich so
wol hinnüber als wieder herüber geführet. Diese Arbeit, gleich
wie sie ihme viel Zeit an seinen hochwichtigen *Negotien* und
Amts-Geschäfften entzoge, also fiele sie ihm aus dermassen beschwerlich und verdrießlich, daß er endlich mit dem Schul-
Meister zurathe gieng, wie doch dieser Arbeit möchte gesteuret
und abgeholfen werden.

Der Schul-Meister hatte so wenig eine Magd als mein Vater,
und konte auch keiner wegen ihrer Religion eine auf Unkosten
halten: Meine Mutter war *contuir*lich kranck, und vermochte
mich nicht zuführen: Des Schul-Meisters sein Weib war krum,
und gienge auf Steltzen, konte also selbsten kaum aus dem Hause
kommen, und also muste das Mittel mich in die Schule zubringen
gantz aus einer andern Capritzen hervor gesuchet und aufgetrieben werden: Dann hätte ich schon endlich als ein Kind den
Weg über das Feld der Erkäntniß gebracht, so war doch gantz
unsicher Gehen, so wohl wegen unterschiedlicher Stege über
die Bäche, als auch wegen der Wölffe, die zuweilen *(recreationis
gratiâ)*[1] die Leute um eine Ritter-Zehrung ansprachen, davon
ihnen die Köpffe geblutet.

Des Schul-Meisters auf der einen Seite *totaliter* ruinirtes, und
auf der andern mit halben Bretern verschlagenes Cavinet muste
die Rath-Stube seyn, in welcher er selbsten der Bürger-Meister
mein Herr Vater aber den Richter (dann er war ein vortrefflicher
Scheidter-Richter) *præsenti*rte[2]. Da hiesse es billich: Viel Köpf,
viel Sinn, und ein ieder meinte, sein Sententz wäre der Beste.

Die erste *Session* gieng ohne *Decision* ab; Dann, weil mein
Vater begehret, der Schul-Meister soll mich in eigner Person, und
zwar in seinem Feyertags-Mantel (welchen er auch an denen
Werck-Tagen trüge) abholen, und wieder heimführen, als *pro*-
testirte wider solchen Vortrag seine *Excelen*tz der Herr Schul-
Meister gar mit barmhertzigen Minen. Bald stunde er gar von

[1] zum Zeitvertreib [2] spielte

seinem dreyfüßigen Sessel auf, gienge in der Stube hin und wieder, zoge die Achsel, und machte so artliche Posturen, fast wie
Schellen unten in der Piket-Karte, gleich als wolte er sagen:
Mein Herr Pokazi, das kan ich nicht thun, es ist mir unmüglich,
es ist meiner *Reputation* ein mercklicher Stoß und was dergleichen
mehr mag seyn. Derohalben zergienge dieses *Consilium* und verliessen Bürger-Meister und Rath dermalen an einander ohne
eintzige Frucht ihres Rath-Schlusses.

Aber was thut ein fertiger Kopf nicht? Sie waren kaum drey-
zehenmal zurath gegangen, als mein Vater zu seinem Vorhaben
ein großes Geigen-Futteral von einer alten Violdigamba er-
blickte. So bald er solches ersehen nimt ers mit Erlaubniß des
Schul-Meisters hinweg, und bringt es mit sich über der Achsel
nach Hause. Nun hatten wir in dem Stall einen alten Esel stehen,
etwan in der Gestalt, wie mans in Schulen denen Knaben an-
zuhängen Pfleget[1], derselbe wurde zu allerley Arbeit, absonderlich aber zu der Edlen Kunst der Holtzträgerey gebrauchet, der
hatte auch zu Olims-Zeiten meinen Eltern die Meel-Säcke in die
Mühle getragen, welche etwan 4. oder 5. Schrit von des Schul-
meisters seinem Hause stunde; weil nun der Esel den Weg gantz
allein zugehen aus öffterer Ubung schon gewohnet war, als
sperrete mich mein Vater in das Geigen-Futteral, hängte mich
dem Esel über dem Rücken, und also marchiret der Bernhäuter
mit mir *successivè* das Feld hinüber, und weil der Schul-Meister
von meinem *inventuos*en Vater zuvor dazu bestellet worden, als
nahme er mich aus dem Futteral heraus, und liesse den Esel wieder *repassir*en, fast wie man die Kugel im *Pilliard*-Spiel repaßiren
lässet. Mit mir aber hielte Er Collegia über das a, b, c … u. so
fort:

In wehrender dieser Zeit bekomt mein Vater den andern
Erben welcher, nach dem er ein wenig erwachsen, zugleich mit mir
dem Esel angehänget wurde, der Unterschied bestunde nur in
diesem: Erstlichen, daß mein Bruder an statt des Geigen-Fut-
terals in einen Sack gestecket und auf die lincke Seiten (dann mir
als dem *Filio natu maximo*[2] gebührete von Rechtswegen die

---

[1] d. h. wie auf einem zur Strafe angehängten Zettel
[2] dem älteren Sohn

rechte Seite) gehängt wurde, also gienge der Esel in der Mitte,
und truge zwey auf beyden Seiten, es sahe so artlich, daß einer,
der uns dazumahl solle gesehen haben, billich hätte sagen können: Unser sind viere.

Mit solchem Eselhafftigen Schulreiten vertrieben wir eine geraume Zeit bis sich endlich ein artlicher Casus zutrüge: Dann,
als wir einsmals bey einbrechenden Abend über das Feld geritten
(weil sich der Esel fast über anderthalb Stunde unter wegens ge-
füttert hatte) als wurden wir gewar, das gegen uns ein Reuter
daher geritten kame, welcher weder Pistolen noch Degen bey
sich hatte. So bald unser Esel des Huff-Schlages gewar worden,
spitzte er die Ohren und schiene fast, als wolte er zuschreyen anfangen, vielleicht wegen einer *Sympathia* die ich erst hernach-
mals erfahren. Im Hui, ehe ich michs versahe, nahme mich der
Kerl in dem Geigen-Futteral eingeschlossen hinweg und liesse
den Bruder in dem Sack zur Erde fallen, dann er hatte den Strick
entzwey geschnitten, kan also nicht wissen wo er vor dismal so
wol, als der Esel hingekommen.

Ich wolte anfangen zuschreyn, aber das schnelle Reiten und
die Furcht verwerthen mir solches der gestalten das ich mir kaum
zumuncketzen[1] getrauete. Nach guten vier Stunden stiege der
Kerl in einem engen Hofe vom Pferde (dann ich konte alles gar
ausführlich durch eine Klumsen[2], wie jene Jungfer) und befahle
einem Schüler, welcher einen Mantel um hatte wie die Meister-
Singer zu Augspurg, er soll gegenwertiges Futteral in die Claß
hinein tragen. Pots tausend Sack voll Enden, wie hörte ich da
Musiciren, es war ein großmächtiges Geschrey von Singen Geigen und Pfeiffen untereinander, und wuste doch nicht was es bedeuten solte. So bald mich der Schüler in die Stube gebracht,
war gleich die Musicirte Mutetten[3] aus, und ich merckte daß
der, so den Esel bestolen hätte, ein Musicus wäre, und also verwunderte michs nicht mehr warum besagter Esel in Ankunfft
dieses Menschen zu schreyen anfangen wollen. Herr Bruder,
sagte dieser so mich gestolen hatte, zu einem andern seiner Ca-
merathen, gegenwertige Violdigamba habe ich auf dem Wege
von einem Geigenmacher eingehandelt, sie komt mich nicht gar

[1] zu murmeln [2] Riß, Spalte [3] = Motetten

auf 4. Thaler, aber der *Resonanz* ist mir vor 20. Ducaten nicht feil, ich wil sie ein wenig zu dem Werck probieren, auf solches schlagt er das Schloß auf, dann er gabe vor, wie er den Schlüssel auf dem Weg verlohren, und was dergleichen *Circumstan*tien viel unzehlich andere waren. Aber, wunderliche *Metamorphosis*! An statt der vermeinten Geige finden sie mich in dem Futteral sitzen, über welches Er gäntzlich erschrocken, die andern aber lachten ihn wacker aus, und merckten, daß er in seiner Meinung schröcklich müsse seyn betrogen worden, und möchten alle den Kerl sehen welcher solche Geigen machen köndt? Sie lachten und ich weinete, dem Dieb aber war bey der Sache angst und bang, doch weil sich das Glück so gefügt hätte, versprache Er mich bey sich zubehalten, und mir singen zulernen, also kam ich von unserm Esel zu einem fremden Herrn.

Pokazi besucht eine Universität, erkennt aber bald die Eitelkeit und den Ehrgeiz der Gelehrten und kehrt enttäuscht nach Hause zurück, um eine Stelle als Schreiber im Rathaus anzutreten. Seine Aufgabe ist, das Einkommen der Bürger zu schätzen und ihnen ‚Contribution‘ (Steuern) aufzuerlegen.

In diesem meinen Studiren brachte ich ohngefehr 4. Jahr zu, und war nunmehr ein Knabe von 18. Jahren, da wurde ich auf ein Rathshauß in die Schreib-Stube genommen, dann ich hatte eine überaus gute Hand zuschreiben, bekame also von dem Abcopiren da einen Groschen und dort einen Groschen, daß ich entlich nicht wuste, wo ich mit allem Geld hinsolte? Es sassen in derselben Schreib-Stuben sehr stoltze Bürschchen, so *hoc tempore* sich müsten vor Schreiber, Copisten, Concipisten, *Excerpisten*, Ratificiristen, Cancellisten und dergleichen gebrauchen lassen, unerachtet dessen aber unterschrieben sie sich doch in ihren Hand-Brieffen allezeit vor einen *Secretarius*, ja man lase sie gar von der Cantzel vor *Secretarios* ab, wann man sie nehmlich Hochzeitlich verkündigte, und machten die Leute einen Hauffen aus sich daß es zuwundern.

Auf diesem Rath-Hause verbrachte ich meine Zeit nur mit *Speculi*ren, und was ich bey Tages-Zeiten sahe, daß truge ich Abends nach meiner Heimkunfft flugs in ein Büchlein ein.

Geneigter Leser, ein solcher Status ginge dazumahl auf diesem Rathhause im Schwang, darüber viel Bürger gelachet, dann sie konten kaum sobalt einen Bissen ins Maul schieben, da wuste es der Magistrat alles haarklein, ja, wir *examin*irten in unserer Cantzeley auch zuweilen die Dienst-Mägde und Handwercks-Jungen, was, wie, wo und wann ihre Herren, ihre Frauen und die andern Einwohner im Hause essen? Wo, wann, und wie theur sie den Hasen gekauffet, ob sie ihm wacker gespicket, oder nur ohne Hosen und Wams gefressen haben? Ob sie ihn lange in der Peitze haben liegen lassen oder nicht? Item: Von wem, und wo sie den Eßig samt den Wacholderberen und Kümmel gekauffet? Ob ihre Herren und Frauen weisses, oder braunes Bier, und wie viel sie des Tages trincken? Ob sie es gleich in *Continenti* und *praesenti pecuniâ* bezahlen, oder ob sie es auf die Kreide nehmen? *Item:* Ob sie die Woche über nicht Gäste gehabt, und wann sie derer gehabt, wer solche gewesen? Ob sie nicht gehöret, daß in solchem Convent von dem Magistrat sey geredet oder gedacht worden, und wann es geschehen, was sie gesagt haben?

Wolte man nun diese *invention* nicht allzeit und nach unserem *beneplacito* hinaus marchiren, so gebrauchten wir uns gewisser Leute in der Stadt, die musten gantz heimlich herum schleichen, wie etwan die Patrollirung zu Nachts-Zeiten gewohnet ist, die setzten sich dann in denen Wirths-Häusern unter die Bürger und Handwercks-Leute, fingen einen *Discurs* an, in welchem sie die meisten Fische zufangen vermeinten, kriegten sie nur einen in das Garn, so sagten sie solches erstlich mir, ich sagte es dem Ober-Cantzeley-Schreiber, der Ober-Cantzeley-Schreiber sagte es dem Unter-Registrator, der Unter-Registrator sagte es dem geschwornen Canzelisten, der geschworene Cantzelist sagte es dem bestalten Cammer-Verwalter, der bestalte Cammer-Verwalter sagte es dem Gerichts-*Advocaten*, der Gerichts-*Advocat* sagte es dem Amtschreiber, der Amtschreiber sagte es dem Kornschreiber, der Kornschreiber sagte es dem Bau-Knecht, der Bau-Knecht sagte es dem Saltz-Obristen, der Saltz-Obriste sagte es dem Allmosen Leutenant, der Allmosen Leutenant sagte es dem Ober-Stadt-*Physicus*, der sagte es dem unter Stadt-Phisicus, der

unter Stadt-Phisicus sagte es dem Wirth in drey Aendten, der
Wirth in drey Aendten sagte es seiner Frau, da ist der Teuffel,
darnach wuste es schon die gantze Stadt, lieffe also die Zeitung
wie ein lauffendes Feur alle Häuser aus, daß so gar der Bettel-
Richter in der Almosen-Austheilung bey der Leiche daran gedachte. Giengen die Bürgers-Frauen auf den Wochen-Marckt
einzukauffen, so sahen wir ihnen flugs mit *Perspectiven* aus verborgenen Winckeln und Cammer-Fenstern nach, ob sie nicht ein
Span-Ferckel, Knackwurst, Rephun, Phasan, Hasen, Caphan[1],
junge Hüner, Artischocken, Pumpernüsse[2] und dergleichen ein-
kauffen, und wie viel Geld sie aus der Ficke[3] hervor gezogen?
Ob sie lang auf dem Marckt blieben und dergleichen? Kauffte
nun eine etwas ein, das ihrem Stand nicht zukame, setzten wir
uns flugs nieder und schrieben.

Wir hatten auch zum Theil lange Röhre von Blech gemacht,
so dick als ein Daumen, mit diesen giengen wir Abends und tieff
in der Nacht gantz still herum, hielten es gegen die Fenster hinauf,
oder wol gar zu denen Caminen hinein, unten rochen wir dadurch, da kunte man *perfect* wissen, was desselben Tag auf dem
Herdt und in der Küche zugerichtet worden, dann wir steckten
eine gewisse Specerey in das Rohr, welche alle *atomos* an sich
zoge, hinter uns stunde dann ein Schreiber mit einer Blind-
Latern, dem dictirten wir in die Feder, was wir gerochen, und
also konte nicht das Geringste verborgen bleiben, wir steckten
auch dieselbe Röhre zu denen Keller-Löchern hinein, und befanden das mancher Schuster einen guten Wein darinnen müsse
stehen haben, welchen wir hernach in der *Contribution* wacker
geschröpffet, daß ihm das Fieber hätte mögen in den Beutel
kommen.

Mit solchen und dergleichen Possen, und lächerlichen Sachen
suchten wir unser *esse*, und betrachteten also fremder Leute
Handlung, unser eigenes Anliegen aber und unsere Fähler ver-
saumten wir mit eyferiger Besserung und in dem wir an einem
andern Hause den Brand löschen wolten, giengen unsere eigene
Wohnungen in dem Rauch auf.

Sontags und Feyertags, es möchte nun kommen, wann oder

[1] Kapaune [2] Pistazien [3] Tasche

wie es wolte, bestelleten wir unsere *exploratores* sehr fleißig und emsig, damit sie *nullâ habita ratione*, es möchte seyn wer es wolle, alles fleißig auffzeichneten, wie die Leute aufzögen, und was sie antrügen. Ja auf dem Chor bestelleten wir gar Studenten mit großen Schreib-Taffeln, und in dem man meinte sie schreiben etwan die Predigt, zeichneten sie indessen auf, was der und jener an dem Leibe trüge? Was er vor Hosen trüge? Was er vor Schuh trüge? Ob dieselbe mit Bändern und Rosen besetzt wären? Ob er silberne Schuh-Schnallen trüge? Was er vor einen Mantel trüge? Und so fort ohne Ende, welches wahrhafftig eine solche *invention* war, die nicht ein jeder mercken können. Kame dann darauf eine Steur aus, gelt da konten wir die Kerls rupffen? Ich gläube wir konten ihnen die Federn stutzen, ich meine wir kunten ihnen das Graß wachsen lehren? Ich gläube wir konten ihnen den *Brod-Korb* um eine Klaffter höher hängen, gelt wir konten sie Hasen fressen lernen? Gelt wir konten sie das Geld verspielen lernen gelt, wir konten sie einen guten Wein sauffen lernen, gelt wir konten sie in die *Comœdia* gehen lernen... Nichts war artlichers, als da der Bürger (dessen Frau den Hasen, die Artischock, und die zwey Spanferckel heimgetragen) vorstehen müste, dann als er so große *Contribution* reichen sollte, fienge er an und sagte: Ach allerliebster Herr Cammer-Verwalter, ich bin ein armer Mann, und muß mich durch meine schwere Arbeit recht kümmerlich ernehren, ich bitte euch ihr wollet in ansehung meiner vielen Kinder das Beste thun, und mir nur 8. Groschen nach lassen! Was? sagte der Cammer-Verwalter: 8. Groschen? Ihr, 8. Groschen? Was solt ich euch nach lassen? Ihr Galgen-Vögel? Könt ihr Hasen, Artischocken und Span-Säue fressen? Könt ihr so *dies bratibiles* halten, so könt ihr auch die Steur geben. Ich sahe es dem Schuster an der Nase an, daß er nicht verstunde was *dies bratibiles* halten hiesse? Jedennoch als er von dem Hasen, von den Artischocken, und denen Spanfärckeln sagen hörte, wachte ihm sein Gewissen auf, und als er daran gedachte, und sich in etwas *reflect*irte, that er noch einen Schluck in denen Gedancken, dann er entsinnete sich gleichsam *pro ultimo vale*, wie *delicat* der Hase gebraten und wie vortrefflich derselbe zugerichtet gewesen.

Hiermit (sagte der Cammer-Verwalter) erlegt ihr mir die
Steur ohne Wortmachens, oder ich will euch Hasen fressen
lehren, daß es solle gefressen heissen, nur geschwind und fein
bald, es hat keinen Verzug. Der Schuster wurde hierüber Feuer
roth, legte seine 32. Patzen auf den Tisch, und gienge davon.
Wie er heim kame, prügelte er seine Frau noch darzu, darum,
daß sie den Hasen nicht heimlich sondern so öffentlich ein-
gekauft hätte, klopffete ihr also der Mann das Hasen-Fleisch
wieder aus der Haut, so gut sie es hinein gefressen. Prosit die
Malzeit!

=====

Der Symplizianische Welt-Kucker
(1677–9)

*Der junge Jan Rebhu hat seine Laufbahn als Sänger begonnen. Eine
schöne Gräfin verliebt sich in ihn und versucht ihn zu verführen. Seine
Lage wird aber durch die Eifersucht seiner Feinde gefährlich. Er bittet
um Entlassung, damit er einen andern Herrn suchen könne.*

Nachdem mich nun mein Herr nicht entlassen wolte, sagte Er
mir, wie ihm von einen Schloß eines vornehmen Cavaliers were
geschrieben worden, ihme einen guten *Discantisten* zu schicken.
Wann ich nun Lust hette an selbiges Orth zuverreisen, wolte Er
mich Morgen durch ein Pferd dahin abschicken, daß ich mich
daselbsten möchte hören lassen. Ich nahme dieses gantz gerne
an, und versprache ihme in allen hertzlich gerne zuzfolgen.

Des andern Tages setzte ich mich zu Pferd, name meinen
Urlaub und ritte mit einen Laqvey biß in den 3. Tag an selbigen
Hof. Ich werde aber wegen gewissen Ursachen so wohl des Orths
als auch meines Herrn ohne dem Bekandten Nahmen vorüber-
gehen, der Leser aber wirdt sich vergnügen lassen, wann ich sage,
das der Orth ein vortreffliches Schloß bey einem Fischreichen
Fluß gelegen, den Besitzer aber desselben werde ich nicht anders
als meinen Herrn nennen.

Diese Hof-Stadt, ob sie zwar etwas klein, konte sie doch warhafftig ein Spiegel eines Politischen *Compendii* genennet werden,
weil alles in dieser so enge zusammen gezogen und sehr ordentlich eingericht war. Mein Herr hatte sehr noble *Musicanten*, die
zugleich mit andere Aempter verrichteten, als nemblichen einen
sehr guten *Tenoristen*, zum Kammer-Diener, einen vortrefflichen
Bassisten zum Silber-Diener, einen guten Altisten, zum *Secretario*,
und ich sange meinen Theil auch mit, und ward zugleich *page*,
ich hatte zwar einen Cammerathen, so von Florentz gebürtig
war, aber ich sange nicht alleine die Ober-Stimme, sondern gienge
auch diesem vor, indeme mir vergönnet worden, bey meiner
Herrschafft in der Kammer zuschlaffen, wann anders unter den
Jungen ein *præcedenz*-Streit *statuir*et wird, oder statt haben kan.
Es waren auch der Instrumentisten nicht wenig an dem Hof, als
Cancelisten, Canceleyschreiber, wie dann einer unter diesen ein
Organist *ex asse*[1] war, und manchen Stümpler beschimpffet.
Wann ich gleich noch so offt zurück gedencke, und betrachte,
wie sehr mir mein Herr, in kurtzer Zeit zu *Favorisiren* angefangen, verwundere ich mich über die grosse Liebe, welche mir
dieser Cavalier in allen Sachen zu erweisen gewust, er ritte niemals aus ich muste darbey seyn, er fuhre nie spatzieren, ich saße
mit in der Gutsche, in Summa: er Jagte, Fischte, oder thate was
anders, ich war stets als sein leiblicher Sohn neben und umb ihn,
ja so hoch hette sich seine Gunst gegen mich erschwungen, daß
Er mir auch seine geheimste Sachen zuvertrauen keinen Scheu
truge, welche ich auch die Zeit meines Lebens in mir werde ver-
graben lassen. Wann wir reiseten, so verwechselt Er sein Kleid,
leget einen langen LaqveyRock an, herentgegen lest Er mich in
einen Sammet-Rock stecken, mit Ketten behängen, und also
muste ich Herr, er aber auff der Reise Diener seyn. Wann wir
nun in ein Hauß zur Herberge traffen, da hiesse es alles gegen
mich Euer. Gnaden sey mir willkommen, da ward des Neigens,
Bückens und Grüssens kein Ende, ihn aber als meinen Knecht
Salutirt kein Mensch, welches ihn dermassen ergötzet, das Er
vielmals gesagt, Er hette ein sonderliches Vergniegen daran.
Wann wir dann nun wieder fort ritten, unterrichtete Er mich

[1] zum Organisten geboren

mit sonderlicher Manier, wie ich mich in der Nachtherberge
stellen solte, wie ich nemlich sagen müsse ich were ein Freyher
von N. und werde ehistens mit der Dame von N. Hochzeit
machen, welches ich dann alles genau *observirt*, kamen wir nun
daselbsten an, so hiesse es Gnädiger Herr Bräutigam seyd uns
willkommen, Eu. Gn. lassen sich nieder und so fort, davon sich
mein Herr offt des Gelächters nicht enthalten können, das man
mich als seinen Jungen von 16. Jahren so verehret. Wann wir
dann nun wieder nach Hause kamen, hielte Er schier eine Co-
mödia mit mir, da ich dann den meisten Pickelhäring drein
spielen muste, da ihn offtermals meine Frau[1] gebeten, Er wolle
sich doch nicht so gar ärgerlich gegen mich stellen, Er dörffte
mich gar zum Narren machen, wie artliche Schosen Er vorneme,
sie muste sich selbst darüber fast kranck lachen, Er wolle es doch
nicht thun und dergleichen. Mein Herr aber liebte mich von Tag
zu Tag hefftiger wie Er mir dann zum Zeugnüß dessen die gelbe
Feder zuliesse. Weil Er wuste, das ich eine grosse Ergötzung
durch das Weyd-Wesen suchte. Diese gelbe Feder aber war ein
Zeichen, das keinem der solche trüge das Schiessen, es möchte
in dem Forst seyn wo es wolle, von den Auffsehern möchte ver-
wehret werden. Nachdeme ich diese ungemeine Genad empfangen, ware ich nicht so wohl beflissen mich davor eyfrig zu be-
dancken, als begierig ich ware geschwinde Schiessen zu gehen,
eröffnet mir also mein Herr seinen Gewehr-Kasten, und liesse
mich nach meinem Gefallen ein Geschoß nehmen wo ich nur
wolte. Ich name dazumal eine überaus saubere Flinth, steckte
die Feder auf den Hut, und *marchirte* dem Wald zu, als ich nun
bey unserm grossen Vogelheerd[2] etwan eine halbe Stund von
dem Schlosse angelanget, stunde bey 20. Schritten von mir ein
junges WildSchwein, welche in dem auffgehenden Korn weidlich
herumb wielete[3] und in kurtzem einen grosen Fleck aus muster-
te[4]. Ich gedachte dieses junge Schwein aufs hinter-Castell zu
brennen, schluge deßwegen an, und trafe sie, wie ich begehrt.
Indem nun solche in dem Kreiß herumb lauffet, und ein grosses
Gruntzen anfienge, kommen 4. Eber, einer grösser als der ander
den Wald heraus *marchirt*, 3. weit daroben, einer aber bey 9. oder

[1] Herrin   [2] Vogelherd   [3] wühlte   [4] niedertrampelte

10. Schritte neben mir zur lincken Hand. Wie sehr ich erschrocken kan ihm der Leser einbilden, wo soll ich aus, Noth war vorhanden, und keine Zeit hatte ich nicht mich lang zu entschliessen, entlauffen konte ich nicht, stehn zu bleiben war gar nicht rathsam, ergriffe also zum Glück die Leiter, und stiege behende auf dem Vogel-heerd hinauf, alwo ich mich gleich einem Musqvetierer so auf dem Esel reutet nieder gelassen, und die Leiter hinüber gestossen, diese war kaum so bald auf die Erde gefallen, als sich alle 5. Schwein zugleich an der Hütten befanden umb mir ihre Affection zu erweisen, Schiessen dörffte ich nicht wider, dann ich gedachte es möchten noch mehr *arrivirn*. Vors ander, so dörfften mir auch diese Geselln indem ich hinunter ziehlete die Flinthe aus den Händen reissen, sasse also wie ein Herr verlaß mich nicht auff dem Dach, wie das steinerne Männlein zu Regenspurg auff der Brücke, wo man rechter Hand hinaus gehet. Also schrie ich um Hülf, weil unfern von dannen eine Dorffschafft von 6. biß 7. Häusern ware, aus welchen auch die Bauern geloffen kommen und die Schweine mit klatschenden Händen vertrieben, und mich also, von dem Tode dieser schweinern Carnari-Vögel erlöseten.

Mit solchem hin und wieder vagiren vertriebe ich ein geraume Zeit auf dem Schlosse. Mein Herr gleichwie Er eines sehr wunderlichen *Humors* war, also kame ihm zuweiln in einer Stund ein so unverhoffte Lust zu Jagen an, das ihn weder seine Frau noch jemand anders davon abhalten möchte. In einer Nacht ruffte Er mir im Bette, und befahle dem reit-Knecht zu sagen, das Er sich fertig machte und 3. Pferd bereitete, Er wolte mit mir und ihm auff den nähsten Forst zureiten, weil Er nicht wohl ruhen kunte, ich machte den reit-Knecht munter, welcher die Pferdte in Bereitschafft stellete, also sassen wir mitten in der Nacht auff, und ob wohl ihn meine Frau da zubleiben mit den schönsten Worten ersuchet, wolte doch nichts verfangen; indeme wir nun bey einer guten halben Stund gegen denen Stortzäckern[1] reuten, treffen wir an die daselbst gelegene See, welche die Natur hatte, das sie sich alle Nacht gegen Glock I. oder 2. sehr hoch ergosse, also das kein Mensch an umbliegenden Orten

[1] Sturzäcker

auf der Ebne wohnen dörffte, weil daselbsten alles vom Wasser
überschwemmet worden. Mein Herr ritte forne, und als wir fast
nahen an der See, schickt Er den reit-Knecht umb die Höhe des
See zu recognoscirn, welcher zurück brachte, daß sie sich außer
einer Stunde, schwerlich ergiessen werde, indeme sie noch gantz
stille. Mein Herr befiehlt ihm darauff wieder nach Hauß zukehren, mir aber gebote Er voran zu reiten. Also trabten wir das
gestatt der See hin biß wir zwischen derselben und einem hohen
Berg mit Tannen überwachsen geschlossen waren. Wir reuten
gantz sachte durch etliche Lachen hindurch biß wir endlichen
das Ergiessen ziemlich gewahr worden, mein Herr schildt auff
den Reit-Knecht das er ihn fälschlich berichtet, und ich heimlich
auff meinen Herrn, das Er so spat zu Pferde gesessen und mich
ohn Unterlaß mit dergleichen ausreiten verunruhigte, indem aber
ergiest sich die See so hoch, das unsere Pferdte auff halbe Beinen
in dem Wasser standen, mein Herr erschrack aus dermassen,
heisset mich das Pferd anspornen, und durch Galopirn, welches
auch geschahe, da wir dann in lauterer Fluth mit grosser Mühe
der Gefahr entgiengen, indeme wir zur rechten Hand den Berg
mit Gefahr des Lebens erstiegen. Der Mond scheinete ein kleines
durch die Wolcken, da wir zuweiln den Wege desto besser vor
uns nehmen können, biß wir endlichen auff der Höhe deß Felsens
uns dem Aenden-Forst zu näherten alwo dergleichen Stortz-
Aecker anzutreffen, in welchen dazumal die Haasen in grosser
Menge ihr Lager hatten, wie sie sich dann zu Herbstzeiten
meistens daselbsten aufhalten. Es ware aber dieser Aenden-
Forst, zu Nacht wegen der Gespenste sehr gefährlich durch zu
reisen, weil daselbsten wegen der vielen Pfitzen nicht allein allerley Irrwisch anzutreffen, sondern gienge auch dazumal ein grosses
Geschrey auß, als hielte sich in demselben ein feuriger Mann auf,
der einen streit-Kolben trüge und denen durch reisenden grossen
Schrecken verursachte.

Wie sehr ich nun meinen Herrn ersuchet, nicht in diesem
Forst zu reiten, konte ichs doch swerlich erhalten, biß wir endlich ein erbärmliches Geschrey nechst vor uns, als etwan auf
50. Schritt in den Wald hinein mit Erstaunung erhörten. Mein
Herr sagte, HErr GOtt was muß das bedeuten, dieses Geschrey

macht entweder der Teuffel selbst, oder es hat seine sonderliche Anzeugung[1], wende dein Pferd gegen der Tieffe nunter, wir wollen neben dem Forst hin reiten. Ich wendete in grosem Schrecken den Gaul gegen der Tieffe, je weiter wir aber von dem Forst ritten, je näher komt das Geheul hinter uns drein. Die Pferde fiengen an zu Schnauben, und hatten wir mit Mühe zu thun, daß wir sie fort brachten, endlich sagte mein Herr: Jan Rebhù stehe still, laß uns dem Gehäul zuhören, bete ein Vaterunser es soll uns nichts Böses begegnen, *per dieu* was ist das vor ein greuliches Geheul! Ich wendete meinen Gaul und stehe nahe an meinen Herren, weil mir sehr übel zu muth ware, so erschrecklich ware das Geschrey. Mein Herr fragte mich ins ander mahl, ob ich etwas davon verstehen konte, aber ich konte ihm so wenig als Er mir, ein Wort verdeutschen, unangesehn wir etlich Silben, als hiech Surch und dergleichen vernehmen kunten. Die Pferde kunten nicht mehr stille stehn sondern fingen erschrecklich an zu toben, er befahle mir aber den Zaum feste zu halten, er wolle in dessen eine Pistol lösen, und Feuer geben, deßgleichen solte ich auch thun. Ich sagte: Euer Gnaden schiessen nicht, wan daß der Teufel ist, wird Er wenig umb einen Schuß fragen. Ich wil haben, sagte er darauf, daß du Feuer gebest, er frage darnach oder nicht, hierauf löseten wir beyde Pistolen zugleich. Er schwange sich wieder zu Pferdt, und befahle mir den nechsten Weg nacher Hauß und zukehren, allein die Pferdt giengen immer zu rücke, biß wir die Höhe wieder mit Schrecken hinauf kamen, alwo wir nechst dem Walde den Feurigen Mann, umb welchen daß Geheul her ware, etwan bey 400. Schritten von uns ersehen. Euer Gnaden sagte ich, sehen sie nichts? schweig antwortete mein Herr: Ich sehe es wol, förchte dich nicht, es kan weder dir noch mir etwas thun, schieß noch einmahl. Ich satzte mein Huth vor die Augen, zoge die Pistole aus der Hulffter und gab also einst meinen Herren[2] in grosser Zagheit Feuer, so bald der Schuß geschehen, laufft der Mann auf uns loß, welcher je neher er kame, je grösser und schrecklicher er ware. So sehre wir nun die Pferdte anstrengten, so wenig wolten sie von der Stell. Mein Herr sagte: ey so bleibet,

[1] Bedeutung [2] zusammen mit meinem Herrn

zoge seinen Degen, und spricht zu mir, ich solte mich nicht förchten, daß Gespenst werde uns nicht fressen, er wer öffters bey dergleichen Gefahr gewesen, dergleichen Gespenste erschreckten vielmehr, als sie schaden könten, ich solte indessen fleißig beten. Wan ich heut zu Tage so viel *Ducaten* hette, als ich dazumahl *Pater noster* dahin *recitirt*, glaube ich, ich wolte groß Britanien aufkauffen. Der Schweiß lieffe uns übern Leib ab, und so sehr mich mein Herr tröstete, so ward er doch bey nebens nicht ohne Furcht. Unsere Pferdt lieffen und sprangen zwar in den Kreiß herumb, aber weder vor noch hinder sich war keines zu bringen.

Unter diesem nahete sich das Gespenst biß 20. Schritt herzu. Mein Herr wendet sich gegen demselben den Degen vor sich haltendt, wirfft mir auch seinen Hut zu, diesen bey mir zu behalten. Es kame aber dieses gräußliche Feuer nicht näher an uns, sondern lieffe, wie etwan ein brennender Schaubstroh[1] mit grossen Geprassel in dem Zirckel herumb, und machte baldt einen Sprung über sich, baldt unter sich. Daß Haubt anbelangend ward es *formirt*, wie ein ordentliches Mans-Haupt, an dem Kinn hienge ein langer Barth, wie man etwan die Zeit abmahlet, die Schuldern, Brust, Bauch, und die Beine vergleichen sich einem natürlichen Menschen, ohne, daß alles lauter Feuer und Flammen oben und unten ware: daß Geheul war auch umb so viel erschrecklicher, als näher es uns auf dem Leibe war. Wir stunden in Furcht und Zittern, und wurde mein Herr endlich gantz ohnmächtig, da ich ihm dan hielte, damit er nicht gar vom Pferde stürtzte. Baldt fielen unsere Pferdt, baldt sprangen sie wieder auf, baldt stunden sie gantz auffrecht, also, daß wir in doppelter Gefahr stunden. Nach dem wir nun eine gute halbe Stunde von diesem abscheulichen Gespenste geplaget worden, läufft es wieder zu rücke, wo es hergekommen, da wir dan ein neuen muth schöpfften und unsere Pferde die Strasse hinunter brachten. Kaum aber, da wir uns umsahen, war der Mann wieder bey uns, und also lieffe er hin und wieder, baldt war er nahe, baldt ferne, baldt gar nicht mehr zusehen. Als aber unsere Pferde in randt[2] kamen, sprungen wir in grosser Angst die Felder gegen dem

[1] ein Strohbund   [2] ins Laufen

See hinunter biß wir endlich zu einer gefährlichen Hecken kamen, über welche mein Herr mit dem Gaul ausgestürtzet, da ich
dann geglaubet er habe den Halß gebrochen. Es lage Mann und
Pferdt übereinander, und Er ruffte mir umb Hülffe. Augenblicklich stunde ich vom Pferde, führete solches mit grosser Gefahr
die Hecke hinunter, und sahe daß mein Herr gantz unbeweglich
nebenst dem Pferde zur Erden lage. Ich griffe ihm in den Schub-
sack und beschmierte ihn mit Balsam so viel ich nur kriegen
konte das Gesichte über und über, davon er wiederumb zu
Kräfften kame, ich fragte ihn ob ihm irgend wo Wehe wäre; gab
er mir zur Antwort. Daß Pferdt hette ihn so auf den untersten
Knochen deß rechten Schenckels gedrückt, ich solle ihm auff-
bringen daß er fort reiten konte. Als ich ihm nun mit grosser
Arbeit auf die Beine gebracht, wil er dem Pferde auch aufhelffen,
aber der Gaul ware von der Stelle nicht mehr aufzubringen, wie
er dann auch deß andern Tages daselbst verrecket, setzt sich also
mein Herr auf mein Pferdt und lieffe ich neben ihm heimb in das
Schloß, als es schon anfieng Tag zu werden.

So baldt wir nach Hauß gekommen, begabe sich mein Herr
zu Bette, befahle mir dergleichen zuthun und lagen also beyde in
einem Zimmer. Auf solches gab man uns *Medicin* ein, und wurdte
jedem auffs beste gewartet. Meine Frau weinete von Hertzen,
aber mein Herr lachte noch daran und vexierte mich, daß ich so
fleissige *Pater Noster* gebetet, ich aber sagte wiederumb zu meiner
Frauen, daß mein Herr viel mehr auslachens würdig wäre, weil
er den Teufel mit Pistoll-Schiessen vertreiben wollen. Indeme
kombt die Post, daß der Schimmel, welchen wir in der Nacht
zu rücke gelassen, dieses Irrdische verlassen. Da sagte mein
Herr: sindt wieder 100. *Ducaten* hin! las es seyn wann nur ich
lebe. Also vertrieben wir die Zeit bey 4. Tage, den 5ten stund ich
auf, mein Herr aber konte wegen Geschwulst des Schenckels,
die ihm von dem Fall herrührte, noch nicht ausgehen, muste also
deß Bettes umb 14. Tage lenger hüten, unter welcher Zeit er
meistens Versch machte, die ich in die *Music* übersetzen müssen,
weil ich bey meinem Herren zu N. etwas *Componiren* gelehrnt, es
war uns aber nichts lustigers zu hören, als daß das Geschrey
unter den gemeinen Pövel weit erschallete. Der N. hätte mit

seinem *Page* bey dem Aendten Forst mit dem Teufel geraufft, und denselben mit dem Degen erstochen. Etliche sagten gar: er hätte uns schon auf ein Meil Weges mit sich geführet, da hatt uns ein Gestlicher aus der Noth geholffen, und was dergleichen aufschneidereyen mehr waren, die man ohne Gelächter nicht anhören können. Etliche sagten: der Teufel hett mein Herrn von seinem Schimmel herunter gerissen, und sich in den Sattel gesetzet, welchen er hernach hoch in die Lufft geritten, und endlich auf die Erde zu tode geworffen. Auch solte der Geist meinen Herrn in Fuß gebissen haben, davon er nimmer aufstehen würde, und so fort. Mein Herr liesse zwar umb den Urheber dieser neuen Zeitungen forschen, aber er bliebe verborgen.

HEINRICH ANSELM VON ZIGLER
UND KLIPHAUSEN
1663–1696

Zigler wurde in der Oberlausitz geboren, wo sein Vater ein Rittergut besass. Er erhielt seine Erziehung am Görlitzer Gymnasium und studierte von 1680 bis 1684 Jura, Geschichte und Literatur auf der Universität Frankfurt an der Oder. Mit 22 Jahren heiratete er. Obwohl er mehrere seiner Werke dem sächsischen Herrscherhause widmete, machte er keinen Versuch, am Hofe Beförderung zu erlangen, weil er das Leben eines unabhängigen Landadligen vorzog. Zigler schwärmte für geschichtliche Chroniken, und seine zarte Gesundheit wurde, nach Erich Schmidt, „durch stetes Hocken über dem Wust historischer Sammelsurien vollends zerstört", so daß er schon mit 33 Jahren der Schwindsucht zum Opfer fiel. Unter seinen veröffentlichten Werken hat sich nur die *Asiatische Banise* (1689) behauptet. Wie andere höfische Romane jener Zeit enthält auch dieser viel aus Reiseberichten und Chroniken entlehntes Material, und der Stil leidet unter manchen schwülstigen mit Metaphern beladenen Stellen. Vorzüge der *Banise* sind aber ihre relative Kürze, die rasch ablaufende Handlung und der humorvolle Charakter von Scandor, dem Diener des Prinzen Balacin. Die *Asiatische Banise* erlebte viele Nachdrucke und regte manche Nachahmungen an, darunter eine ‚deutsche' und eine ‚engeländische' Banise. Noch J. G. Hamann schrieb 1721 eine Fortsetzung.

Asiatische Banise

(1689)

Der Tyrann und Usurpator Chaumigrem hat das Reich Pegu erobert
und den Kaiser Xemindo und dessen schöne Tochter Banise gefangen ge-
nommen. Banise ist die Verlobte des tapferen Prinzen Balacin von Ava.
Der grausame Chaumigrem übt seine neuerworbene Macht in einer Reihe
von Greueltaten aus und beginnt, seine Herrschaft über die Nachbar-
länder Pegus auszudehnen. Balacin und sein Diener Scandor reisen inko-
gnito nach Pegu und nach mehreren Abenteuern, in denen der Prinz sich
durch seinen Heldenmut auszeichnet, gewinnt er die Hilfe von Talemon,
dem ehemaligen Schatzmeister, und seinem Sohn, Ponnedro, denen
Chaumigrem das Leben geschenkt hat. Chaumigrem läßt Xemindo hin-
richten, wird aber von der Schönheit seiner Tochter so bezaubert, daß er
sie zur Frau nehmen will. Er gewährt ihr ein paar Tage Bedenkzeit
und läßt sie mittlerweile von Ponnedro bewachen. Um Banise zu retten,
verkleiden sich Balacin und Scandor als portugiesische Kaufleute und
verschaffen sich Eintritt in das Frauengemach des Palasts. Hier gelingt
es Scandor, durch seine Mundfertigkeit, die Aufmerksamkeit der Hof-
damen auf seine Waren zu lenken, während Balacin und Banise ihre
Flucht besprechen.

Währenden dieses wunderlichen handels, hatte sich die
Printzeßin mit dem verstellten Printzen in ihr innerstes cabinet
begeben, unter dem vorwand, ihm einige diamanten zu zeigen,
von deren art er ihr noch unterschiedene schaffen solte. So bald
sie solches betreten, und nicht mehr an des Printzen person
zweiffelte, redete sie ihn alsobald an: Ach mein werthester
Printz! die zeit ist kurtz, und die sache, wovon ich reden soll,
ist wichtig: Derowegen ich denn nicht gesonnen bin, ihn durch
viel versicherungen meiner sattsam bekanten liebe aufzuhalten.
Ich sage diß, daß ich durch verstelltes liebkosen den tyrannen
auf drey tage gezähmet, in welcher kurtzen zeit er seine Banise
retten oder sterben lassen muß. Er entdecke mir nur ungescheut,
ob es möglich sey, meine erlösung auf einige art vorzunehmen.
Hat ihn aber das verhängniß aller mittel beraubet, mich trostlose

Aus *Asiatische Banise*
(Exemplar des British Museums London)

aus der hand meines verfolgers zu retten, so erlaube er mir, daß
ich hier vor seinen augen mit desto grösserm muthe sterbe,
damit er ein zeuge meiner unbefleckten liebe und beständigen
treue seyn, und mir den ruhm mit in das grab geben müsse: Eine
iede keusche seele müsse mein beyspiel lieben. Nein, schönste
Printzeßin! antwortete der Printz, es ist nicht nöthig, den stahl
auf eigene brust zu kehren; sondern viel besser, wenn solcher
bey vorfallender noth zu rettung ihrer ehren wider den Tyrannen
gewendet würde. Jedoch wird dieses äusserste mittel verhoffent-
lich nicht zu ergreiffen seyn, weil uns die Götter noch nicht allen
beystand versaget haben. Die erlösung beruhet in der flucht, und
ihr glücke grünet in frembder lufft. Doch fürchte ich, es werde
die rauhe wüste dero zarten füssen sehr beschwerlich vorkommen, und die gewohnte gemächligkeit wird sich einem schnellen
rosse nicht füglich anvertrauen lassen. Ach schweige er, antwortete die halb erfreute Printzeßin, hier ist nicht nach dem
willen zu fragen, sondern es heißt: Ich muß. Ich folge, wo man
mich hinführet. Ich will mit ihm die verbrannten Mohren besuchen, ja auch die kalten nord-länder, wo sich die weissen bären
aufhalten, nicht ausschlagen, denn solte mich gleich der himmel
zu ihrer kost versehen haben, so würde ich doch viel sanffter in
seiner schoß sterben, als hier in verhaßtem purpur leben. Aller-
schönste Printzeßin! Treuste seele! versetzte der entzückte
Printz, ist es wohl möglich, daß eine vollkommene schönheit
auch eine vollkommene tugend beseelet. So wisse sie denn, mein
engel! daß es nöthig seyn wird, sich auff einen starcken schlaf-
trunck gefaßt zu machen, welcher auf benennte zeit des feindes
brunst in einen harten schlaf verwandeln kan. Dessen kleidung
kan so denn das scharffsichtige auge der wache leicht betriegen:
und wenn sie die so genante tyger-pforte glücklich erreichet hat,
so werden uns einige flüchtige rosse aus dieser gefahr entführen,
und ein beglückter ausgang wird unsere mühe crönen. Diese
saure reise wird mich ihr, und sie mir verbinden, die noth wird
unser stab und die liebe unser licht seyn, biß wir die grentzen
von Ava erreichen, und alsdenn dem tyrannen trutz bieten
können: Wohl! Liebster Schatz, erwiederte Banise, ich nehme
dieses schwere werck willigst auff mich, und weil behutsamkeit

das meiste hiebey thun muß, so werde ich und er solches mit
dem Ponnedro noch fleißiger überlegen. Ich wünsche von
hertzen, schon in der grösten wüsten zu seyn. *Adjeu!* Mein engel!
auff zwey tage. Wir müssen anietzo durch eilen dem verdachte
vorkommen, und uns wieder denen andern beygesellen. Worauff
sie ihn küssende beurlaubte, und gleichsam mit ihm handelnde
wieder in das zimmer trat. Als nun Scandor wieder eingepacket
hatte, verliessen die verliebten Portugiesen das zimmer, nebst
der burg, und begaben sich eilends nach des Talemons schloß,
allwo er dem Talemon alles entdeckte, was die letzte abrede mit
der Printzeßin gewesen, und wie eine schleunige flucht das
äuserste mittel ihrer erlösung wäre. Dannenhero als die sache
nochmahls in gegenwart des Ponnedro wol überleget wurde,
machte der Printz alle anstalt zu dieser flüchtigen reise. Er kauffte
sechs Persianische klepper, welche sich mit den hirschen in einen
wettlauff einlassen dürffen: deren drey solten vor der tyger-pforte
zum ersten auffsitze bereit stehen, die andern drey aber solten
vier meilen von Pegu an einem gewissen ort aufwarten, damit
durch abwechselung die flucht beschleuniget würde. Was sonst
hierzu nöthig war, muste Scandor fleißig herbey schaffen, die
eingekaufften waaren aber schenckte der Printz der Hassanen
und Lorangen, welche über solche freygebigkeit so bestürtzt
wurden, daß sie eine mündliche dancksagung zu thun unfähig
waren.

Hierauff kam nun der von dem Chaumigrem längst-erwünschte
tag, an welchem er sich feste einbildete, diejenige vergnügung
zu geniessen, derer er sich einig und allein nur würdig schätzte.
Es verdroß ihn nichts hefftiger, als daß er nicht auch der sonnen
zu befehlen hatte, um ihr alsdenn zu gebieten, desto geschwinder
zu lauffen, und den tag zu endigen. Ja er konte nicht die herein-
brechende finsterniß erwarten, sonder[1] seine Printzeßin zu sehen.
Er verfügte sich in ihr zimmer, und forschete, an welchem orte
sie das Tali[2] verlangete. Weiln sie aber diese Bramische ver-
knüpffung nicht rathsam dauchte; so wendete sie vor, eine engere
verbündniß liesse ihr zustand noch nicht zu: inmittelst würde
dennoch ihr zimmer dem Käyser offen stehen. Welches dem

[1] ohne   [2] brahmanische Trauung

Chaumigrem um so viel angenehmer zu hören war, und mit hefftiger zwang-gedult die nacht erwartete. Der Printz säumete seines ortes hingegen auch nicht, alle benöthigte anstalt zu machen, damit ja nichts in einem so wichtigen wercke versehen würde. Diß einige hinderniß wolte noch die sache schwer machen, wie nemlich die tyger-pforte zu eröffnen sey. Hierzu fand sich nun die erwünschte gelegenheit, daß die Braminen, oder priester, welche den Käyser mit der Printzeßin verknüpffen sollen, nicht durch das burg-thor, sondern durch erwehnte pforte, eingelassen werden: zu welchem ende solche eröffnet ward.

Nachdem aber nach widrigem entschluß solchen zurücke zu bleiben anbefohlen ward, wurde auch diese pforte wieder zu schliessen ins vergessen gestellet: welches der Printz als eine besondere schickung der Götter aufnahm, und sich einen erwünschten ausgang versprach. So bald nun die nacht durch ihre schatten-decke alle sicherheit versprach, begab sich der Printz sonder verweilen mit den bestellten pferden vor die pforte, Chaumigrem hingegen bemühte sich, gleichfalls vor der liebespforte anzuklopffen: Dannenhero er auch, sich gantz sicher schätzende, die wachten zu vermindern gebot. Banise hatte indessen das in gantz Indien bekante kraut *dutroa** in wein abgekocht, dasselbe als einen lieblichen tranck zubereitet, und stellete solchen in einem güldenen geschirre zum dienste des Käysers vor sich. Chaumigrem gieng voller vergnügten hoffnung dem zimmer seiner geliebten zu, welche er auch ziemlich wohlgemuth vor sich fand. Sie stellete sich sehr freundlich an, und setzte ihn in solche flamme, welche ihr fast schädlicher als ersprießlich hätte seyn mögen. Allerschönster engel, redete er sie an, ist dieses die angenehmste stunde, worinnen ihr glücke und

---

* *Dutroa* wächst als ein gemeines kraut in Ost-Indien auff dem felde, wann man dasselbe in geträncke oder speise einnimmt, so verändert sich der mensch, daß er entweder einschläft, oder sich närrisch stellt, da er nichts sehen, erkennen oder verstehen kan, es geschehe auch in seiner gegenwart, was es wolle. Welches zwölff biß viel und zwantzig stunden währt, ehe der mensch wieder zu sich selbst kömmt, es sey denn, daß man ihm die füsse bald mit kalten wasser wasche. Dessen bedienen sich öffters die unkeuschen weiber in Ost-Indien, vermittelst dessen sie angesichts ihrer männer die unsichtbahre schmach pfropffen. *Linschott*, (d. h. *J. Huygen van Linschoten, Vogagie. Franeker 1594/95) part 4 c. 7.*

meine vergnügung blühen soll, so lasse sie ja keinen zeit-blick vorbey gehen, in das paradiß der wollust zu schreiten. Weil es die wunderhand, antwortete sie, der Götter also füget, mich dem Käyserlichen willen zu unterwerffen, so werde ich gehorsamst folgen. Nachdem ich mir aber durch die hand des leib-artztes einen gesundheits-tranck zubereiten lassen, welchen ich jetzt geniessen, und auff dessen gebrauch eine stunde ruhen soll, so werden I. M. wohl erlauben, daß ich nur noch eine stunde zeit dessen begehren unterbreche. Der ungeduldige und vor liebe fast blinde Chaumigrem ergrieff so fort den becher mit diesen worten: Die gesundheit wird um ein grosses befördert werden, so ich es selbst auf dero wohlergehen austrincke, und hingegen unserer flamme keinen auffschub gönne. Worauf er diesen tranck begierigst in sich schüttete: auch sich so bald erheben, und die rosen der wollust suchen wolte: aber im augenblick erreichte der tranck seine würckung. Er sanck wieder zurücke, lachte eine kurtze zeit, und gerieth endlich in einen solchen tieffen schlaf, daß er mehr todt als lebendig zu seyn schiene. Die Printzeßin, solches ersehende, verließ eilend ihren sitz, wickelte etwas von kleinodien zusammen, zog dem unempfindlichen liebhaber seinen langen rock aus, und sich an, setzte dessen schlaf-bund auff, und vergaß nichts, was sie als den rechten Käyser konte vorstellig machen. Hierauf trat sie behertzt aus dem zimmer, wiewohl sie das angesicht möglichst verbarg. Die wache thät ihr als dem Käyser mit niedergeschlagenen häuptern tieffe ehrerbietung, welches sie an benöthigter aufmercksamkeit desto mehr verhinderte: Sie aber gieng mit langsamen schritten nach dem Käyserlichen zimmer. So bald sie die wache aus den augen verlohr, wendete sie sich nach einer kurtzen stiegen, welche sie auff eine lange gallerie leitete. Als sie diese ungehindert geendiget, führte sie der weg zwischen etlichen mauern gerade der tygerpforten zu, welche zu erreichen, sie ihre schritte verdoppelte, und ihren geliebten Printzen frölichst vor derselben antraff. Der Printz konte sich vor freuden nicht fassen, viel weniger einbilden, daß es seine werthe Printzeßin wäre. Scandor aber ermahnte ihn, sich nicht zu säumen, viel weniger an ihrer person zu zweiffeln: sondern solte sie nur angreiffen, so würde er an ihrem fleisch und blute wohl fühlen, daß es kein geist wäre. Dannenhero stieg sie selbst ohne weitläufftiges reden frisch zu pferde, und trat also im nahmen der Götter die gefährliche flucht mit vergnügen an. Indessen reise nur hin, du vergnügtes doch unglückliches paar, reise getrost! bilde dir aber nicht ein, daß die hurtigen schenckel deiner rosse schneller denn das unglück sey, welches doch geschwinden luchsen vorläufft. Ziehet hin, der himmel begleite euch, und zeige euch die rechte bahn: doch verfehlet nicht der rechten strasse. Indem nun der schlaf-trunckene Chaumigrem die gantze nacht in höchster unempfindlichkeit zugebracht, und die würckung des krauts seine endschafft erreichet hatte, begunte er endlich bey hoher sonnen die augen aufzuschlagen. Er wuste aber noch nicht, ob er wachte oder noch träumte? Entkleidet sahe er sich, Banise hatte sich seinen augen entzogen, eine allgemeine stille nahm das zimmer ein: ja er stellete sich gar einige bezauberung vor. Endlich verließ er seinen ruhplatz, hieng einen weiber-rock um sich, und ruffte auf die wache: statt deren sich aber Ponnedro gehorsamst einstellte, und nach dessen verlangen forschete. Wo ist die Printzeßin? fragte er gantz bestürtzt. Deren gegenwart, antwortete Ponnedro, wird I. Majest. sattsam empfunden haben. Schertzet nicht, Ponnedro, widerredete Chaumigrem, sondern saget alsbald, wo die zauberin sey. I. Majest. haben mich heunte meiner aufsicht überhoben, versetzte Ponnedro, und so folgbar auch fernerer verantwortung. Ich habe sie I. Majest. in die armen geliefert, vor das übrige werden sie selbst gesorget haben. Sie hat mich bezaubert, fuhr der Käyser fort, und mich durch einen trunck aller sinnen beraubet. Auf! durchsuchet alle zimmer, und verschonet auch das nahliegende frauenzimmer nicht. Allein, es war alles suchen vergebens, die Printzeßin irrete bereits in wäldern herum. Die wache berichtete, wie sie, ausser dem Käyser niemand aus dem zimmer gehen sehen, aus welchen umständen er den betrug zu mercken begunte: Endlich auch hieran gar nicht mehr zweiffelte, als ihm die eröffnung der tyger-pforte hinterbracht wurde. Hier verwandelte sich dessen grimm in eine raserey: Blitz, brand, schweffel, bley und hundert hencker sollen diese schmach rächen, rieff er, gantz wütende in dem gemach herum lauffende, und ihr alle solt es mit euren hälsen bezahlen, daß ihr dieses höllen-kind entreissen lassen. O verfluchte falschheit! o verdammte arglist! ein schwaches weibesbild darff sich erkühnen, einen so mächtigen Käyser schimpfflichst zu entkleiden, und, indem er nach ihr greifft, ihm den blossen schatten zu gewähren. O Rolim, Rolim[1]! hätte Chaumigrem gefolget, so wäre der Käyser unbeschimpffet blieben. Ach freylich kan ein schlimmer stamm keine gute zweige tragen: vermaledeyet sey die hand, welche auch die wurtzel verschonet hat.

Nach welchen worten er halb bloß nach seinem gemach lieff, und in solcher wuth seinen sebel holte, welchen auch so fort etliche von der wacht tödtlich empfinden musten. Ponnedro hatte sich so weit unsichtbar gemachet, und also solte das unschuldige frauenzimmer die blutige reihe treffen: welche sich aber aufs beste verriegelten, und also dem ersten zorne entgiengen: wiewohl hernach über 50 weiber über die klinge springen musten. Als aber der Feldherr Martong, der Rolim, und einige andere hohe personen sich einfunden, und den wütenden Chaumigrem möglichst besänfftigten: befahl er alsobald, es solten 2000 der bestberittenen aufsitzen, der flüchtigen Printzeßin nachsetzen, und sie todt oder lebendig liefern. Welcher aber ohne sie, sich einiges rück-kehrens unterstehen würde, der solte den verlust seines kopffes empfinden.

Name des Oberpriesters, der Chaumigrem vor der Prinzessin Banise gewarnt hat

DANIEL CASPER VON LOHENSTEIN

1635–1683

Daniel Casper – später ‚von Lohenstein‘ – wurde in der schlesischen Kleinstadt Nimptsch geboren und verlebte seine Kindheit im Schatten des Dreißigjährigen Kriegs. Als er zehn Jahre alt war, fand seine Familie Zuflucht in Breslau, wo er das neubegründete Magdalenengymnasium besuchte. Hier wurden besonders zwei Fächer gepflegt, Geschichte und Rhetorik, was später für seine Dramen bedeutsam wurde. Lohenstein studierte Jura in Leipzig und Tübingen und machte dann als Hofmeister zweier junger Adligen eine längere Tour durch Österreich, die Schweiz und die Niederlande. Mit 22 Jahren ließ er sich als junger Rechtsanwalt in Breslau nieder, wo er nach seiner Heirat im gleichen Jahr (1657) allmählich zum wohlhabenden und angesehenen Bürger der Stadt emporstieg. Im Jahre 1670 wurde er Syndicus. Fünf Jahre später machte er eine diplomatische Reise nach Wien im Dienste seiner Heimatstadt und zeigte sich dort in den Verhandlungen so geschickt, daß ihm der Titel ‚Kaiserlicher Rat‘ verliehen wurde. Die Stadt Breslau ernannte ihn zum ‚Obersyndicus‘.

Lohensteins Ruf als Schriftsteller beruhte hauptsächlich auf seinen sechs poetischen Dramen, von denen er das erste, *Ibrahim Bassa*, schon in seiner Schulzeit verfaßte. Nachdem sie zwei Jahrhunderte lang von der Kritik als schwülstig abgelehnt worden waren, hat man erst in den letzten Jahrzehnten gelernt, seinen Formsinn und seine rhetorische Gewandtheit höher einzuschätzen. Daß man jedoch seinen patriotischen Roman *Arminius*, an dem er bis zu seinem Tod arbeitete, in ähnlicher Weise neubewerten könnte, ist schwer denkbar. Dieses riesige Werk, das erfundene Belege für die glorreiche Vergangenheit der Deutschen liefert, kann man nur als Museumsstück betrachten, das eine völlig überholte Geschichtsauffassung dokumentiert.

Arminius und Thußnelda

(1690)

*Lohensteins Phantasie und Erfindungsgeist haben im 7. Buch des ersten
Teils von* Arminius *freien Spielraum.* Im folgenden Auszug beschreibt
der Fürst Malovend die Religion der alten Germanen und die wichtige
Rolle, die den Druiden dabei angeblich zukam. Wie eine Anmerkung
dem Leser jedoch klar macht, hat das Wort ‚Druiden' hier einen Doppel-
sinn: *„hierdurch werden zwar eine Art alter heydnischer Götzen-
Priester benennet, gleichwol die Römisch-Catholischen Geistlichen in etlichen Stücken stillschweigend beschrieben; und mag
der verständige Leser selber urtheilen, was unter dem von denen
Druiden gesagten auf diese oder jene sich schicke".* Indem also
Lohenstein die Glaubenssätze, Riten und Gebräuche und den Verfall der
Druidenreligion schildert, gibt er gleichzeitig eine verschleierte Chronik
der Reformation und der Religionszwistigkeiten des 16. Jahrhunderts.

Der Gottesdienst ist bey den alten Deutschen von denen
Fürsten verrichtet worden, und im Tuisco mit der Königlichen
auch die Priesterliche Würde vermählet gewest. Nach der Zeit
aber hat entweder die unachtsame Sicherheit der Herrscher, oder
die Ubermaß der Geschäfte den Priesterlichen Stab, den so
festen Ancker der Königlichen Hoheit in andere Hände kommen
lassen; also: daß der Feld-Herr Alemann[1] sich zwar aber vergebens bemühte, mit der andern Hand den hohen Priester-Stab
wieder zu umfassen. Mit dieser geistlichen Würde bekamen anfangs die Priester, welche sie Barden hiessen, und von allem
Volcke für sehr heilig geachtet wurden, zwar die Freyheit von
allen bürgerlichen Beschwerden in Gaben und Aemptern, den
Vorsitz über den Adel, die Unversehrligkeit auch unter den
Feinden, und die Gewalt strittige Rechts-Händel zu entscheiden.
Ja die Fürsten brauchten sie zu Reichs-Räthen, zu Gesandten;
liessen durch sie Bündnüße behandeln, Aufrührer besänfftigen,
ihre Kinder in der natürlichen und Sitten-Weißheit unterrichten;
über die Laster Straffen aussetzen; Zwistigkeiten der benach-
barten Fürsten unternehmen[2], und das Kriegs-Volck in Schlach-

[1] = Kaiser Maximilian I. [2] verhindern

ten zur Tapfferkeit anfrischen. Wiewol nun diese Macht allbereit der Weltlichen grossen Abbruch that; so blieb sie doch noch in den Schrancken der Erträgligkeit; und, weil sie sich mit edlen Jungfrauen verehlichen mochten, verknipften sie ihnen hierdurch so wol das Geblüte als die Gewogenheit des Adels; durch die Andacht aber den Pöfel. Denn der Gottesdienst ist nicht nur der sicherste Kapzaum, wormit Fürsten ihre Unterthanen in einem Faden leiten; sondern auch die Priester das Volck zu dienstbaren Knechten machen können.

Es war aber in Britannien eine Art gewisser Weisen, die sich Druyden nennen, und aus Aßyrien ihren Uhrsprung haben, aus Britannien aber, oder Calidonien, wo der König Fynnan selbte zum ersten unterhalten haben soll, in das benachbarte Gallien kommen sind. Ihre Tracht ist zwar einfältig und arm, ihre Gebährden demüthig, nachdem sie baarfüßig auf fünffeckichten höltzernen Schuhen, und mit blossem Haupte, in einem härenen weißen Rocke, eine Tasche an der Seite, einen gekrümten Stab in der Hand, und einen getheilten Bart biß unter den Nabel, in welchem ein sonderlich Pfand ihrer Verschwiegenheit versteckt seyn soll, anher ziehen, allezeit die Stirne ernsthafft runtzeln, die Augen nieder zur Erde schlagen, und sich meist in Eich-Wäldern aufhalten; welches Holtz die Griechen nur alleine zu den Bildern der Götter, die Herulen und Gothen zu Aufhenckung ihrer Leichen, die Druyden aber alleine zu Verbrennung der Opffer, und die Zweige zum Spreng-Wasser und Zierath der Altäre brauchen, weil sie sich den Menschen durch das Anschauen eines einigen hohen oder alten Baumes, ja seines blossen Schattens überzeugt zu seyn achten: daß ein GOtt sey, und ihr Geist in der Einsamkeit am leichtesten zu GOtt entzückt würde. Alleine ihre Gewalt übersteiget dort die Königliche. Denn nicht nur alles Volck, sondern die Könige selbst müssen ihnen zu Gebote leben. Sintemahl diese mehr verwechselt[1], und bey sich ereignendem Mißwachse oder Ungewitter, gleich als wenn er daran Schuld trüge, von den Priestern abgesetzt werden; jene aber bleiben hingegen unverändert. Und ungeachtet die Druyden auf dem Raasen, Fürsten auf Gold und Helffenbein sitzen, jene in

[1] mehrmals gewechselt

holen Bäumen, diese zwischen Seyde und Perlen wohnen, dennoch ihre Knechte seyn. Sie sind im Kriege von so grossem Ansehen: daß wenn sie bey ihren Völckern zwischen zwey streitende Heere lauffen; selbte nichts minder als bezauberte Thiere oder unbewegliche Marmel-Bilder vom Gefechte nachlassen. Für ihren Hölen stecken sie einen grünen Lorber-Zweig empor, in welchen auch die zum Tode verdammten Sicherheit finden. Ja wenn dergleichen Missethäter ihnen ungefähr begegnen; sind sie aller Straffe frey, und dürffen sie nicht allererst wie die Vestalischen Jungfrauen zu Rom beschweren[1]: daß sie nicht vorsätzlich[2] dem Verdammten entgegen kommen. Sie selbst sind weder den Zufällen des Glücks, noch der Bothmäßigkeit einiges Richters unterworffen; außer ihres einigen Oberhauptes in Britannien; welcher nicht, wie sonst weltliche Fürsten, nur in den Gräntzen selbigen Reiches, sondern auch über alle Druyden, die sich in die gantze Welt vertheilet haben, zu gebieten hat. Sintemahl der Versamlung nicht unverborgen ist: daß selbte nicht allein in Gallien kommen, und in denen Carnutischen[3] Eich-Wäldern ihr gröstes Heiligthum gestifftet haben, sondern auch in Hispanien, Asien, Africa, und nach Rom gedrungen sind; allwo Kayser August für etlichen 20. Jahren den Römischen Bürgern der Druyden Gottesdienst, weil sie in selbtem die Gefangenen zu opffern eingeführt, bey Lebens-Straffe verboten hat. Wormit auch das Ansehn ihres Oberhaupts so viel mehr unverrückt bliebe, reisen alle Druyden, theils daselbst die Geheimnüße desto besser zu begreiffen, theils durch seine demüthigste Verehrung eine besondere Heimligkeit zu erlangen in die Stadt Cantium[4]; allwo die andern Druyden ihm den neunden Theil aller ihrer Einkünffte senden; und zu ihrer ersten Einsegnung einen eichenen Stab[5] um so viel Goldes erkauffen müssen. Das Oberhaupt[6] wird nicht von Königen eingesetzt, sondern von den obersten Druyden erwehlet. Wiewohl die Wahl offt auf zwey und mehr fällt; also: daß einer zu Cantium, der ander in dem Carnutischen Walde, der dritte zu Londen seinen Sitz erkieset; die Druyden aber, welche doch sonst nicht mit in Krieg ziehen,

[1] beschwören [2] besonders, extra [3] der Carnuten in Mittelgallien
[4] Kent in England (= Rom) [5] = das Pallium [6] = der Papst

hierüber selbst gegen einander die Waffen ergreiffen. Wo diese Weisen einmahl ans Bret[1] kommen, darff außer ihnen niemand die Weißheit lehren; und also halten sich allezeit eine unglaubliche Menge der geschicksten Jünglinge in ihren Hölen auf; welche bey ihnen gantzer zwantzig Jahr in der Lehre bleiben müssen. Wiewol sie auch keinen aus dem Pöfel, sondern alleine den fürnehmsten Adel ihrer Weißheit würdig schätzen. Und es kan in Britannien und Gallien so wenig als in Persien und Egypten einer zur Krone kommen, der nicht vorher ein Lehrling dieser Weisen gewest ist. Ihre Schüler müssen einen theuren Eyd ablegen: daß sie die Geheimnüsse keinem Weltlichen entdecken, der Druyden Aufnehmen[2] mehr als ihr eigenes befördern, ihre Lehrmeister mehr als ihre Eltern ehren, mit ihnen Leben und Vermögen theilen wollen. Sie sind insonderheit auch in der Grichischen Sprache erfahren, und brauchen ihre Buchstaben in zu schreiben zuläßlichen Sachen auch in der deutschen Mutter-Sprache; ungeachtet die Deutschen noch ehe, als selbte Cadmus in Grichenland, und Evander in Italien gebracht, die von ihrem Thuisco erfundene eigene Schrifft gehabt; welche bey den Gothen an vielen Stein-Felsen und Leichsteinen von etlichen tausend Jahren her zu sehen ist. Ihrer Heiligkeit geben sie einen grossen Schein durch ihre öfftere Fasten, durch den Genüß der blossen Kräuter und Wurtzeln, durch ihr hartes Lager entweder auf Steinen, oder rauen Häuten, und durch Gelobung ewiger Keuschheit; wiewol sie unter ihnen gewisse Orden und Staffeln haben, derer einer strenger als der ander ist; derer fürnehmste die Samotheer, und Semaneer sind; welche letztern nichts als Baum-Früchte essen; alle aber ins gesamt entschlagen sich der Ehe, ob sie schon anfangs in Britannien geheyrathet hatten.

Ihre Lehren schreiben sie in keine Bücher, ungeachtet sie fremder Sprache gute Wissenschafft haben; weil sie Rinde und Leder zum Behältnüße ihrer Weißheit allzu unwürdig achten; oder vielmehr ihre Geheimnüße mehr zu verbergen. Dahero muß ihre Jugend alle in tunckele und zweydeutige Reyme verfaste Lehren auswendig lernen, und täglich ihr Gedächtnüß üben.

[1] die oberste Stelle einnehmen   [2] Wohlfahrt

Darinnen stecken die Eigenschafft des göttlichen Wesens, die
Bedeutungen der Opffer, die Beschwerungen der Geister, die
Wahrsagungen aus dem Fluge des Geflügels, aus dem Falle und
Eingeweiden der geschlachteten Menschen; welche sie mit grossen Beilen Creutz-weise über die Rippen oder die Brust schlagen,
der Lauff des Gestirnes, die Beschreibung der Erd-Kugel, die
Unsterbligkeit und Wanderschafft der menschlichen Seelen, wiewol nicht in viehische, sondern nur menschliche Leiber. Welche
letztere Heimligkeit sie allein dem gemeinen Manne nicht ver-
schweigen, um durch die Versicherung: daß die Seele nicht mit
dem Leibe verschwinde, sie zur Tapfferkeit aufzufrischen. Weßwegen sie auch denen Sterbenden offtmahls Geld einhändigen,
um selbtes der abgelebten Seelen zu überbringen. Sie beten zwar
nur einen GOtt an; und bilden selbten weder in Holtz, Stein
noch Ertzt, sie wiedmen aber ihm gewisse Bäume, die keine Axt
berühren, in ihre heilige Heynen auch niemand ungebunden
kommen, kein fallender wieder aufstehen darff, sondern er muß
sich mit gantzem Leibe heraus weltzen. Sie meinen: daß auf
solche heiligen Bäume kein Vogel sitzen, selbte kein Wind zer-
brechen, kein Blitz zerschmettern könne; sie auch des Nachts
ohne wesentliche Flamme einen Schein von sich geben. Zu gewisser Zeit ziehen sie an einem schönen Baume die ausgebreiteten
Aeste an den Stamm, und binden sie an den Wipffel, schreiben
unten den Nahmen Gottes, in einem Ast aber des Tharamis, in
den andern des Belen ein, um in der göttlichen Einigkeit doch
einen nähern Begrieff tieffsinnig zu entwerfen. Uber diß verehren
sie die abgelebten Seelen, welche entweder ein heiliges Leben
geführet, oder dem Vaterlande grossen Nutzen geschafft haben.
Nebst denen Menschen-Opffern, aus derer Eingeweiden, Adern
und Blute sie wahrsagen; wiewol sie zuweilen auch die Menschen
nicht schlachten, sondern nur biß auffs Blut peitschen, schlachten
sie zwey unter einen Eich-Baum angebundene weiße Stiere; auf
welchem ein weißgekleideter Priester selbte mit einem güldenen
Beile abhaut; Derer[1] getrunckenes Blut so denn wieder alle Un-
fruchtbarkeit und Gifft helffen soll. Im Beten legen sie die rechte
Hand auf den Mund, und drehen sich rings herum. GOtt opffern

[1] d. h. der Stiere

sie bey aufgehender Sonne; der Todten Gedächtnüß feyern sie,
wenn sie zu Golde geht. Sie fangen allezeit von der Nacht an-
zurechnen; also: daß die Tage ein Anhang der Finsternüß sind;
weil sie aller Menschen Uhrsprung von dem Gotte der Erden
und Nacht herrechnen; oder auch die Nacht ehe als der Tag
gewest ist. Sie eignen den frommen Seelen, wenn sie unterschiedene Leiber durchwandert, eine ewige Ergetzligkeit, den
boßhafften theils eine zeitliche Abbüßung, theils eine ewige Pein
zu. Ihrer Uhrheber Gesetze halten sie zwar für eine Richtschnure
ihres Gottesdienstes; Sie schätzen aber die Auslegung ihres Oberhaupts für unfehlbar und jenem gleich; ohne dessen Vorbitte die
Götter niemanden erhöreten; weil ihm die Schlüssel des Himmels
und der Höllen anvertrauet wären. Sie verwerffen die Vielheit
der Götter, und die Ewigkeit der Welt; als welche von GOtt aus
nichts in sieben Tagen, wie der Mensch aus der Erde erschaffen
sey. Jedoch setzen sie zwischen Gott und den Menschen gewisse
Schutz-Geister; glauben auch: daß das Ende des Menschen ein
Anfang zu künfftiger Vergötterung sey. Denen irrdischen Dingen, ja selbst denen Gestirnen eignen sie so wol einen Anfang
als ein Ende bey; weil künfftig sie vom Feuer und Wasser
würden verzehret werden, wenn sie sechs tausend Jahr gestanden. Sie halten darfür: daß die göttliche Versehung niemanden
verlasse, wer nicht vorher GOtt verläst; und wie der Mensch
böses thue aus eigner Willkühr, sonder Zwang; also habe GOtt
die Macht böses zu hindern, aber ohne Verbindligkeit. Sie
schätzen alle Seelen für verflucht, welche nicht ihrem Glauben
beypflichten, und das Oel des Lebens aus dem Balsame ihrer
Weißheit schöpfen. Den auf den Eichen wachsenden Mispel
halten sie für die heiligste Pflantze der Welt, für ein Merckmahl
eines von GOtt erwehlten Baumes. Denn sie gläuben: daß der
Mispel-Saame nicht von den Drosseln kommen, sondern vom
Himmel gefallen sey; daß dieses Gewächse alle Kranckheiten
heile, die Thiere fruchtbar mache, und dem Giffte wiederstehe;
sonderlich, wenn selbtes im sechsten Monden, da sie ihr Jahr
anfangen, gefunden wird. Sie verrichten ohne dieses keinen
Gottesdienst, hegen auch kein Gerichte. Ob sie auch wol das
Urthel über des gantzen Volckes Leben in ihren Händen haben,

Straffen und Belohnung nach ihrem Gutdüncken aussetzen, der
Gerechtigkeit die Tauerung eines Reiches, den Bestraffungen der
Todschläger die Fruchtbarkeit des Erdbodens zurechnen; schätzen sie doch die Ausschlüssung von ihrem Gottesdienste für eine
viel ärgere Straffe, als Galgen, Strick, Räder und Holtzstoß.
Dahero sich ihrer, als von der Erde getragen zu werden un-
würdiger Leute, derer Seele nichts minder als der Leib zum Aaße,
und vom Feuer oder Wasser verzehret werden soll, iederman
entbricht[1], mit ihnen nicht speiset noch redet, ja sie nicht allein
aller Ehren unfähig schäzt, sondern ihnen auch nicht zurecht
verhilfft, noch ehrlicher Beerdigung würdigt. Sie maßen sich
auch der Artzney oder vielmehr Zauberey an; in dem sie das
Samolische Kraut, welches den Tamarisken ähnlich sieht,
nichtern, mit der lincken Hand, sich nicht umsehende auflesen,
und wieder Kranckheiten des Viehes austheilen; ein anders aber
mit rein gewaschenen blossen Füssen in einem weißen Kleide
mit der rechten Hand ohne Schärffe des Eisens, nach geopffertem
Brod und Weine abbrechen, und darmit vielen Kranckheiten
helffen, insonderheit aber mit einem Ey eines Apffels groß, welches die im Sommer über einander liegende Schlangen durch
ihren Speichel und Schaum fertigen, ein Mann aber, wenn sie es
mit ihrem Zischen empor blasen, mit einem Tuche, daß es die
Erde nicht berühre, auffangen, und spornstreichs davon bringen; solches aber so denn, ob es schon in Gold eingefast wäre,
Strom-aufwerts schwimmen soll. Ferner machen sie ein fünff-
eckichtes Zeichen, um darmit die Gespenster zu vertreiben. Uber
diß lesen die Druyden bey Aufgehung des Hundssterns zwischen
Tag und Nacht, wenn weder Sonne noch Monde scheint, wenn
sie vorher das Erdreich mit Honig, welches auch die Römer
ihren Bothschafften zu den Feinden mit gaben, benetzet, und mit
Stahle einen Kreiß darum gemacht, das Eisen-Kraut mit der
lincken Hand; heben es empor, trocknen Wurtzel, Stengel und
Blätter iedes abgesondert am Schatten; salben sich darmit ein,
und vermeinen alsdenn fähig zu seyn allerhand Verbündnüße
zu stifften, alle Kranckheiten zu heilen; weßwegen auch Jupiter
darmit seine Zimmer ausfegen lassen, wo es herum gesprengt

---

[1] Deshalb hält sich jedermann von ihnen... fern

wird, die Gäste lustig machen, mit Weine aber vermischt die
Schlangen vertreiben soll.

Diß sind die Sitten der Druyden; von welchen schier unglaub-
lich ist, in wie so weniger Zeit sie in Gallien so feste eingewurtzelt
sind; entweder weil dieselben, welche aus dem Aberglauben
ihren Vortheil zu suchen vermeinen, der Neuerung eines Glaubens alle Handreichung thun; oder, weil die Gemüther ja so gar
die eusserlichen Sinnen eines Volckes durch nichts leichter als
durch einen scheinbaren Gottesdienst verrückt werden. Daher
die verbländeten Hispanier denen Phöniciern mit sehenden
Augen zugelassen: daß sie unter dem Schein eines dem Hercules
gewiedmeten Tempels eine Festung gebauet; Die Trojaner aber
das Geräusche der geharnischten Grichen, welche in das der
Pallas gewiedmete höltzerne Pferd gesteckt waren, nicht gehöret
haben, als sie es über den Grauß[1] ihrer eingebrochenen Mauern
mühsam in die Stadt schlepten. Mit einem Worte: der schein-
heilige Fürwand des Gottesdienstes ist die schönste Schmincke
der Stirne, und das schädlichste Gifft der Seele. Ihren ersten
Grund legten die Druyden so wol in Gallien als Deutschland,
allwo man doch für heiliger hielt von Gott etwas gewisses zu
glauben, als dessen Grund zu ergrübeln, auf die Freyheit dieser
Völcker; welche nicht nur in zeitlichen, sondern auch in Ge-
wissens-Sachen keinem weltlichen Zwange unterworffen seyn
könte. Zumahl auch kein Erb-Fürst über seine Unterthanen,
kein Herr über seinen Knecht sich dieser GOtt allein zustehen-
den Herrschafft anzumassen berechtigt wäre.

Es sey nun aber schuld daran, wer da wolle: so verwandelte
sich der Druyden erste Bescheidenheit in Herrschsucht; ihre
Genüßligkeit in Wollust, ihre anfängliche Andacht in Schein-
heiligkeit; welche auf der Welt jener den Preiß abrennt, und
nicht ohne Wunderwercke Himmel und Hölle mit einander ver-
schwistert; ja die Laster für Tugenden anwehret. Unter dem
Schein heilsamer Warnigungen versteckten sie ihre Rache; unter
dem Vorwand des Glimpfes sahen sie allen Lastern durch die
Finger; mit dem Mantel des gemeinen Heiles verhülleten sie

[1] die Steintrümmer

ihren Ehrgeitz; die Gerechtigkeit muste ihren Geitz, ein gerech-
ter Amts-Eiver ihren Neid, die erbauende Unterredung ihre
Geilheit verdecken. Ihre Enteusserung alles Eigenthums diente
ihnen zur Herrschafft über aller, ja der Könige Güter; und welche
keine Hütte haben wolten, wohnten nunmehr in eitel Fürstlichen
Schlössern. Es war letzlich ihren Uhrhebern an ihnen nichts als
das Kleid ähnlich. Diese Veränderung gebahr bey vielen tugend-
hafften einen heimlichen Unwillen; aber, weil sich niemand diesen bösen Sitten des Vaterlandes zu begegnen gewachsen sahe,
musten sie nur mit andern Lastern ihre Schwachheit beseuffzen.
Endlich kriegten die Druyden durch diß, welches alle unüber-
windliche Machten zu Boden wirfft, nehmlich durch eigene
Zwytracht einen gewaltigen Stoß. Denn zur Zeit des grossen
Feld-Herrn Marcomirs[1], thät sich Divitiak[2] einer der tieffsinnigen
Druyden herfür; welcher in dem Semanischen Walde zwischen
der Elbe und der Weser gebohren war, aber in Britannien, Egypten, und bey den Juden ihm eine grosse Weißheit zu wege ge-
bracht hatte. Dessen Frömmigkeit nahm anfangs der Druyden
Laster und Mißbräuche, seine Scharffsinnigkeit aber ihre Irr-
thümer wahr. Daher fieng er an jene mit einem hertzhafften Eiver
zu schelten, diese mit sonderbarer Klugheit zu wiederlegen. Er
straffte den Wucher der Priester; verdammte ihre übermäßige
Gewalt in weltlichen Dingen; eröffnete die für dem gemeinen
Volcke versteckten Geheimnüße des Glaubens, verfluchte die
Vergötterung der Menschen, zohe die Gründe der Warheit dem
Sagen der Druyden und dem Ansehen ihres Hauptes für;
Gründete den Wolstand der unsterblichen Seelen auf die einige
Erbärmnüß des ewigen Schöpffers; verwarff alle abergläubische
Zeichen und Tage-Wehlungen; wiederlegte die Wanderung der
Seelen aus einem Leibe in den andern; und brachte mit einem
Worte den alten Gottesdienst der Deutschen wieder ans Licht.
Ob nun wol die hitzigen Druyden ihm mit Feuer und Schwerdt
dräueten, die vernünfftigen ihn erinnerten: Er möchte die Lehre
der Druyden nicht gar verwerffen, sondern die Spreu von dem
Weitzen absondern; so fuhr er doch mit einem rechten Helden-
Muthe fort; brachte die auf dem Melibokischen Gebürge woh-

[1] Kaiser Karl V.   [2] Martin Luther

nenden Druyden selbst, ja auch die Fürsten der Hermundurer,
Alemänner und Catten auf seine Seite. Allem Ansehen nach wäre
es um die Druyden damahls gar geschehen gewest; sonderlich,
weil Divitiak seine Nachfolger zur alten Armuth anverwieß, und
sich der weltlichen Herrschafft anzumassen verbot; also die
Fürsten nicht nur ihre erste Gewalt, sondern auch die unter dem
Scheine der Andacht ihnen entzogene Güter zurück bekamen.
Alleine dieser scheinbare Anfang kriegte einen gewaltigen Stoß
durch den tieffsinnigen Eubages[1]; welcher zwar in den meisten
Sachen dem Divitiak wieder die Druyden beypflichtete aber alle
Geheimnüße nach dem allzuschwachen Mäßstabe der Vernunfft
ausecken; alle Zufälle denen natürlichen Ursachen zueignen;
dem Menschen den freyen Willen entziehen, und selbten der
Nothwendigkeit des einflüssenden Gestirnes unterwerffen wolte.
Also spalteten sich die, welche dem Divitiak und Eubages an-
hiengen, gleicher Gestalt, und nahmen jene den Nahmen der
alten Barden an; diese aber nennten sich Eubagen, oder auch
Vaties. Jedes Theil erlangte gleichwol von vielen mächtigen
Fürsten in Deutschland, Gallien und Britannien eine Beypflich-
tung; also: daß es fast allenthalben zu bürgerlichen Kriegen
ausschlug, und viel tausend Seelen unter dem Scheine der Andacht der blutbegierigen Rache aufgeopffert wurden. Denn so
offt als der Ancker des Gottesdienstes bewegt wird; so offt er-
schüttert sich das gantze Schiff eines Reiches; weil mit dem
Glauben ins gemein die Art und das Gemüthe eines Volckes
verändert wird.

*Fünfzig Seiten, die auf diesen Auszug folgen und hier nicht wieder-
gegeben werden, fassen die Geschichte des Dreißigjährigen Kriegs bis
zum Westfälischen Frieden zusammen. Dann brachte Ferdinand III.,
um mit Lohenstein zu reden,* „unter dem Schilde den Oelzweig des
güldenen Friedens herfür, nach welchem das seuffzende Deutschland so lange Zeit vergebens seine Armen ausgestreckt hatte".

[1] Johannes Calvin